Regina Rheinwald

Dunkle Schatten am Stall

Regina Rheinwald

Dunkle Schatten am Stall

Eine Vergangenheit, die nicht ruhen will

Roman

Bibliografische Information der Deutschen Nationalbibliothek:
Die Deutsche Nationalbibliothek verzeichnet diese Publika-
tion in der Deutschen Nationalbibliografie; detaillierte bibliografische Daten sind im Internet über http://dnb.dnb.de abruf-
bar.

Verlag: BoD · Books on Demand GmbH, In de Tarpen 42,
22848 Norderstedt, bod@bod.de

Druck: Libri Plureos GmbH, Friedensallee 273, 22763 Ham-
burg

ISBN: 978-3-7693-5153-8

Dunkle Schatten am Stall
Eine Vergangenheit, die nicht ruhen will

„Hallo! Ich bin Ulrike. Du bist neu hier, nicht wahr?"

„Hallo. Ja, ich heiße Birgit."

„ Und? Buschreiterin?"

„ Äh – nee – eigentlich Dressur – überwiegend. Also ich mach auch schon mal einen kleinen Sprung, aber..."

„Dressur – so, so – auch turniermäßig? Oder nur so für dich?"

„Ein paar Turniere im Jahr. Nicht zu viele. Da habe ich keine Lust ..."

„L – oder höher?"

„L – ja. Soll aber noch ..."

„Ja, ja – bis L kommen wir alle, nicht wahr? Na dann, wenn du etwas brauchst, frag mich ruhig. Ich kenn mich hier aus. Tschüss."

Birgit sah ihrer neuen Stallbekanntschaft verdattert nach. Sie war sich nicht sicher, ob sie Ulrike in Zukunft gern um Hilfe bitten würde...

„Na? In Ulrikes Krallen geraten?" Eine dunkle Stimme kam aus der Richtung ihres rechten Schulterblattes. Sie drehte sich um.

„Hi. Ich bin Bernd."

Na so was: Der war ja nicht größer als sie selbst – und das kam weiß Gott nicht oft vor. Schon gar nicht bei Männern.

„Hallo Bernd. Ich heiße Birgit.“

Bernd schaute verschwörerisch nach rechts und links. „Pass auf, mit wem du dich hier einlässt. Hier sind zwei Cliquen im Kampf um die Vorherrschaft.“

„Oh“, entfuhr es Birgit und sie dachte: In was gerate ich denn hier gerade hinein? Sie fügte dem ‚Oh‘ hinzu: „Ach – ich möchte eigentlich nur reiten. ... und dass es meinem Burschi gut geht.“

„Burschi?“, fragte Bernd lachend. „Heißt so dein Pferd?“

„Ja“, antwortete Birgit scharf, „und er ist ein Haflinger. Da kannst du dann gleich noch ein bisschen mehr lachen.“ Sie wandte sich wieder dem Einräumen ihres Spindes zu. Sie kannte diese Überheblichkeit von Großpferdebesitzern schon und sie ging ihr auf die Nerven.

„Entschuldigung. Ich wollte dein Pferd nicht beleidigen. Ich fand

halt nur Burschi einen lustigen Namen.“

„O.k“, sagte Birgit kurz, ohne sich umzudrehen.

„Na dann, erst mal tschüss.“ Bernd beendete das Gespräch nur zögernd.

„Ja, tschüss“, murmelte Birgit leise und dachte: Geh bloß deiner Wege.

Als sie Sattel, Trense und alles andere Zubehör eingeräumt hatte, schlenderte sie noch einmal die Stallgasse entlang in Richtung Paddock. Sie wollte noch einen Blick auf Burschi werfen. In Gedanken versunken schaute sie rechts und links in die teilweise leeren, teilweise bewohnten Pferdeboxen.

Plötzlich blieb sie ruckartig stehen. Aus der großen Eckbox am Ende des Ganges starrten sie zwei Augen an.

Oh nein!, dachte Birgit. Bitte lass es eine Täuschung sein! Sie starrte immer noch zwischen den Eisenstangen der Boxentür in die Box hinein.

„Ach nee – die Birgit!", schallte es nun von dort.

Birgit stand wie erstarrt in der Stallgasse und hoffte immer noch, dass sie einer optischen Täuschung unterlag, obwohl die Stimme unverkennbar war.

Die Augen zwischen den Eisenstangen kamen in Bewegung. Wie das Auf- und Abflackern des Sonnenlichts zwischen Alleebäumen leuchteten die Augen auf, wenn sie zwischen den Stangen erschienen, um dann wieder für einen winzigen Augenblick zu verschwinden, wenn Sie von den Stangen verdeckt wurden.

Nun stand die zu den wandernden Augen gehörende Person komplett in der Boxentür und grinste Birgit hämisch an.

„Na? Willst du mir denn gar nicht Guten Tag sagen, Birgit?", fragte sie.

Birgit schwieg.

„Sag bloß, du stehst jetzt mit Deinem Pferd hier?", fuhr die Person fort.

Das konnte doch nicht wahr sein. Sollten sie jetzt tatsächlich wieder im gleichen Stall stehen? Würde sich womöglich alles noch einmal wiederholen? Christina war alles zuzutrauen. War es vielleicht das Beste, sofort zu kündigen und sich einen anderen Stall zu suchen? Aber es war nicht so einfach, etwas Passendes hier in der Umgebung zu finden. Birgit löste den Blick von der Frau in der Boxentür und ging, ohne ein einziges Wort zu verlieren, die Stallgasse weiter Richtung Paddock.

„Mensch Burschi, das kann doch nicht wahr sein!" Birgit kraulte ihr Pferd hinter dem Ohr, was dieses damit beantwortete, dass es den Kopf gegen ihre Hand drückte, bis Hand und Kopf fast am Boden waren.

„Wie klein kann denn diese verdammte Welt sein, dass diese hinterlistige, gemeine – oh – mir fallen gar nicht genug Beschimpfungen ein – Person ausgerechnet hier in diesem Stall stehen muss!"

Während sie so kraulend bei ihrem Pferd Burschi im Paddock stand, fiel ihr die ganze Geschichte wieder ein.

Christina und sie waren Freundinnen gewesen. Sie ritten zusammen aus, trainierten für kleine Turniere, tauschten ihre Verliebtheits-Abenteuer aus, kurzum, es war eine typische, schöne Teenagerfreundschaft gewesen. Dass Montigo, der damalige Wallach von Christina, viel wertvoller war als Burschi, war zwischen den beiden nie ein Thema gewesen. Burschi war damals noch sehr jung und ging auf Turnieren zunächst in niedrigeren Klassen als Montigo. Montigo war schon einige Jahre älter und Christinas Eltern hatten ihrer Tochter den bereits gut ausgebildeten Warmblutwallach zum Geburtstag geschenkt.

Burschi kam als Jährling zu Birgit. Er war einer von unzähligen Haflingerfohlen, die man damals „für `nen Appel und `n Ei", wie man so schön sagt, erwerben konnte, um sie vor dem Schlachter zu retten. Eine geschickte Vermarktungskampagne, wie Birgit heute wusste. Und sie hatte Glück gehabt. Viele dieser Fohlen waren so krank, dass sie das Erwachsenenalter nie erlebten. Burschi hingegen ließ sich nach ein paar Erkrankungen gut aufpäppeln und entwickelte sich danach zu einem wunderhübschen, kräftigen Wallach mit langer seidiger Mähne und ausgeglichenem Wesen. Auch zeigte er nie die, den Haflingern nachgesagte Dickköpfigkeit. Er arbeitete gerne mit und bald zeigte sich sogar sein Talent für Dressurarbeit.

Nach wenigen Jahren unter dem Sattel hatten Birgit und Burschi das Reitniveau von Christina und Montigo erreicht und es ließ sich nicht vermeiden, dass die Beiden bei dem einen oder anderen Turnier in der gleichen Prüfung starteten.

Solange Birgit und Burschi bei den Platzierungen hinter Christina und Montigo lagen, war die Welt noch in Ordnung gewesen.

Christine gab ihr Tipps, wie sie es besser machen könnte und Birgit nahm diese Tipps dankbar an, ohne die Gönnerhaftigkeit, die dahinter steckte, zu bemerken.

Dann aber kam der Tag, an dem Sie mit Burschi eine A-Dressurprüfung gewann, in der auch Christina gestartet war und diese hinter sich ließ. Von diesem Tag an war nichts mehr wie vorher. Das Verhältnis der Beiden verschlechterte sich von Monat zu Monat und je besser Birgit und Burschi wurden, um so gemeiner wurde Christina zu ihr, machte sie im Stall schlecht, erzählte unwahre Geschichten über sie und zettelte dann die unglaublichste Geschichte an, die man sich nur vorstellen konnte. Bis heute blieb diese Geschichte unaufgeklärt. Birgit hatte damals keine Beweise finden können und so gelang es Christina, den Verdacht auf sie, Birgit, zu lenken. Es war die schrecklichste Zeit, die Birgit je erlebt hatte. Sie hatte sich damals zurückgezogen, ihren Burschi zusammen mit einem alten Shetty ans Haus gestellt und war nicht mehr auf Turniere gegangen.

Es war einen Tag nach einem kleinen Reitturnier geschehen, auf dem Birgit und Burschi den dritten Platz gemacht hatten, während Christina und Montigo gerade noch in die Platzierung gekommen waren.

Birgit hatte die Situation vor Augen, als wäre es gestern gewesen. Sie betrat den Stall und sah einige ihrer Stallgenossinnen betreten zusammen stehen.

In ihrer Mitte Christina, die sie beim Eintreten hasserfüllt ansah und dann auf sie losging:
„Du Mörderin! Du verdammte Pferdemörderin!", schrie sie.
Birgit war vor Schrecken wie versteinert und brachte zunächst einmal kein Wort heraus. Dann sagte sie: „Ich verstehe kein Wort. Was willst Du von mir? Was ist denn passiert?"
Wieder schlug ihr eine Welle aus Wut, Tränen und Hass entgegen: „Tu doch nicht so! Du hast Montigo umgebracht! Du hast mein Pferd getötet, weil du eifersüchtig bist! Ich werde dich anzeigen! Das wirst du büßen!"
Birgits Versteinerung hatte sich urplötzlich gelöst. Das Herz schlug ihr bis zum Hals und sie zitterte: „Bist du wahnsinnig geworden?! Was zum Teufel ist hier passiert?!"
„Seht euch nur diese Heuchlerin an!", schrie Christina. „Was für eine verdammte Schauspielerin!"
Birgit überwand ihre Angst und ging auf die Mädchengruppe zu, die sich vor Montigos Box versammelt hatte. Langsam machten sie die Tür frei, so dass Birgit in die Box hineinschauen konnte. Sofort musste sie den Blick für einen Moment abwenden. Montigo lag in seiner Box, die Augen weit und das Maul leicht geöffnet, so dass man seine braungefärbten Schneidezähne sehen konnte.
Er atmete nicht mehr – Montigo war tot!

Birgit wandte sich schockiert an Christina: „Oh mein Gott, das ist ja furchtbar. Du denkst doch nicht wirklich – Christina – bitte! Das kann doch nicht dein Ernst sein! Ich kann doch kein Tier töten! Das weißt du doch! Und Montigo doch schon tausendmal nicht!"

Christina ließ einige Zeit für eine bedeutungsvolle Pause vergehen. Sie hatte jetzt die ungeteilte Aufmerksamkeit aller.

„Du wärest nicht die Erste, die aus Eifersucht tötet", erwiderte sie jetzt sehr langsam und betont ruhig.

„Eifersüchtig?", fragte Birgit. „Worauf zum Teufel soll ich denn eifersüchtig sein?"

„Darauf, dass ich für die Vereinsmannschaft aufgestellt worden bin und nicht du. Das hat Dich rasend gemacht. Gib es doch zu!", forderte sie am Schluss lautstark.

„Aber davon höre ich doch gerade zum ersten Mal", antwortete Birgit. „Und überhaupt. Deswegen bringt doch niemand ein Pferd um. Bist du denn von allen guten Geistern verlassen?"

„Alle Bewerber haben gestern Bescheid vom Verein bekommen. Du lügst schon wieder!" Die herumstehenden Mädchen verfolgten das Streitgespräch stumm. Man spürte, dass sie erstens noch vor Entsetzen wie gelähmt waren und sich zweitens noch auf keine Seite geschlagen hatten. Aber gerade eben schien Christina eindeutig einen Punkt gemacht zu haben.

„Christina und du – ihr kennt Euch?"

Birgit drehte langsam ihren Kopf zur Seite. Es dauerte einen Moment, bis sie aus ihren Gedanken wieder in die Wirklichkeit zurückfand. Neben ihr stand Bernd. Er schien ständig wie aus dem Nichts aufzutauchen und er schien alles mitzubekommen, was im Stall gesprochen wurde.

„Von früher", antwortete sie vage, kletterte durch den Zaun, der den Paddock umgab und ließ Bernd einfach stehen.

Der Tod von Montigo wurde nie aufgeklärt. Montigo wurde auch nicht obduziert. Christinas Eltern wollten das zwar veranlassen, aber Christina hatte sich mit Händen und Füßen dagegen gewehrt. Sie könnte die Vorstellung, dass man ihr geliebtes Pferd jetzt auch noch auseinander schneide, nicht ertragen, hatte sie immer wieder wiederholt und ihre Eltern hatten sich irgendwann gefügt...

Auch wenn niemand im Stall es offen ausgesprochen hatte, irgendwie hatte Birgit das Gefühl gehabt, dass man sie seit diesem schrecklichen Tag mied. Sie wurde nicht mehr zu Partys eingeladen und irgendwann hatte sie ihren Burschi genommen, ein kleines, altes Shetland-Pony gekauft und die Beiden zuhause untergestellt.

Tja, und nun holte die Vergangenheit sie ein und sie wusste nicht im Geringsten, wie sie damit umgehen sollte.

Vor einem knappen Jahr nun hatte Birgit wieder mit Reitunterricht begonnen. Sie hatte eine ganze Weile nach einem passenden Reitlehrer gesucht und ihn in Björn Hausner gefunden. Wie sie selbst verabscheute er die gerade umstrittenen Ausbildungsmethoden, bei denen man zum Beispiel den Kopf des Pferdes auf die Brust zog und den Hals total überdehnte. Für das Pferd eine wahre Quälerei, wie beide fanden. Und nicht nur sie... .

Heute nun sollte die erste Stunde im neuen Stall Heikmann sein und Birgit ritt ihren Burschi gerade warm, als sie die Stimme von Bernd hinter der Hallentür vernahm:

„Tür frei, bitte!", rief er und ganz automatisch antwortete Birgit: „Ist frei!"

Die Hallentür öffnete sich und Bernd betrat mit seinem Pferd im Gefolge die Halle. Birgit konnte eine Zeit lang nicht den Blick von diesem Pferd abwenden. Es war eines der schönsten Pferde, die sie in letzter Zeit gesehen hatte. Der glänzende Rappe hatte einen wunderschönen, dichten und langen Schweif, ebenso war seine Mähne und man suchte vergeblich nach einem Abzeichen. Kein weißes Haar störte das wunderbare, schwarze Fell, unter dem bei jedem Schritt die Muskeln tanzten.

„Das ist aber ein hübscher Bursche!", entfuhr es Birgit und Bernd lächelte so, als hätte er das schon öfter gehört. Er antwortete: „Danke für das Kompliment." Während sie Burschi im Trab löste, beobachtete sie mit kurzen Blicken Bernd und sein Pferd. Der Schwarze war nicht sehr ausgeglichen.

Er blieb beim Aufsitzen nicht ruhig stehen und kaum saß Bernd im Sattel, da marschierte er auch schon in flottem Schritt los. Bernd schien das zu kennen. Er gurtete im Schritt nach und trabte dann sofort an. Birgit dachte sich ihren Teil, als sie das sah und arbeitete dann konzentriert mit Burschi weiter.

„Tür frei!", ertönte wieder eine Stimme hinter der Hallentür. Es war unverkennbar der erwartete Reitlehrer von Birgit und so rief sie, nachdem sie sich nach Bernd und seinem Rappen umgeschaut hatte: „Ist frei!"

Die Hallentür öffnete sich und Björn Hausner betrat die Halle. „Hallo Birgit!", begrüßte er sie, gab ihr die Hand und streichelte dann Burschi.

„Na, wie habt Ihr den Umzug überstanden?", fragte er und lächelte Birgit freundlich an.

„Den Umzug gut", antwortete Birgit.

„Aber?" Björn Hausner hatte genau mitgekommen, dass die Betonung auf ‚Den Umzug' gelegen hatte.

„Aber nichts", erwiderte Birgit. Was sollte sie ihren Reitlehrer mit uralten Geschichten belasten, die dann auch noch vor seiner Zeit geschehen waren. „Wirklich. Alles in Ordnung", betonte sie noch einmal.

„Na gut. Dann können wir ja anfangen. Hat er sich gut lösen lassen, oder merkt man ihm die Umstellung an? Ist er irgendwie angespannt?"

Wie immer betrachtete Hausner die gesamte Situation rund um Pferd und Reiter und das war es, was ihn in Birgits Augen von allen anderen Ausbildern unterschied, die sie bisher kennen gelernt hatte.

Nun begann das Training und Birgit vergaß alles andere um sich herum. Das änderte sich schlagartig, als Birgit einen Blick auf die Tribüne warf und dort Christina entdeckte.

Sofort entstand ein Moment höchster Anspannung, der sich natürlich auch auf Burschi übertrug und auch von Björn Hausner nicht unbemerkt blieb. Er folgte Birgits Blick auf die Tribüne, konnte dort aber nichts Besonderes entdecken. Nur eine junge Frau schaute in die Halle hinein.

„Tja, Birgit", sagte er lachend, „an Zuschauer wirst du dich nun wieder gewöhnen müssen."

Birgit blieb stumm und versuchte sein Lachen zu erwidern, aber es gelang ihr nicht. Sie meinte ein hämisches Grinsen auf Christinas Gesicht bemerkt zu haben. Mit aller Mühe lenkte sie ihre Aufmerksamkeit wieder auf den Unterricht. Mehrmals rief sie Björn Hausner zu mehr Konzentration auf und er konnte sich keinen Reim darauf machen. Das war so gar nicht Birgits Art...

Als die Reitstunde zu Ende war, ging er noch einmal auf Burschi und Birgit zu und fragte: „Was war denn los heute? Noch nicht so richtig akklimatisiert?"

„Weiß auch nicht," erwiderte Birgit. „Vielleicht habe ich heute einfach nur einen schlechten Tag."

„Na gut", meinte der Reitlehrer nun, da er merkte, dass sie nicht darüber sprechen wollte, „dann sehen wir uns nächste Woche in alter Frische wieder. Tschüss Birgit und sei schön fleißig." Bei diesen Worten hatte er sich schon ein ganzes Stück entfernt. Schnell rief Birgit, bevor ihr Trainer etwas sagen konnte: „Ist frei!" Björn Hausner drehte sich noch einmal kurz um, lächelte Birgit an und verließ dann die Halle.

„Hui! Knister – Knister!", ertönte sofort Bernds Stimme, als sich die Hallentür wieder schloss. Birgit drehte sich zu ihm um.

„Jetzt setz hier bloß keine Gerüchte in die Welt! Björn ist mein Reitlehrer – mehr nicht!"

„Ja, ja, das hat auch schon so manche Prinzessin behauptet.", setzte Bernd noch einmal nach und grinste in sich hinein.

Birgit sprang vom Pferd und rief schnell: „Tür frei!" Sie wollte sich keinesfalls auf dieses Gespräch einlassen.

Nachdem Birgit ihrem Haflinger die Beine abgespritzt hatte, führte sie ihn die Stallgasse entlang zum Putzplatz. Ganz am Ende sah sie ihren Trainer in der Stalltür stehen. Offensichtlich unterhielt er sich noch mit jemandem, der draußen, auf der anderen Seite der Stalltür stand. Birgit konnte ihre Neugier nur schwer unterdrücken und so guckte sie immer mal wieder die Stallgasse entlang, während sie Burschis Schweif langsam mit der Hand verlas.

Jetzt öffnete Björn Hansen lachend die Stalltür und verabschiedete sich mit einem Händedruck. Nachdem er den Stall verlassen hatte, wurde die Person sichtbar, mit der er sich unterhalten hatte.
Birgit dachte nur, dass das ja wohl nicht wahr sein konnte. Christina trat ein, entdeckte Birgit auf dem Putzplatz und schlenderte betont langsam und gut gelaunt auf sie zu.
Als sie an Birgit vorbei kam, winkte sie lässig mit der linken Hand und rief: „Hallöchen Birgit! Einen netten Reitlehrer hast du da ja. Ich habe mich gerade ganz wunderbar mit ihm unterhalten." Mit diesen Worten entschwand sie in Richtung Sattelkammer. Birgits Mine war wie versteinert.
Was hatte Christina vor?

„Sehr schön! Ja. Achte noch stärker auf Deinen verwahrenden Schenkel. Jetzt mehr innen treiben. Halte den Takt. Sehr gut." Björn Hausner war sehr zufrieden. Die Traversalverschiebung ließ sich schon sehr gut sehen. Außerdem gaben Pferd und Reiterin wirklich ein hübsches Bild ab. Die schlanke, blonde Frau und der außergewöhnlich schöne Rappe zogen mit Sicherheit die Aufmerksamkeit der Richter auf sich. Das allein waren schon Pluspunkte auf einem Turnier. Auch wenn andere bessere Reiterinnen waren – seine Gedanken schweiften kurz ab und vor seinem geistigen Auge entstanden Bilder von Birgit und Burschi...
„Björn?" Die junge Frau lachte. „Wo warst du denn gerade mit Deinen Gedanken?"

Björn Hausner blieb die Antwort schuldig. „Also dann, mach weiter so und wir sehen uns nächste Woche wieder, Christina."

„Danke. Tschüss Björn. Und einen schönen Tag noch", verabschiedete diese ihn mit einem süßen Lächeln.

Echt eine Hübsche, dachte der Reitlehrer und verließ die Halle.

„Hi Birgit." Ulrike öffnete gerade ihren Sattelschrank, der direkt neben dem von Birgit stand.

„Hi Ulrike", grüßte Birgit zurück und war froh, sich an den Namen erinnern zu können. Sie hatte ziemlich viele neue Namen gehört in letzter Zeit. Aber Ulrike war die erste gewesen, die sich ihr vorgestellt hatte und Birgit erinnerte sich, dass sie ihr nicht unbedingt sympathisch gewesen war.

„Ich habe dich neulich beim Reitunterricht gesehen. Dein Reitlehrer scheint nicht schlecht zu sein. Kannst du mir bei Gelegenheit mal seine Nummer geben? Vielleicht möchte ich mal eine Probestunde bei ihm buchen.

Birgit war überrascht, freute sich aber über das Interesse und antwortete: „Na klar, kein Problem. Wenn du mir deine E-Mail-Adresse oder Handy-Nummer gibst, schick ich sie dir."

„Ja, nur keine Eile", erwiderte Ulrike und verließ die Sattelkammer. Sie ließ Birgit wieder einmal verwirrt zurück.

Was war das nun wieder? fragte sich Birgit, dachte
dann aber nicht mehr lange darüber nach,
schnappte sich ihre Trense, Sattelseife, Schwamm
und Leдеröl und schlenderte dann die Stallgasse
entlang nach draußen. Dort nahm sie sich einen
der irgendwann mal weiß gewesenen und nun er-
grauten Campingstühle, die verstreut herumstan-
den und setzte sich in der Nähe des Reitplatzes in
die Sonne. Sie hatte Wasser vergessen, deshalb
ging sie noch einmal zurück, holte einen kleinen Eimer, füllte Wasser hinein und ging wieder nach
draußen. Beinahe wäre sie mit Bernd zusammen
gestoßen, der gerade seinen Rappwallach zum
Reitplatz führte. „Hallo", begrüßte er sie freundlich
und fuhr mit einem Blick auf ihren Wassereimer
fort: „Was hast du denn vor?"
„Lederzeugpflege", antwortete Birgit.
„Ja klar. Muss ja auch mal sein und bei diesem
herrlichen Wetter macht's ja vielleicht sogar Spaß."
„Ach", meinte Birgit, „hin und wieder mach ich das
richtig gern. Aber du hast natürlich Recht. Bei diesem Wetter macht ja fast alles Spaß."
„Na dann," beendete Bernd das Gespräch, „ich
muss. Hier wird jemand ungeduldig." Der Schwarze
stand nicht still und lief auf dem kleinen Radius,
dem ihn die Zügel ließen, hin und her. „Man sieht
sich", fügte Bernd noch hinzu und lächelte Birgit
an. Birgit lächelte zurück, nickte und ging weiter
ihren Weg zu ihrem Stuhl. Dort angekommen,
setzte sie sich und begann die Trense in ihre Ein-

zelteile zu zerlegen. Es wurde Zeit, dass sie mal wieder gefettet wurden, denn die Schnallen ließen sich nur äußerst schwer öffnen. Hin und wieder warf sie einen Blick auf den Reitplatz und beobachtete Bernd beim Reiten. Dabei überlegte sie, was sie von ihm halten sollte. Er war freundlich zu ihr, fast bemüht. Hatte er Interesse an ihr? Ein Interesse, das über den Stall hinausging? Er sah gut aus und hatte ein sehr charmantes Lächeln. Knister, knister kam ihr in den Sinn. Das hatte Bernd süffisant bemerkt, als ihr Reitlehrer das erste Mal hier im Stall war und ihr Unterricht gab. So ein Quatsch! Warum sagte Bernd so was! Björn war lediglich ihr Reitlehrer! Oder? War da vielleicht wirklich mehr? Oh, was für ein Durcheinander war das nur plötzlich. Vor wenigen Wochen war noch alles so klar gewesen. Alles ging seinen ruhigen, geregelten Gang. Und nun? Nun stand sie mit Christina im gleichen Stall, überlegte, ob sie in ihren Reitlehrer verliebt war und er vielleicht in sie, überlegte ob Bernd in sie verliebt war. Alles Quatsch! Birgit wollte dieses Durcheinander in ihrem Kopf nicht und versuchte, diese Gedanken zu verscheuchen.

„Wenn du so weiter machst, hast du das Backenstück gleich durchgescheuert."
Birgit schreckte auf. Wie? Was? Wer sprach da? Sie blickte hoch und musste sich die Hand über die Augen legen, weil die Sonne sie blendete.

Erst erblickte sie die Nüstern eines Pferdes, das sie schnell als Bernds Rappen identifizierte, dann, ein ganzes Stück höher, sah sie Bernd, im Sattel sitzend, der auf sie herabblickte.

„Entschuldigung", sagte er nun, „ich wollte dich nicht erschrecken. Aber wenn du so weitermachst, musst du dir wohl eine neue Trense kaufen." Jetzt lachte er wieder sein jungenhaftes Lachen.

„Beobachtest du mich?", fragte Birgit.

„Vielleicht", antwortete er geheimnisvoll, wendete sein Pferd und arbeitete weiter an seinen Lektionen.

Endlich waren alle Teile der Trense gesäubert, gefettet und wieder zusammengebaut. Birgit betrachtete ihr Werk und war zufrieden. Satt schwarz glänzte das Leder in der Sonne.

„Du bist ja fleißig. Ich drücke mich immer vor der Lederpflege." Birgit drehte sich um. Da schlenderte Ulrike heran. „Hallo Ulrike", begrüßte Birgit sie etwas kurz.

Ulrike schien das gar nicht zu bemerken. „Du hast nicht zufällig gerade die Nummer von deinem Reitlehrer bei dir?" Birgit überlegte ein paar Sekunden. Dann erwiderte sie: „Nur, wenn du mir versprichst, dass du nicht gleich wieder weg bist, bevor ich mein Handy gezückt habe."

Ulrike sah sie fragend an: „Nein. Warum sollte ich?"

„Du hast es vielleicht gar nicht bemerkt, aber du hast mich schon zweimal mitten in einer Unterhaltung stehen lassen", erklärte Birgit.

„Echt?", fragte Ulrike ehrlich erstaunt. „Das tut mir leid. Das war dann keine Absicht."

„O.k..“ Birgit schob ihr Handy auf und nannte Ulrike die gewünschte Nummer, welche diese sofort in ihrem Handy abspeicherte.

Danach schauten Beide noch ein wenig über den Reitplatz, auf dem Bernd seinen Rappen am hingegebenen Zügel trocken ritt.

„Ich hab gehört, du kennst Christina?“ Die Frage kam unvermittelt und fast erschrocken fuhr Birgits Kopf herum.

„Warum?“, fragte sie hastig.

„Nur so“, antwortete Ulrike. „Interessierte mich halt nur mal.“

„Ist lange her.“ Birgit schaute wieder über den Reitplatz. „Falls du etwas über sie wissen möchtest, kann ich dir überhaupt nicht helfen.“

„War sie mal eine Freundin von dir?“ Ulrike ließ nicht locker.

„Wie gesagt, ist lange her. Oh – so spät schon?“ Birgit sah auf Ihre Armbanduhr. „Sei mir nicht böse, aber ich muss ganz schnell los. Habe noch einen Termin. Tschüss.“ Sie warf sich die Trense über die Schulter und lief über den Sandweg zurück zum Stall. Nachdenklich schaute Ulrike ihr nach.

„Na, da bin ich ja mal gespannt, wie meine beiden Reitschülerinnen abschneiden werden.“ Die Reitstunde war zu Ende und Birgit sah ihren Reitlehrer fragend an: „Ulrike geht auf das gleiche Turnier wie ich?“

„Ulrike?" Björn Hausner überlegte. Eine Ulrike kenne ich nicht." Müsste ich?"

„Ich habe ihr vor einiger Zeit Deine Nummer gegeben. Aber, wenn sie es nicht ist, wer ist es dann?"

„Na, Christina. Habe ich dir nicht erzählt, dass ich inzwischen noch zwei neue Reitschülerinnen hier im Stall habe?"

Birgit sah ihn verstört an.

Nach einer Pause fragte sie: „Zwei neue Reitschülerinnen? Wer denn noch?"

„Eine Romana. Kennst du sie?", antwortete Björn Hausner.

„Romana? Nein. Kein Begriff."

„Und – Christina?" Björn Hausner sah Birgit erwartungsvoll an.

„Von früher", beantwortete Birgit die Frage wie immer, wenn sie nach Christina gefragt wurde, kurz und knapp.

Aber Björn Hausner wollte sich damit nicht zufrieden geben. Er hielt Burschi am Zügel fest und schaute zu Birgit hoch.

„Ist da etwas, was ich wissen sollte?", fragte er sie eindringlich.

„Aber nein," versuchte Birgit ihrer Stimme etwas Leichtes zu verleihen. „Was sollte da sein?"

„Na ja", ließ der Reitlehrer nicht locker, „sie hat da etwas angedeutet."

„Etwas angedeutet?", wiederholte Birgit fragend.

„Sie sagte so etwas wie, dass man Vergangenes auch mal vergessen können sollte. Sie jedenfalls wäre bereit dazu." Und nach einer Pause fügte er hinzu: „Gab es Streit zwischen euch?"

Birgit wusste nicht, was sie sagen sollte. Sollte sie ihrem Reitlehrer die ganze Geschichte erzählen? Aber würde ihn das wirklich interessieren? Immerhin war er nur ihr Reitlehrer und er konnte sich nicht alle privaten Geschichten seiner Reitschüler anhören – dann käme er ja gar nicht mehr zum Unterrichten. Andererseits, wenn Christina davon anfing - und wenn sie ihm ihre Wahrheit erzählen würde – wie würde diese Wahrheit aussehen? Würde sie ihm erzählen, dass sie sie, Birgit, für die Mörderin ihres Pferdes hielt? War es dann nicht besser, er würde die Geschichte schon von ihr selbst kennen?

„Birgit?" Björn Hausner holte sie aus ihren Gedanken.

„Äh – ich glaube – ich möchte nicht darüber sprechen. Es ist alles, wie schon gesagt, lange her. Nächste Woche? Gleiche Zeit, gleiche Stelle?", fragte sie gespielt fröhlich.

„Natürlich", erwiderte ihr Reitlehrer nachdenklich. „Natürlich. Wie immer."

Als Birgit am nächsten Tag die Sattelkammer betrat, sah sie Ulrike an ihrem Spind stehen. Sie trat an sie heran: „Hallo Ulrike, na, schon meinen Reitlehrer angerufen?"

„Ne du, noch nicht. Bin noch nicht dazu gekommen."

„Ach so. Was ich fragen wollte. Kennst du eine Romana hier im Stall?"

Ulrike zog einen Mundwinkel verächtlich hoch. „Kennen ist zu viel gesagt. Aber ich weiß, wer sie ist. Warum?"

„Ach, hat mich nur interessiert. Sie nimmt jetzt wohl auch Unterricht bei Björn."

„Björn?" fragte Ulrike.

„Björn Hausner – mein Reitlehrer."

„Ach so. Ja, ich hab seinen Namen noch nicht so verinnerlicht. So, so – und Romana nimmt jetzt auch Unterricht bei ihm. Na ja – war ja zu erwarten."

„Warum war das zu erwarten?" Birgit merkte, dass sie nahe daran war, wichtige Dinge zu erfahren.

„Romana ist Christinas Freundin. Man könnte auch sagen, ihre Untertanin. Und was Christina sagt, tut oder denkt, das sagt, tut oder denkt auch Romana. Tja – und da Christina bei deinem Reitlehrer Unterricht nimmt, muss Romana das natürlich auch tun, verstehst du?"

„Natürlich", konnte Birgit gerade noch herausquetschen. Dann war diesmal sie es, die Ulrike einfach stehen ließ.

„Also gut." Birgit stand vor dem Spiegel und sprach mit sich selbst. „Du musst jetzt eine Entscheidung treffen. Entweder läufst du weg – so wie beim letzten Mal oder du kämpfst es diesmal aus." Birgt spürte, wie sich ihr Magen zusammenkrampfte. Beide Lösungen waren nicht gerade dazu angetan,

Freude auszulösen. „Läufst du weg," fuhr Birgit fort und schaute wieder in den Spiegel, „verlierst du erstens die Achtung vor dir selbst, lässt zweitens die anderen glauben, dass du tatsächlich eine Pferdemörderin bist, musst drittens vielleicht ein Leben lang vor Christina davonlaufen, bist viertens wieder allein, aber – du hast deine Ruhe. Bleibst du und kämpfst es aus, hast du erstens die Chance, die Wahrheit ans Tageslicht zu bringen, kannst dir zweitens im Spiegel mit Achtung in die Augen sehen, brauchst drittens anschließend nicht mehr vor Christina davon zu laufen, aber – es wird eine harte Zeit. Also Birgit – entscheide dich!" Birgit stand jetzt gerade aufgerichtet und mit entschlossenem Gesichtsausdruck da. Die Entscheidung war gefallen. Sie würde diesmal nicht davonlaufen.

„Ich muss schon sagen, ich habe noch nie einen so gut ausgebildeten Haflinger gesehen. Hast du den selber ausgebildet?" Bernd ritt mit seinem Wallach neben Birgit.
„Danke für das Kompliment", erwiderte Birgit. „Überwiegend habe ich ihn tatsächlich selbst ausgebildet. Aber ich hatte natürlich meistens Trainer. Wenn keiner von unten guckt, schleichen sich nur Fehler ein, finde ich. Aber er war nie in Beritt oder so etwas."
„Toll", meinte Bernd und das klang ehrlich.

„Sag mal, hast Du vielleicht Lust, morgen mit mir auszureiten? Black Fever ist draußen nicht gerade das ruhigste Pferd. Würde ihm bestimmt gut tun, wenn er eine ausgeglichene Begleitung hätte."
„Oh – ja. Im Prinzip schon. Wann hattest Du denn gedacht, auszureiten?"
„Wie wär's mit spätem Vormittag? So Halb Zwölf?"
„Ja, nicht schlecht. Dann kann ich noch schnell vorher meinen Samstagseinkauf machen."
„Dito." Bernd lachte.
„Sag mal. Wie alt ist Black Fever eigentlich?"
„Sechs."
„Oh, so jung noch", erwiderte sie nur kurz.
„Hattest Du ihn älter geschätzt?", fragte Bernd.
„Na ja, er ist ja dressurmäßig schon ziemlich weit. Vielleicht ein wenig zu weit? Ich finde ja, dass man jungen Pferden mehr Zeit lassen sollte bei der Ausbildung." Birgit versuchte in Bernds Gesicht zu lesen, wie er diese Kritik aufnahm.

Er sah etwas nachdenklich aus. Dann meinte er: „Also ich finde das eigentlich ganz normal. Auf den Turnieren gibt es massenhaft Pferde in seinem Alter und mit dem gleichen Ausbildungsstand - manche sogar noch weiter."
„Ja, ich weiß. Aber nur, weil die Mehrheit etwas tut, muss es ja nicht richtig sein." Birgit hatte das sehr freundlich gesagt und lächelte Bernd an. Sie wollte ihn mit ihren pferdefreundlichen Ansichten nicht gleich verschrecken oder überfordern.

„Ja, das ist allerdings wahr." Bernd zog die Abschwitzdecke vom Rücken seines Pferdes hinter
dem Sattel, legte sie vorsichtig, um Black Fever
nicht zu erschrecken, über den Zaun, der den Reitplatz umrandete, und trabte dann mit einem „Na
dann tschüss." an. Birgit saß ab und führte Burschi, irgendwie zufrieden, zum Stall.
In der Stalltür stand Ulrike und schaute sie vielsagend an. „Na, ging er gut heute?", fragte sie mit
Blick auf Burschi.
„Ja. Aber eigentlich geht er immer gut, finde ich.
Und wenn nicht, liegt es meistens an mir." Birgit
lachte.
„So locker sieht das auch nicht jeder", meinte Ulrike. „Du, ich wollte dich fragen, ob du nicht Lust
hättest, morgen mit mir auszureiten." Birgit sah sie
belustigt an: „Das ist ja witzig. Gerade hat mich
Bernd das Gleiche gefragt. Aber, wenn es ihn nicht
stört, dann können wir doch zu dritt ausreiten, "
schlug sie nun vor.
„Oh nein. Vielen Dank. Mit dem reite ich nicht noch
mal aus", kam es spontan von Ulrike.
„Verstehst du dich nicht mit Bernd?"
„Nein, nein, nicht wegen Bernd. Wegen Black Fever.
Ich bin einmal mit Bernd ausgeritten. Dieses Pferd
ist total durchgeknallt. Meiner ist durchgegangen.
Keiner im Stall geht mehr mit Black Fever raus.
Wenn du einen guten Rat möchtest: Sag den Ausritt
lieber ab."

„Vielen Dank für den Tipp, aber ich habe keine Angst. Ich habe vollstes Vertrauen zu Burschi. Der ist mir noch nie durchgegangen. Vielleicht tut es Black Fever ja gut, mal ein ruhiges Pferd an seiner Seite zu haben." Birgit streichelte Burschi über die Stirn.

„Na, du musst es ja wissen. Aber sag hinterher nicht, ich hätte dich nicht gewarnt." Ulrike lachte zwar, sah aber gleichzeitig auch besorgt aus.

„Mach ich nicht!", rief Birgit fröhlich und führte Burschi zum Putzplatz. Jetzt wurde es ja wirklich interessant hier, dachte Birgit.

„Viel Spaß Euch!" Ulrike sah Birgit und Bernd nach, wie sie im Schritt den Feldweg in Richtung Wald entlang ritten. Birgit ritt Burschi mit durchhängenden Zügeln und hielt ihr Gesicht genießerisch in die Sonne. Bernd hatte die Zügel aufgenommen und Black Fever warf mehrmals den Kopf nach oben, um ihn danach wieder mit einem Ruck nach unten zu nehmen, so dass er seinem Reiter die Zügel fast aus der Hand riss.

Ulrike schaute zur Seite und meinte: „Hat es einen besonderen Grund, dass du ihn so kurz hältst?"

„Wenn du ihm die Zügel hingibst, trabt er sofort an und dabei bleibt es nicht. Er trabt dann immer schneller und am Ende rast er mit dir im Galopp durch den Wald und ist nicht mehr zurückzuhalten." Bernd machte ein bedauerndes Gesicht.

„Macht er das auch, wenn er ein ruhiges Pferd neben sich hat, das nicht mitläuft, wenn er antrabt?", fragte Birgit.

„Das habe ich, ehrlich gesagt, noch nie probiert, aber bist du dir ganz sicher, dass sich Burschi nicht anstecken lassen würde?"

„Ja, ziemlich. Wenn du magst, probier's ruhig mal." Bernd ließ langsam die Zügel länger und genau wie er vorhergesagt hatte, trabte Black Fever an. Bernd nahm die Zügel wieder auf, parierte seinen Rappen durch zum Schritt und wartete dann auf Birgit und Burschi.

„Siehst du – genau wie ich es gesagt habe. Das hat keinen Sinn." Bernd ritt nun wieder neben Birgit.

„Von mir aus, probiere es ruhig mehrmals. Ich meine, wenn er das immer so gemacht hat bisher, dann brauchst du vielleicht ein paar Versuche, hm?" Birgit sah Bernd aufmunternd an.

„O.k., versuchen wir's noch mal." Bernd ließ wieder die Zügel länger und wieder trabte der Schwarze an. Nach dem fünften Versuch jedoch blieb Black Fever plötzlich im Schritt. Bernd sah Birgit mit großen Augen an und wagte nicht zu sprechen, um die Gelassenheit des Pferdes nicht zu stören. Auch Birgit sagte kein Wort, sondern nickte Bernd nur anerkennend zu. Ein paar mal verfiel Black Fever noch in seine alte Angewohnheit, aber Bernd musste dann nur noch die Zügel leicht annehmen und sofort wechselte das Pferd wieder in den Schritt.

„He, " flüsterte Bernd nun, „so entspannt bin ich
mit ihm noch nie ausgeritten. Danke. Das war echt
hilfreich."
Birgit lächelte nur. Sie freute sich. Zum einen, dass
sie Bernd hatte helfen können, aber zum anderen
auch, weil sie damit dem Pferd etwas Gutes getan
hatte. Endlich war mal diese unangenehme Spannung aus Black Fever heraus...
So ritten Bernd und Birgit schweigend nebeneinander her, genossen die Luft, den Duft der Kiefern, die
ihren Weg säumten, und die warme Sonne. Nur hin
und wieder warfen sie sich lächelnd einen Blick zu.
Sie waren vielleicht gerade eine halbe Stunde unterwegs und Birgit überlegte gerade, ob sie es jetzt
langsam wagen könnten, anzutraben, als sie urplötzlich donnerndes Hufgetrappel hinter sich vernahm.
Bevor sie einen Ton sagen konnte, machte Black
Fever einen Satz und galoppierte in irrsinnigem
Tempo davon. Birgit nahm blitzschnell die Zügel
auf und wendete Burschi, so dass sie den galoppie-
renden Pferden entgegen sahen. Burschi tänzelte.
Es waren mindestens sechs Reiter, die da in hohem
Tempo herankamen. Birgit winkte, um der Gruppe
damit ein Zeichen zu geben, durchzuparieren, aber
diese nahmen überhaupt keine Notiz davon. Ohne
auch nur ansatzweise das Tempo zu reduzieren,
donnerten sie schreiend und johlend an Birgit vorbei.

Burschi, sonst die Ruhe selbst, hüpfte und sprang auf der Stelle herum und beruhigte sich erst wieder, nachdem von der Reitergruppe nichts mehr zu hören und zu sehen war. Endlich kam Birgit dazu, zu überlegen, was sie jetzt am besten tun sollte. Sie entschied sich dafür, im langsamen Trab in die Richtung zu reiten, in der Bernd und Black Fever verschwunden waren. Immer wieder rief sie Bernds Namen, aber weder erhielt sie eine Antwort, noch sah sie irgendwo eine Spur von den Beiden.

Nach einiger Zeit entschloss sie sich, nach Hause zurück zu reiten. Sie machte sich große Sorgen und irgendwie hatte sie auch ein schlechtes Gewissen. Schließlich war das mit den langen Zügeln auf ihrem Mist gewachsen. Mit aufgenommenen Zügeln hätte Bernd Black Fever vielleicht halten können....

Aber andererseits – die Reitergruppe hatte gegen die Regeln verstoßen, sich ganz und gar unmöglich verhalten. Wegen solcher Reitrowdies konnten doch in Zukunft nicht alle mit kurz aufgenommenen Zügeln durchs Gelände zuckeln. Das konnte doch nicht wahr sein!

Birgit war so in Gedanken versunken, dass sie Black Fever erst bemerkte, als sie schon fast gegen ihn geritten wäre.

„Black Fever!" rief sie überrascht und schlug sich sofort mit der linken Hand auf den Mund, weil das Pferd zusammenzuckte. Der Rappe war schweißnass und atmete heftig. Bei jedem Geräusch fuhr er zusammen, drehte sich herum und blies laut Luft durch die Nase.

Birgit saß ab und versuchte ihn mit ihrer Stimme zu beruhigen. So konnte sie ihm immer näher kommen, bis sie schließlich den am Boden liegenden Zügel greifen konnte. Black Fever machte einen Satz zurück, doch Birgit hielt die Zügel fest in der Hand und sprach pausenlos mit dunkler Stimme ruhig auf das Tier ein.

Endlich war sie ihm so nahe, dass sie ihn langsam mit der Hand berühren konnte. Zuerst zuckte er noch zurück, aber ganz, ganz langsam ließ er die Berührungen geschehen und atmete langsamer. Das Pferd beruhigte sich.

Birgit überlegte, was sie jetzt am besten machen sollte. Würde der Rappe wieder Angst bekommen, wenn sie nach Bernd rief? Sie versuchte es. Zunächst in normaler Lautstärke, dann immer lauter rief sie Bernds Namen, den Weg weitergehend, links und rechts ein Pferd an der Hand.

„Ja! Hier bin ich! Birgit! Hier!"

„Gott sei Dank!", entfuhr es Birgit. „Wo? Bitte ruf' weiter!", forderte sie den Gestürzten auf.

„Hier ist so ein morscher, abgestorbener Baum. Der einzige weit und breit. Siehst du ihn?!", rief Bernd und man hörte den Schmerz aus seiner Stimme heraus.

„Ja!", antwortete Birgit. „Ich sehe ihn! Gleich bin ich bei dir!" Vor ihr lag dichtes, hohes Himbeergestrüpp. Da würde sie mit zwei Pferden nie durchkommen. Sie holte ihr Wanderreithalfter heraus, schickte kurz ein Dankesgebet nach oben, dass sie es in der Tasche hatte, streifte es Burschi über den Kopf und band ihn dann an einem Baum fest. Dann kämpfte sie sich mit Black Fever zu Bernd durch.

„Wie geht es dir. Bist du verletzt?" Birgit hatte sich zu Bernd herabgebückt und beobachtete gleichzeitig sehr genau, was das Pferd tat. Sie befürchtete, dass es in seiner Aufregung auf Bernd treten könnte.

„Oh, du hast Black Fever eingefangen. Gott sei Dank!"

„Bist du verletzt?", wiederholte Birgit ihre Frage.

„Ich glaube, ich bin mit meinem Steißbein auf eine Wurzel oder einen Stein gefallen. Tut ganz schön weh."

„Kannst du aufstehen? Wäre gut. Ich habe nämlich keinen Handyempfang hier. Du vielleicht? Dann könnten wir Hilfe holen."

Bernd holte sein Handy heraus und schüttelte den Kopf. „Nein, ich auch nicht. Na, dann wollen wir mal einen Versuch wagen." Er stützte sich auf Birgit und als er einen Ast zu fassen bekam, zog er sich unter Stöhnen daran hoch. Black Fever machte diese Aktion Angst. Er machte einen Satz zurück, zog Birgit ein paar Schritte mit und brachte damit Bernd, der sich an ihr festgehalten hatte, beinahe in Straucheln. Gegen ihre Gewohnheit wurde Birgit jetzt ungeduldig: „Oh Pferd – jetzt krieg dich bitte mal wieder ein. Ich habe hier gerade noch ein paar Probleme mehr.“

Dann bemerkte sie selbst, was sie da gerade gesagt hatte und entschuldigte sich bei dem Tier: „Schon gut, Black Fever. Vergiss es. Beruhige dich nur wieder.“

Dann fuhr sie an Bernd gewandt fort: „Kannst du gehen?“

„Ich werde es versuchen. So viele Möglichkeiten habe ich ja nicht“, antwortete er mit schmerzverzerrtem Gesicht.

„Wenn es gar nicht geht, musst du hier bleiben und ich hole Hilfe“, schlug Birgit nun vor.

„Nee, nee – wenn wir ganz langsam gehen, krieg ich das hin, glaub’ ich.“

Es war schon erstaunlich, wie lang ein Weg sein konnte, den man reitend gerade in einer knappen halben Stunde zurückgelegt hatte. Noch langsamer gestaltete sich der Rückweg natürlich durch Bernd, der immer wieder einmal eine Pause benötigte und insgesamt nur langsam gehen konnte.

Aber endlich, endlich konnten sie ihren Stall in der Ferne sehen und das gab noch einmal einen Schub an Kraft, um das Ziel zu erreichen.

Wenn sie gedacht hatten, dass bereits eine Traube von Miteinstellern am Stall auf sie warten würde, so hatten sie sich gründlich getäuscht.

Erst in der Stallgasse begegneten sie Ulrike und die bemerkte dann auch, dass mit Birgit und Bernd etwas nicht stimmte.

„Ist was passiert?", fragte sie und betrachtete vor allem Bernd, der da die Stallgasse entlang humpelte.

„Ja", antwortete der, „aber nicht so schlimm."

„Na ja, " fiel Birgit Bernd ins Wort und sah ihn fragend an. Dann fuhr sie an Ulrike gewandt fort: „Wir sind einer wilden Horde von Reitern begegnet, die wohl die einfachsten Reitregeln nicht kennen oder sich einen Dreck um sie scheren! Die sind von hinten angaloppiert gekommen und haben nicht einmal den Versuch gemacht, durchzuparieren. Da ist Black Fever natürlich abgegangen und selbst Burschi ist ordentlich aus seiner Ruhe gebracht worden – und das soll schon was heißen."

„Na, das ist ja ein Ding", meinte Ulrike nun. Eine Freundin von mir steht mit ihrem Pferd ein Dorf weiter und da hat es vor ein paar Wochen einen schweren Reitunfall gegeben. Die Geschichte hörte sich sehr ähnlich an. Vielleicht waren das die gleichen Reiter. Ich glaube, das sollten wir mal ans schwarze Brett schreiben und überhaupt mal im Auge behalten.

Aber was ist mit dir Bernd? Hast du dich schlimm verletzt?"

„Nein. Ich glaube nicht. Ich bin voll auf mein Steißbein geflogen und ich glaube, ich bin auf einer Wurzel gelandet. Es tut schon mächtig weh."

„Ich finde, du solltest das röntgen lassen", meinte Birgit.

„Ja", meinte Ulrike. „Das finde ich auch."

„Mädels, heute ist Samstag. Wenn ich Montag noch Schmerzen habe, dann gehe ich zu meinem Hausarzt."

„Kommt ja gar nicht in Frage", widersprach Ulrike in strengem Ton. Ich fahre dich ins Krankenhaus.

„Ach Quatsch", erwiderte Bernd, aber der Protest klang schon etwas schwächer.

„Doch, ich finde auch, dass du ins Krankenhaus fahren solltest. Wenn es euch recht ist, begleite ich euch."

Bildete sie sich das nur ein, oder war da kurz Freude in Bernds Gesicht aufgeflackert? Birgit schaute Bernd und Ulrike abwechselnd an.

„Also gut", meinte Bernd dann gedehnt. „Bevor ihr mich schlagt..."

„O.K." Ulrike übernahm kurz das Kommando. „Komm' Birgit. Versorg deinen Burschi. Ich kümmere mich um Black Fever und dann fahren wir los. Setz dich draußen noch ein bisschen hin, Bernd. Wir beeilen uns auch."

„Keine Hektik", meinte Bernd, „aber darf ich vielleicht auch stehen bleiben?" Er grinste.

Birgit und Ulrike sahen sich an und grinsten auch. Dann wandten sie sich Bernd zu und Birgit sagte: „Na gut, ausnahmsweise." Dann gingen Beide lächelnd ihrer Wege.

„Sie haben Glück gehabt." Der Arzt betrachtete eingehend das Röntgenbild von Bernds Wirbelsäule. „Es ist nichts gebrochen. Sie haben eine ordentliche Prellung und da werden sie eine ganze Weile was von haben. Obwohl Kühlen in solchen Fällen eigentlich die richtige Maßnahme ist, möchte ich ihnen im Rückenbereich davon abraten. Das könnten Ihre Nieren Ihnen äußerst übel nehmen. Ich schreibe Ihnen ein Schmerzmittel auf und Sie besorgen sich aus der Apotheke eine Schmerzsalbe. Gibt es leider nicht mehr auf Rezept. ...und ein Gummiring erleichtert das Sitzen. So einen Sitzring können Sie sich im Sanitätshaus besorgen. Gibt es..."

„... leider nicht mehr auf Rezept," ergänzte Bernd. „Stimmt's?"

„Stimmt. Tut mir leid. Ich habe die Gesetze nicht gemacht."

„Ich weiß", erwiderte Bernd.

Der Abreiteplatz war so voll, dass die Reiter und Reiterinnen ihre Pferde auf zwei Hufschlägen nebeneinander abreiten mussten. An eine vernünftige Vorbereitung war unter diesen Voraussetzungen nicht zu denken. Birgit überlegte, was nun am besten zu tun sei. Sie entschied sich, den Abreiteplatz zu verlassen und noch ein bisschen ins nahegelegene Gelände zu gehen.

Das war eine sehr gute Entscheidung. Ganz in der Nähe fand sie einen schönen weichen Sandweg, auf dem sie Burschi gut lösen konnte.

Dann arbeitete sie etwas an der Biegung, indem sie ihn flache Schlangenlinien gehen ließ, arbeitete sich dann an Übergänge über zwei Gangarten heran und verbesserte durch weitere kleine Lektionen die Versammlung, soweit ihr ganz privater „Abreiteplatz" das zuließ. Auf jeden Fall besser, als dieser mit Reitern zugestopfte Platz. Birgits Gefühl sagte ihr, dass es langsam Zeit wurde, zum Turniergeschehen zurückzukehren. Bald würde sie dran sein. In bummeligem Schritt ritt sie also zurück, schaute auf die Tafel neben dem Dressurviereck und sah, dass noch drei Reiterinnen vor ihr dran waren. Sie begab sich deshalb zum Abreiteplatz und ließ Burschi noch ein paar versammelnde Lektionen gehen. Das gestaltete sich recht schwierig, denn es schien, als sei der Platz in der Zwischenzeit noch voller geworden.

Plötzlich entdeckte sie Bernd am Rand des Platzes. Gerade wollte sie zu ihm reiten, um ihn zu begrüßen, als sie jemand anderes auf ihn zureiten sah. Sie erkannte das schwarze Pferd, aber sie wollte es nicht glauben.

Christina auf Black Fever? Das durfte ja wohl nicht wahr sein! Mit einer Kurzkehrt brachte sich Birgit aus dem Blickfeld des Geschehens.

Bevor sie auch nur ein paar Sekunden Zeit hatte, über dieses Geschehen nachzudenken, hörte sie den Aufruf ihrer Startnummer. Konzentrier dich, ermahnte sie sich selbst und ritt ins Dressurviereck ein.

Die Richter grüßen – wieso ritt Christina Black Fever? – Konzentrier dich auf deine Aufgabe! – Volte rechts, Volte links im versammelten Tempo – Dass Bernd nicht reiten konnte, war klar – einfacher Galoppwechsel bei X – Aber wieso Christina? – Verdammt! Konzentrier dich endlich auf deine Aufgabe! – Im Mitteltrab durch die ganze Bahn wechseln, bei F Versammeltes Tempo, bei A Halten – Super, das hat gut geklappt. – Noch eine Kurzkehrt bei C und dann ist es fast geschafft. – Auf die Mittellinie abwenden, vor den Richtern halten und grüßen. – Hatte sie sich denn so in Bernd getäuscht? – Am langen Zügel die Bahn verlassen. Birgit lobte Burschi und streichelte seinen Hals. Als sie wieder hochblickte, ritt gerade Christina an ihr vorbei. Beide Frauen blickten sich einen Moment lang in die Augen, dann war es vorbei. Christina ritt in das Dressurviereck ein und Birgit ritt raus zur Tafel, die die Wertnoten zeigte.

Wertnote 7,8! Das war toll. Birgit war mehr als zufrieden.

„Glückwunsch!" Birgit drehte sich um. Sie hatte Bernds Stimme erkannt.

„Danke", erwiderte sie nur. Sie wusste nicht, was sie mit ihm reden sollte. Dass Christina Black Fever ritt, hatte sie komplett aus der Bahn geworfen. Wieso drang ihre ehemalige Freundin wieder einmal so einschneidend in ihr Leben ein?

Bernd war ihr aber auch keinerlei Rechenschaft
schuldig. Kurzum, sie wusste überhaupt nicht, wie
sie mit dieser Situation umgehen sollte.

„He, Birgit – ist irgendetwas?", fragte Bernd. „Du
bist doch wohl nicht unzufrieden mit deinem Ergebnis? Besser geht's doch fast nicht. Im Moment
führst du sogar."

Birgit versuchte, ruhig und gelassen zu wirken: „Ich
bin nur überrascht. Christina reitet Black Fever?"

"Ja klar. Wieso bist du denn da überrascht? Ist ja
schließlich ihr Pferd. Wusstest du das gar nicht?",
setzte er hinzu, als er Birgits noch überraschteres
Gesicht bemerkte.

Birgit schluckte: „Nein, das wusste ich nicht. Entschuldige mich, ich muss Burschi versorgen." Mit
diesen Worten ließ sie Bernd stehen.

In ihrem Kopf ging alles durcheinander. Alles
schien sich tatsächlich zu wiederholen. Sie und
Christina auf demselben Turnier, in derselben Prüfung, sie selbst auf Burschi und Christina wieder
mit einem sehr guten, sicherlich teuren Pferd.
Schauer liefen Birgit über den Rücken bei dem Gedanken, sie könnte in dieser Prüfung vor Christina
platziert werden oder gar gewinnen....

„Hallo-o." Birgit schreckte auf. Sie hatte gerade auf
der Rampe ihres Hängers gesessen und ihr Gesicht
in die wärmende Sonne gehalten. Burschi graste
um den Hänger herum am Halfter, dessen Strick
locker in Birgits Hand lag.

„Oh Entschuldigung. Ich wollte dich nicht erschrecken. Ich hatte ein bisschen Zeit und da dachte ich,
ich gucke mal, wie sich meine Reitschülerinnen so
schlagen. Und wie ich gesehen habe, hast du ja ein
Traumergebnis. Gratuliere! Christinas Ergebnis ist
auch sehr gut. Black Fever hat sich allerdings zwei
Mal erschrocken. Das gab natürlich Punktabzug.
Aber trotzdem, ihr könnt beide äußerst zufrieden
sein." Björn Hausner sah sehr erfreut aus. „Du
führst immer noch; das weißt du hoffentlich."
Ich führe noch, dachte Birgit. Jetzt war es also tatsächlich so gekommen. Sie würde vor Christina
platziert werden. Alles wiederholte sich. Birgit
spürte, wie ein Angstgefühl sie überfiel.
„Birgit?" Björn Hausner sah sie besorgt an. „Alles
in Ordnung? Du freust dich ja gar nicht."
„Doch, doch. Ich freue mich. Wirklich." erwiderte
sie.
„Na, dann macht euch mal langsam für die Sieger-
ehrung bereit."
„Ja, o.k.", antwortete Birgit wie automatisch, während ihr Reitlehrer in Richtung Turnierplatz verschwand.
Mit zittrigen Händen sattelte sie Burschi, legte ihm
wieder vorsichtig die Kandare an und führte ihn
dann zum Dressurviereck. Welche Gemeinheit
würde sie dort erwarten?

„Herzlichen Glückwunsch, Birgit. Das war echt ein toller Ritt. Das habe ich auch schon Björn gesagt. Du bist und bleibst einfach eine gute Reiterin." Birgit wurde schlecht. Christina war derart verlogen, dass es ihr die Sprache verschlug. Nur ein kurzes Danke kam Birgit über die Lippen. Dann saß sie auf und ritt, nachdem ihre Startnummer aufgerufen wurde, in das Dressurviereck ein. Von einer Reiterin war sie am Ende doch noch überholt worden, aber mit dem zweiten Platz war Birgit mehr als zufrieden. Allerdings verhagelte ihr die Anwesenheit und das Verhalten von Christina die Stimmung. Sie hörte die Lautsprecherstimme, die den sechsten Platz für Christina und Black Fever verkündete. Oh, oh, dachte Birgit, das wird sie nicht so einfach wegstecken. Das weiß ich ganz genau.

„Hallo Birgit. Wir haben uns noch nicht kennen gelernt. Ich heiße Romana und habe dich und dein Pferd am Wochenende auf dem Turnier gesehen. Ich bin sehr beeindruckt und wollte dir zu deiner tollen Leistung gratulieren und ich wollte ich dich etwas fragen. Ich bin auch wirklich nicht böse, wenn du Nein sagen würdest." Romana druckste ein wenig herum.
„Hallo", begrüßte Birgit sie irritiert. „Frag ruhig".
„Also, " begann Romana, „ich habe auch schon mit Björn gesprochen und er hielt es für eine sehr gute Idee, wusste nur nicht, wie du dazu stehen würdest. Also, ich wollte fragen, ob ich vielleicht eine Weile auf...", sie machte eine Pause, als würde ihr

der Name schwer über die Lippen kommen, „Burschi Unterricht nehmen könnte. Mein Pferd ist nämlich krank und na ja, deiner ist halt sehr gut ausgebildet. Da könnte ich wirklich noch etwas lernen."

„Oh", entfuhr es Birgit. „Ich, ich danke dir für dieses..., " sie fing an zu stottern, „dieses große Lob, aber weißt du, ich, ich habe noch nie eine Reitbeteiligung gehabt..."

„Oh nein!", unterbrach Romana. „Keine Reitbeteiligung! Ich habe ja ein Pferd. Nur ein paarmal Unterricht hätte ich gern auf ihm." Mit großen Augen sah Romana Birgit bittend an.

Birgit wusste nicht, was sie tun sollte. Vor ihren Augen entwickelten sich Bilder von Romanas Reitkünsten und damit war es leider nicht weit her. Das würde sie Burschi nicht antun wollen. Andererseits würde es sehr unfreundlich aussehen, die Bitte abzulehnen. Was Birgit aber am meisten verwunderte, war die Tatsache, dass Romana Christinas Freundin war. Warum fragte sie nicht ihre Freundin, ob sie Black Fever reiten dürfte? Es war natürlich möglich, dass diese ihr Black Fever nicht gegeben hatte. Birgit entschloss sich, sie direkt danach zu fragen.

„Wenn ich richtig informiert bin, bist du doch eine Freundin von Christina. Warum nimmst du nicht auf Black Fever Unterricht?"

Es folgte eine Pause, in der Romanas vormals freundliches Gesicht sehr traurig wurde. „Wir sind nicht mehr befreundet. Das – hat sich erledigt. Bitte frag nicht weiter."

Oh, dachte Birgit, ein weiteres Opfer auf der Freundschaftsstraße der Christina von Elm.

„Das", entgegnete sie nun, „tut mir leid." Und nach einer Überlegungspause fuhr sie fort: „Und das mit Burschi.... Ich denke darüber nach."

Romanas Augen leuchteten: „Danke! Das ist echt nett von dir."

Ein bisschen zu schnell verließ sie die Reithalle.

Fast gleichzeitig erklang der Ruf „Tür frei" und kurz darauf betrat Christina mit Black Fever die Halle.

Dort war es sowieso schon sehr voll, so als hätten sich alle Einsteller zur gleichen Zeit verabredet, und deshalb beschloss Birgit, lieber noch eine kleine Runde im Gelände zu drehen.

„Guten Abend, Birgit!", schallte es nun so laut durch die Reithalle, dass jeder es gut hören konnte. Christina schaute mit großen Augen zu Birgit herüber.

In diesem Moment geriet Birgit für einen Moment außer Kontrolle.

Sie ritt zu Christina hin und zischte sie an: „Was soll dieses scheinheilige Getue. Lass mich zufrieden. Ein für alle mal."

Christina fuhr mit einem übertrieben großen Satz zurück, als hätte Birgit sie geschlagen.

„Ich wollte nur freundlich sein und dir zeigen, dass ich dir vergeben habe." Christina sprach sehr laut und sehr deutlich.

Birgits Stimme wurde nun auch lauter: „Da gibt es
nichts zu vergeben, hörst du? Du bist eine falsche
Schlange!"
Christina schaute sich zufrieden in der Halle um.
Das war ja noch viel besser gelaufen, als sie gehofft
hatte.
Birgit sah sie wütend an, saß ab und verschwand
durch die zweiflügelige Hallentür.

„Hallöchen. Deine Stimme klang ja durch sämtliche
Boxen. Wer ist dir denn auf den Fuß getreten?"
Bernd stand am Waschbecken und versuchte, sich
irgendwelche Farbreste von den Händen zu wa-
schen.
„Na", erwiderte Birgit schnippisch, „dann wirst du
ja auch noch eine andere Stimme vernommen ha-
ben. Eine, die du ja scheinbar noch wesentlich bes-
ser kennst – oder warum reitest du Christinas
Pferd?"
„Oh, ich ..." setzte Bernd zu einer Antwort an, kam
aber nicht weiter, denn Birgit schritt schnellen
Schrittes die Stallgasse hinunter, Burschi hinter
sich herziehend.
Bernd sah ihr stirnrunzelnd nach.
Birgit versorgte ihr Pferd schneller als sonst üblich.
Sie wollte nur weg und zu Hause in Ruhe nachdenken.

Auf dem Parkplatz begegnete ihr Ulrike, die gerade aus ihrem Auto stieg.

„Hey Birgit", rief sie.

„Hey", antwortete Birgit kurz, ohne sie anzusehen. Fragend sah Ulrike dem fortfahrenden Wagen nach....

„Hallo Bernd." Ulrike blieb am Waschbecken stehen. „Sag mal, weißt du, was mit Birgit los ist? Sie hat gerade mal kurz gegrüßt und ist dann ohne ein weiteres Wort mit ihrem Auto abgedüst. War hier irgendwas los?"

„Ich weiß nicht genau", antwortete Bernd. Seine Hände waren vom Schrubben krebsrot. „In der Halle sind laute Worte gefallen. Irgendetwas zwischen Christina und Birgit."

„Oh, na dann werden wir ja nachher noch etwas erfahren. Was hast du denn gemacht?" Ulrike wies auf Bernds Hände.

„Ach, Romanas Pferd muss so ein merkwürdiges Zeugs auf sein Bein gestrichen bekommen. Geht angeblich lahm. Romana hatte mich gebeten, das heute zu machen, weil sie selbst keine Zeit hat – und da ich sowieso herwollte..."

„Da werde ich noch viel lernen..."

„Du lernst es auch nicht mehr, nicht wahr?" Ulrike lächelte Bernd leicht bedauernd an. Bernd zuckte mit den Schultern als wollte er sagen: Hopfen und Malz verloren.

„Ach – hier bist du." Scharf schnitt Christinas das nette Gespräch zwischen Bernd und Ulrike ab.

„Bernd – Black Fever geht so was von Scheiße! Was hast du denn mit dem gemacht? Der geht ja so was von gegen die Hand!"

„Also Moment mal", begann Bernd. „Du weißt doch ganz genau, dass ich seit Tagen nicht reiten kann."

„Stimmt es, dass du mit Birgit ausgeritten bist an dem Samstag?"

„Ja. Hast du ein Problem damit?"

„Aber nein! Gar nicht. Ich versuche gerade, das alte Kriegsbeil zu begraben, aber wie du vielleicht gehört hast, ist Birgit ganz schön ausfallend geworden."

„Habe ich richtig gehört? Du willst das Kriegsbeil begraben?" Bernds Stimme klang ungläubig.

„Was – ist denn überhaupt zwischen euch los?"

„Nichts," erwiderte Christina, „was ich mal eben so auf der Stallgasse ausbreiten würde. Dafür berührt es mich denn doch immer noch zu tief." Sie gab ihrer Stimme einen theatralischen Ton.

Bernd und Ulrike sahen sich kurz an. Beide konnten gerade nicht so richtig glauben, was sie da hörten. Christina und von irgendetwas tief berührt? Was konnte da nur vorgefallen sein?

„Übrigens", begann Christina noch einmal, „ich würde es begrüßen, wenn du mal wieder bei Breitenau Unterricht nehmen würdest.

Du scheinst mir in letzter Zeit etwas zu leger zu reiten." Mit diesen Worten gab sie Black Fever einen Ruck mit den Zügeln und entfernte sich.

„Mist“, entfuhr es Bernd. „ich kann diesen Breitenau auf den Tod nicht ausstehen. Ich hatte mich gerade gefreut, dass Christina nun bei diesem Björn Hausner Unterricht nimmt und wollte mich da auch einklinken.“

„Aber warum zum Teufel schickt sie dich denn dann zu Breitenau?“, wollte Ulrike wissen.

„Keine Ahnung. Ich verstehe das überhaupt nicht.“

„… und wenn du noch mal mit ihr redest?“, schlug Ulrike vor.

„Ja“, antwortete Bernd lustlos, „versuchen kann ich es ja.“

Wie konnte ich mich nur breitschlagen lassen? Birgit schaute von der Tribüne in die Reithalle hinunter und beobachtete den Unterricht. Romana zog die Hacken hoch und konnte auch nicht wirklich losgelassen sitzen. Das Nachgeben der Zügel machte ihr Probleme. Im Geiste entschuldigte sich Birgit bei Burschi tausendmal und erklärte ihm, dass es ja nur für kurze Zeit sein würde. Gott sei Dank achtete Björn Hausner sehr auf diese Dinge und korrigierte Romana wieder und wieder. Schließlich ließ er sich eine Longe bringen und schloss eine Sitzschulung an den üblichen Unterricht an. Birgit atmete auf. Das würde Romana gut tun und Burschi sowieso.

Sie hörte Romana albern lachen. Es war ihr offensichtlich peinlich, dass sie an der Longe unterrichtet wurde. Birgit würde sie nachher darauf ansprechen. Es gab überhaupt keinen Grund für irgendein Peinlichkeitsgefühl. Im Gegenteil! Sie

sollte doch froh sein, einen Reitlehrer zu haben, der
so gründlich war. Außerdem:
Die Besten der Besten machten regelmäßig Sitzschulung an der Longe.
„Na, Romana? Wie ist es dir mit meinem Burschi
ergangen?" Birgit ließ es erst einmal locker ange-
hen.
Romana ließ wieder dieses alberne Lachen erklingen. „Ja", meinte sie dann, „lässt sich schon wirklich gut reiten, aber ich war wohl nicht so gut,
was?", kokettierte sie lachend.
Birgit ignorierte die Koketterie und bemerkte sachlich: „Du hast es doch ganz gut gemacht und dann
hast du noch den besten Reitlehrer weit und breit,
nicht wahr?" Romana wendete ihr Gesicht ab und
verdrehte die Augen. Dann antwortete sie: „Oh ja
wirklich. Da werde ich noch viel lernen."
"Hallo Birgit. Hallo Romana." Bernd war an die Beiden heran getreten. „Na, Romana, wie war's?"
„Gut, aber ich muss wohl noch viel lernen." Es
klang, als käme es ihr schwer über die Lippen.
„Du Birgit", fuhr er dann fort, „kann ich dich mal
unter vier Augen sprechen?"
Romana blickte überrascht hoch. Sie kratzte gerade
den linken Hinterhuf von Burschi aus.
„Wenn es sein muss." Birgit folgte Bernd nach
draußen.

„Birgit“, begann er dann, „ich würde gern wissen, was ich Dir getan habe oder ob ich irgendetwas Falsches gesagt habe. Ich verstehe nicht, warum du so sauer auf mich bist.“

„Das ist doch nicht dein Ernst, oder? Du reitest das Pferd meiner Erzfeindin. Also kennst du sie näher und sie wird dir schon ihre Lügen erzählt haben. Hat sie dich als Spion oder so was zu mir geschickt?“

„Also jetzt aber mal Stopp!“ Bernd unterbrach Birgit. „Das sind ja unglaubliche Vorwürfe! Weder weiß ich, was zwischen euch vorgefallen ist, noch, dass sie deine Erzfeindin ist. Christina hat mich auch nicht geschickt und als Spion schon sowieso nicht. Bist du sicher, dass du nicht ein bisschen unter Verfolgungswahn leidest?“ Im gleichen Moment, in dem er diesen Satz ausgesprochen hatte, tat er ihm schon leid.

Er fuhr schnell fort: „Christina hat mir nur gesagt, dass sie da irgendein Kriegsbeil begraben will, um was auch immer es sich da handelt.“

„Verfolgungswahn?“, wiederholte Birgit sarkastisch. „Du hast ja nicht die geringste Ahnung von dieser Frau.“

„Was du nicht alles weißt. Ich kenne Christina ziemlich gut und weiß inzwischen, dass sie, sagen wir es mal so, nicht gerade nur liebenswerte Seiten besitzt.“

Birgit setzte schnell dazwischen: „Ach ja? Deshalb reitest du auch ihr Pferd, nicht wahr?“

„Ja, ich gebe zu, das macht einen komischen Eindruck. Darf ich das erklären?", fragte er.
„Bitte", erwiderte Birgit, sah ihn aber nicht an.
„Christina und ich waren zusammen." Birgit stellten sich vor Grausen die Nackenhaare hoch. „Wir waren ein paar Jahre zusammen. Es gab sogar Hochzeitspläne und wir haben uns Black Fever gekauft. Als es dann vorbei war mit uns, habe ich alles daran gesetzt, Black Fever weiter reiten zu können. Offiziell gehört er nämlich ihr und sie kann mich jederzeit rausschmeißen. Das weiß sie auch sehr genau und ich muss aufpassen, was ich sage oder tue. Aber ich hänge an dem Pferd. Wenn ich es irgendwie hinkriege, möchte ich ihn weiter reiten. Das musst du doch verstehen. Du liebst doch deinen Burschi auch über alles!" Birgit wagte einen Blick zur Seite. Das, was er ihr da gerade gestanden hatte, war mehr, als sie hätte erwarten können und sie war ihm irgendwie dankbar dafür.
„Entschuldige. Das habe ich ja alles nicht gewusst. Tut mir echt leid." Birgit war zerknirscht und irgendwie glücklich zugleich. „Schon gut", erwiderte Bernd, „aber sagst du mir jetzt mal, was zwischen dir und Christina vorgefallen ist? Damit auch ich mal etwas verstehe."
Birgit überlegte kurz. Sie hatte plötzlich das Gefühl, dass es richtig wäre, ihm die ganze Geschichte zu erzählen.
„Also gut," begann sie, „lass uns ein Stück spazieren gehen. Das ist eine längere Geschichte."

„Das halte ich nicht lange aus. Das kann ich dir jetzt schon sagen. Ich mach mich doch nicht lächerlich. An der Longe! Auf einem Pony! Was soll das überhaupt?" Romana war sichtlich sauer.

„Beruhige dich. Ist nicht für lange und dann sind wir dieses Miststück los. Oder willst du, dass sie hier alle unsere Pferde umbringt. Hm? Willst du das?" Christinas Stimme klang fast ein bisschen hysterisch und verfehlte seine Wirkung bei Romana nicht.

„Nein, natürlich nicht", antwortete sie zerknirscht.

„Na also. Hast du schon etwas Interessantes herausgefunden?" Christina sah Romana fordernd an.

„Nein. Leider nicht. Bernd ist gekommen und ist mit ihr weggegangen. Wollte sie unter vier Augen sprechen."

„Wie bitte? Wann war das?" Christine presste die Lippen zusammen, so dass sich die Haut über der Oberlippe kräuselte.

„Na vorhin," erwiderte Romana, „nach meinem Unterricht." Sie betonte das Wort Unterricht so, dass klar war, was sie davon hielt.

„Weißt du, wo sie hingegangen sind?" Christina wurde hektisch.

„Nein. Sie sind vor die Stalltür gegangen, aber als ich los bin, waren sie nicht mehr da."

„Mein Gott, bist du eigentlich so blöd?!", herrschte Christina Romana an. „Mensch, du sollst spionieren. Spi-o-nie-ren!" betonte sie noch einmal jede Silbe.

„Wir müssen unbedingt herausfinden, was die Beiden zu besprechen hatten. Ich werde nicht zulassen, dass diese Schlampe sich an meinen Ex heranmacht.“

„Oh“, Romana wurde ganz klein, „ich wusste ja nicht, dass das wichtig sein könnte und auch nicht, dass dir Bernd noch etwas bedeutet.“

„Was erzählst du denn da?! Mir etwas bedeutet. Spinnst du jetzt total?! Dieser kleine Idiot interessiert mich so viel wie Fliegendreck an der Wand. Aber Birgit bekommt ihn trotzdem nicht. Hast du mich verstanden?!“ Christina hatte sich ordentlich in Rage geredet und Romana hielt es für besser, ihrer Freundin jetzt nur noch zuzustimmen.

„Mehr Sporen! Nun ärgere ihn doch mal! Der latscht doch, das musst du einfach merken. Und Paraden, Paraden, Paraden! Sitz mehr gegen. Nicht so lasch in der Hand. Halt gegen. Mehr! Bernd! Hallo! Hörst du mich?!“ Klaus Breitenaus Stimme wurde immer lauter und man hörte eine gewisse Verärgerung heraus.

„Ich höre dich“, antwortete Bernd, „aber ich kann es halt nicht umsetzen.“ Das hatte er sich als Strategie zurecht gelegt. Wenn er einfach sagte, dass er die Anweisungen des Reitlehrers nicht umsetzen könne, konnte Christina eigentlich nichts gegen ihn unternehmen.

„Bernd. Was ist denn los?“, fragte Klaus Breitenau ungeduldig. „Wir waren reiterlich doch schon viel weiter. Du hast ständig zu lange Zügel, du benutzt deine Sporen kaum, kein Wunder, dass Black Fever sich ˋnen Lauen macht hier.
Christina hat mich ja schon vorgewarnt. Sie sagt, du stehst unter einem schlechten reiterlichen Einfluss. Was ist denn da los?“
Bernd war nun doch reichlich überrascht. So weit ging Christina? Interessant.
„Keine Ahnung, was sie da meinen könnte. Lass uns mal weiter machen.“ Bernd versuchte das Gespräch im Keim zu ersticken.
„Also gut. Dann noch einmal“, willigte der Reitlehrer ungehalten ein. „Trab-Halten-Rückwärtsrichten-Daraus-Antraben. Bis wir zur Schaukel kommen!“
Schaukel, dachte Bernd frustriert. Dabei ist Black Fever noch gar nicht durchlässig. Er hatte sich, seit er Birgit näher kannte, mit der Ausbildung von Pferden eingehender befasst und war sich inzwischen sicher, dass dieser Breitenau ganz und gar nicht gut war. Für ihn nicht und für Black Fever schon gar nicht! Irgendwie musste er ihn loswerden.
„Der verkriecht sich doch total hinter dem Zügel! Bernd! Was reitest du denn da? Noch mal. An der nächsten Langen Seite!“
„Tut mir leid, Klaus. Ich glaube, das wird heute nichts. Lass uns aufhören.“

„Wie bitte?“ Klaus Breitenau sah ihn ungläubig an. „Du willst den Unterricht vorzeitig beenden? Das hat's ja noch nie gegeben. Bist du unzufrieden mit meinem Unterricht oder was ist los?“

„Ach, ich glaube, das liegt an mir. Lass mal gut sein, ja?“ Wenn du jetzt weiterbohrst, Junge, dann sage ich dir die Wahrheit, dachte Bernd, und diese Wahrheit wird dir ganz und gar nicht gefallen. Nur, Christina auch nicht. Das ist der Haken bei der Sache.

„Also gut.“ Der Reitlehrer sah äußerst unzufrieden aus. „Dann nächste Woche wieder, gleiche Zeit?“

„Ja genau.“ In Bernds Kopf arbeitete es bereits. So ging das nicht mehr weiter.

„Na dann, tschüss.“ Klaus Breitenau sah Bernd fast finster an.

„Ja, tschüss dann“, verabschiedete Bernd ihn und ritt am hingegebenen Zügel von ihm weg.

Achtung! Liebe Miteinsteller! Seid wachsam!

Geht bei uns ein Pferdevergifter um?

Am letzten Dienstag habe ich in der Futterkrippe von Black Fever eine Medikamentenkapsel gefunden.

Wir wissen noch nicht, was drin ist, aber diese Kapsel muss von einer dritten Person dort hinein gelegt worden sein. Black Fever bekommt solche Kapseln nicht. Bitte passt auf und wenn bei jemanden etwas Ähnliches passiert, bitte hier ans Schwarze Brett anschlagen, damit wir alle Bescheid wissen.

Liebe, aber sehr besorgte Grüße,
Romana

Birgit stand vor dem Schwarzen Brett und hatte gerade das Gefühl, zu Eis zu gefrieren. Schon nach den ersten Sätzen war ihr klar geworden, was hier gespielt wurde.

Christina startete den zweiten Feldzug, um sie, Birgit, in Verdacht zu bringen, eine Pferdemörderin zu sein.

Was sollte sie jetzt nur tun? Sie starrte auf die Buchstaben, unfähig, sich zu bewegen, bis die Buchstaben vor ihren Augen anfingen zu tanzen.

„Schrecklich, nicht wahr?" Romana stand plötzlich neben ihr und sah sie von der Seite an.

Birgit drehte ihr langsam das Gesicht zu und fixierte sie mit den Augen. Romana schaute nach kurzer Zeit weg.

„Mehr als schrecklich", sagte Birgit dann.

„Ich glaube nicht, dass du das warst mit der Kapsel." Birgit erkannte Christinas Stimme, die unbemerkt von hinten an sie herangetreten war. „Das wollte ich nur mal klarstellen."

Birgit drehte sich langsam um. „Warum solltest du so etwas auch denken, nicht wahr Christina?"

Birgits Stimme klang so drohend, dass Christina unweigerlich einen Schritt zurücktrat. Romana beobachtete gespannt das Geschehen.

„Na ja", erwiderte Christina, „wäre ja nicht das erste Mal, dass du unter einen solchen Verdacht gerätst." Sie trat noch einen Schritt zurück, als hätte sie Angst, dass Birgit sie schlagen könnte.

Birgit trat zwei Schritte vor und die beiden jungen Frauen standen sich nun Gesicht zu Gesicht gegenüber, wie Boxer vor einem Kampf. Romana jubelte innerlich. Das war ja spannender als jede ihrer abendlichen Soaps im Fernsehen!

„Versuche nur, noch einmal das gleiche Ding abzuziehen wie damals, und ich schwöre dir, dass es dir diesmal nicht bekommen wird. Ich werde herausfinden, wer dein Pferd damals auf dem Gewissen hatte." Birgit hatte diese Worte zischelnd geflüstert und erstaunlicher Weise schien Christina für einen winzigen Moment die Fassung zu verlieren. Dann aber war sie sofort wieder die Alte und grinste Birgit spöttisch an: „Du kannst ja mal auf die Suche nach dem Stück Seife gehen, das aus ihm geworden ist. Vielleicht lässt sich das ja noch analysieren." Sie hatte diese Worte genauso geflüstert wie Birgit die ihren vorher.

Jetzt lachte sie laut und bog sich, als bekäme sie vor lauter Lachen keine Luft mehr.

Dann legte sie den Arm um Romanas Schulter und sagte: „Darüber werde ich mich dann genauso amüsieren wie über Romanas Gehoppel auf Deinem Pony!" Wieder lachte sie ihr gemeines Lachen. Sie bemerkte gar nicht, dass sie die einzige war, die lachte…

„Worüber habt ihr euch denn so großartig amüsiert?" Bernd schaute Birgit an, die ihm auf der Stallgasse entgegen kam.

„Wir?! Worüber wir uns amüsiert haben? Soll das ein Witz sein?!" Birgit konnte sich noch immer nicht beruhigen. „Deine saubere Freundin will die Zeit noch einmal zurückdrehen und mich endgültig fertig machen. Ha, ha! Wie lustig!"
"Sie ist nicht meine Freundin. Ich dachte, das hätte ich klar gestellt."
Birgit blieb stehen. „Ja, das stimmt. Das hast du. Aber du musst verstehen, dass mir eure Nähe, die durch euer Pferd immer noch da ist, nicht gerade Vertrauen einflößt. Hast du mitbekommen, was hier läuft? Bei Black Fever ist eine Kapsel in der Futterkrippe gefunden worden und deine..., also Christina, versucht auf perfide Weise, mich in Verdacht zu bringen. Einmal ist ihr das gelungen, aber ein zweites Mal werde ich das nicht zulassen. Ich weiß noch nicht wie, aber ich muss herausbekommen, was damals mit ihrem Pferd wirklich passiert ist. Und Bernd – ich glaube – es ist Zeit, dass du dich entscheidest. Du kannst nicht mit mir und Christina befreundet sein. Tut mir wirklich sehr leid." Birgit schaute Bernd noch einmal bedauernd an und ging dann weiter.
„Wenn du mit der was anfängst, mein lieber Bernd, dann hast du Black Fever zum letzten Mal geritten. Ich hoffe, das ist dir klar." Christina war von hinten an Bernd herangetreten. Jetzt drehte er sich langsam zu ihr um.
„Du hast mich also belogen. Nichts von wegen Aussöhnung und Kriegsbeil begraben. Was soll das alles? Kannst du mir das mal erklären?"

„Das weißt du ganz genau! Sie hat mein erstes, geliebtes Pferd auf dem Gewissen!“

„Ja, ich weiß. Was stellst du dir denn vor? Wie muss ich mich denn deiner Meinung nach verhalten, damit ich Black Fever weiter reiten kann?“

„Das klingt schon besser. Geht doch. Ich erwarte, dass du den Kontakt zu ihr abbrichst. Hast du mich verstanden? Ich kann es nicht ertragen, dass meine“, und dieses Wort zog sie nun genüsslich in Länge, „Reit-be-tei-li-gung Umgang mit der Mörderin meines Pferdes pflegt. Dafür hätte jeder Verständnis, glaub mir.“

„Hallo. Spreche ich mit Birgit? Einer früheren Freundin von Christina von Elm?“

„Wenn Sie mir sagen, wer das wissen will?“

„Der Bruder.“

„Ach. – Und?“

„Du kannst ruhig du sagen. Ich habe da eine Info, die dich interessieren wird.“

„Nämlich?“

„Guckst du kein Fernsehen? Informationen kosten etwas.“

„Ich weiß doch noch nicht einmal, worum es geht.“

„Ich sag nur Pferdemord.“

„Was weißt du darüber?“

„Was ist dir eine solche Info denn wert?“

„Woher weiß ich, dass die Info überhaupt etwas wert ist?“

„Tja, das ist immer das Risiko desjenigen, der auf Infos angewiesen ist."

„Ich denke darüber nach. Ruf mich morgen um die gleiche Zeit noch mal an."

„O.k., aber halt mich nicht hin, sonst vergesse ich mal ganz schnell, was ich weiß."

„Der haben wir's aber gezeigt, was?" Christina legte Romana den Arm um die Schulter und sah selbstgefällig in den Himmel.

„Mm", antwortete Romana nur.

„Mm?", wiederholte Christina fragend. „Ist das alles, was du dazu zu sagen hast? Mm? Ich war großartig. Hast du ihr Gesicht gesehen? Sie hatte Angst. Das sah man eindeutig – und mein Ex hat auch gleich einen mitgekriegt. Das geschieht ihm recht. Wehe, der fängt was mit der an."

„Was machst du dann?", fragte Romana vorsichtig.

„Ich nehme ihm Black Fever weg. Hab ich doch gesagt. Jeder Mensch hat eine Schwachstelle – und seine ist Black Fever. Er wird mir aus der Hand fressen für dieses Pferd, der Idiot."

Romana sagte gar nichts mehr. Sie schaute betreten zu Boden.

Ulrike stand unbemerkt ganz still hinter der geöffneten Tür ihres Spindes. Sie war gerade Zeugin des Gesprächs zwischen Christina und Romana geworden. Sie wartete, bis die Beiden die Sattelkammer verließen und schloss dann ganz langsam ihren Schrank. Das war mehr als das übliche Gezänk

zwischen den Reitern eines Stalles, fand sie, und
machte sich auf den Weg.
Vor dem Stall holte sie ihr Handy aus der Tasche,
ließ ihren Finger tippend und wischend über das
Display gleiten und legte das Handy an ihr Ohr.
„Hier ist Ulrike. Ulrike aus dem Stall. Sag mal, hast
Du gerade mal Zeit? Darf ich Dich kurz mal besu-
chen kommen? Hier geht etwas vor, aber das würde
ich lieber mit Dir persönlich besprechen. Ja?
O.k.. Dann bis gleich."
Ulrike hatte plötzlich das Gefühl, nicht allein vor
der Stalltür zu stehen.

Sie drehte sich um und sah in Romanas Gesicht,
das aus der Stalltür schaute.
„Na Romana?"
„Hey, Ulrike."
„Alles klar?"
„Ja, alles klar." Romanas Stimme klang irgendwie
kleinlaut. „Du fährst zu Birgit?"
„Sag mal, belauscht Du mich etwa?"
„Nein, nein", erwiderte Romana leise. „Grüße sie
bitte von mir und sag ihr, es täte mir leid." Sie
schloss die Stalltür und ließ eine verwirrte Ulrike
zurück, die noch eine geraume Zeit die Stalltür an-
starrte.

Birgit schaute Ulrike erwartungsvoll, aber auch ein bisschen misstrauisch an. Konnte sie Ulrike trauen? Es blieb ihr wohl nichts anderes übrig, als erst einmal abzuwarten, was sie ihr zu erzählen hatte.

„Möchtest du etwas trinken? Ich habe gerade einen Tee aufgesetzt." Ulrike nickte. „Gern, danke", antwortete sie.

Als die Tassen mit dampfendem Inhalt auf dem Tisch standen, begann Ulrike:

„Also, ich war vorhin in der Sattelkammer und da habe ich ein Gespräch zwischen Christina und Romana mitbekommen. Eigentlich war es mal wieder mehr ein Monolog von Christinas Seite. Die Beiden haben mich gar nicht bemerkt. Christina setzt Bernd unter Druck. Sie droht, ihm Black Fever wegzunehmen. Sie ist eifersüchtig. Kann es sein, dass sie auf dich eifersüchtig ist?"

„Ehrlich, ich weiß nicht, was in diesem kranken Kopf vorgeht. Ich habe nichts mit Bernd. Ich habe ihn nur vor eine Entscheidung gestellt. Entweder ist er mit Christina befreundet oder mit mir. Aber ich weiß, dass er sich für Christina entscheiden wird, denn sonst darf er Black Fever nicht mehr reiten. Damit erpresst sie ihn. Und er hängt sehr an dem Pferd. Eigentlich sehr sympathisch, wenn die ganze Konstellation nicht so – so – na ja, ungünstig wäre."

„Ach so ist das", bemerkte Ulrike und nach einer kleinen Pause fuhr sie fragend fort:

„Und was meinte Christina mit „Sie hatte Angst"? Meinte sie dich damit?"

Birgit überlegte, ob sie Ulrike die alte Geschichte anvertrauen sollte.

„Birgit?" Ulrike wusste nicht, ob Birgit sie gehört hatte.

„Ja. Ich überlege noch", antwortete Birgit. Und dann entschied sie sich dafür, Ulrike einzuweihen. Allein käme sie gegen Christina nicht an. Sie musste sich Verbündete schaffen. Es zumindest versuchen – und Bernd fiel ja wahrscheinlich als Verbündeter aus.

„Das ist ja eine schreckliche Geschichte." Ulrike sah Birgit fassungslos an.

„Was um Himmels Willen kann denn damals nur passiert sein?!"

„Ich weiß es nicht", antwortete Birgit. „Noch nicht." Bei diesen Worten schweiften ihre Gedanken ab zu dem seltsamen Telefonanruf, den sie erhalten hatte.

„Sehr gut! Jetzt versuche diesen Übergang einmal bei B." Birgit war vollkommen konzentriert. Es kam ihr vor, als müsste sie nur denken, was sie reiten wollte und Burschi setzte es um. Es war eine der Sternstunden, die man mit seinem Pferd nur selten erlebt.

Im versammelten Galopp ritt Birgit die lange Seite entlang. Kurz vor B schien sie Burschi noch ein wenig mehr versammeln zu können, ließ bewusst das äußere Bein hinter dem Gurt, setzte sich, dachte an Halten, atmete bewusst aus und Burschi stand. Punktgenau bei B, geschlossen und in perfekter Haltung. Es war ganz still in der Halle. Birgit wagte nicht, sich zu bewegen, um diesen wunderbaren Moment nicht zu stören. Für Sekunden hielt auch Björn Hausner die Luft an. Dann atmete er hörbar aus und sagte:

„Perfekt. So einen perfekten Übergang habe ich lange nicht gesehen. Einfach wunderbar und diese Leichtigkeit. Hast du das auch so empfunden? Entschuldige. Du kannst wieder anreiten. Im Schritt bitte. Zügel aus der Hand kauen lassen."

„Es war einfach wunderbar! Ich habe nur Halten gedacht. Ich hatte kaum etwas in der Hand. Wow! Danke für diesen Unterricht, Björn."

„Danke dir, dass du das alles so toll umsetzt."

„Entschuldige Björn, dass ich stören muss!" Christina riss die Hallentür auf und stapfte wutentbrannt auf Birgit zu.

„Du hast mir ein Pferd umgebracht, du Mörderin, aber ein zweites Mal werde ich das nicht zulassen! Bei Black Fever wurde schon wieder eine Kapsel gefunden! Mach sofort deinen Spind auf! Sofort!"

„Christina!" Björn Hausner unterbrach die Hasstirade. „Um Himmels Willen! Was ist denn los?"

„Oh Björn!" Christina lief weinend zu ihrem Reitlehrer und warf sich an seine Brust. „Ich weiß, dass du es kaum glauben wirst", schluchzte sie, „aber Birgit versucht mein Pferd zu vergiften. Und es ist nicht das erste Mal. Mein erstes Pferd hat sie auch

umgebracht, aber man konnte es ihr nicht nach-
weisen."

„Langsam, langsam." Björn Hausner schob Christina ein Stück von sich weg. Die junge Frau tat ihm
wirklich leid, aber die Vorwürfe, die sie da vor-
brachte, waren unglaublich. Er sah Christina ins
Gesicht: „Jetzt mal der Reihe nach. Was ist los?"

„Bei Black Fever ist zum zweiten Mal eine Medikamentenkapsel in der Futterkrippe gefunden worden. Jemand will ihn töten! Und dieser Jemand ist
Birgit!"

„Aber wie kommst du denn auf so eine absurde
Idee?!" Entsetzen klang in der Stimme des Reitlehrers mit.

Birgit stand unterdessen mit Burschi in einer Ecke
und war unfähig, sich zu bewegen. Mit vor Angst
geweiteten Augen verfolgte sie, was sich da gerade
in der Reithalle abspielte.

„Mein erstes Pferd ist auch getötet worden. Und zufällig stand Birgit dort auch mit ihrem Burschi. Es
wurde damals eine", Christina schniefte ein paar
mal, „Vereinsmannschaft zusammengestellt und
Birgit wurde überraschender Weise nicht aufgestellt. Ich war genauso überrascht wie sie. Am
nächsten Tag lag mein Pferd tot in seiner Box und
Birgit behauptete, gar nicht gewusst zu haben,
dass sie nicht in der Mannschaft war, dabei hatten
wir alle einen Tag vorher Bescheid bekommen. Und
jetzt ist sie erst kurz im Stall und schon vergiftet

jemand mein Pferd!" Wieder fiel Christina in ein lautes Schluchzen.

Björn Hausner wusste nicht, was er sagen oder denken sollte. Was war denn das für eine furchtbare Geschichte und warum hatte Birgit ihm nichts davon erzählt. Er hatte mehrmals nachgefragt, ob zwischen Christina und ihr etwas nicht in Ordnung sei. Birgit hatte immer fast schroff reagiert.

„Sie soll ihren Spind aufmachen!", verlangte Christina lautstark in seine Gedanken hinein. Um die Halle herum hatten sich bereits einige Reiter und Reiterinnen versammelt, angezogen von dem lauten Weinen und der noch lauteren Stimme Christinas.

„Birgit war inzwischen abgesessen. Ihre Beine schienen ihr fast zu versagen, als sie mit den Füßen auf dem Boden aufkam. Ohne Christina eines Blickes zu würdigen und mit bleichem Gesicht führte sie Burschi aus der Halle. Am Putzplatz lockerte sie den Sattelgurt, trenste Burschi ab und legte ihm ein Halfter an. Christina hatte sie verfolgt und schrie die ganze Zeit:

„Mach deinen Spind auf! Wenn du nichts zu verbergen hast, lass uns mal schauen, was da so drin ist!" Birgit ignorierte die schreiende Frau und ging die Stallgasse hinunter. Als sie die Sattelkammertür erreichte, drehte sie sich um, sah Christina mit einem langen Blick in die Augen, wandte sich wieder ab und betrat dann den Raum. Sie hatte nichts zu verbergen. Sollte diese Verrückte doch ihren ganzen Spind auf den Kopf stellen. Außer ein paar Aspirin würde sie dort nichts finden. Zumindest keine ominösen Kapseln.

Wie eine Irre durchwühlte Christina Birgits Spind. Das obere Fach war bereits leer und vor dem Schrank stapelten sich Deckengurt, Longiergurt, mehrere Sattelgurte, zwei Abschwitzdecken und alte, verbrauchte Medikamentenverpackungen. Jetzt nahm Christina den Sattel vom Halter und drückte ihn Birgit auf den Arm. Die Longierpeitsche flog raus, Hufteer, Pinsel, Lappen verschiedenster Art und ein paar Handtücher hinterher.

Birgit wurde immer ruhiger. Gleich würde es für Christina ziemlich peinlich werden.

„Hab' ich es doch gesagt!" Triumphierend hielt Christina eine kleine Dose hoch, nahm die Hand wieder herunter und öffnete das Döschen. „Aah!", schrie sie, als bekäme sie keine Luft mehr. „Ich wusste es! Das sind genau die Kapseln, die bei Black Fever in der Futterkrippe gefunden wurden. Aah!"

Birgit erstarrte. Der Sattel fiel ihr vom Arm, aber sie merkte es nicht einmal. Das war doch gar nicht möglich! Das war doch ganz und gar unmöglich! Sie sah Christina an, dann wandte sie ihren Blick hilfesuchend zu ihrem Reitlehrer, schien in unzählige vorwurfsvoll dreinblickende Augen der um sie herum versammelten Reiterinnen zu schauen und sah dann wieder Christina an.

„Ist dir denn für deinen Erfolg jedes Mittel recht?!",
schrie Christina sie an.

„Ich habe damit nichts zu tun", erklärte Birgit. „Irgendjemand muss mir diese Kapseln in den Schrank gelegt haben. Warst du das vielleicht sogar selber, Christina?!" Jetzt wurde auch Birgits Stimme lauter.

„Wie bitte?" Christina machte einige Schritte auf Birgit zu und kam ihr mit dem Gesicht so nahe, dass sich ihre Nasen fast berührten. „Was willst du damit sagen?", fragte sie drohend.

„Ho, ho, ho." Björn Hausner schob sich zwischen die beiden Frauen.

„Jetzt beruhigt euch aber mal. Christina, es ist nichts erwiesen. Sei etwas vorsichtiger mit deinen Beschuldigungen. Und Birgit – das gilt natürlich auch für dich. Auch du kannst nichts beweisen."
Es entstand eine lange Pause. In der Sattelkammer war es totenstill. Man hätte einen zu Boden fallenden Heuhalm hören können.

In die Stille hinein sprach Birgit: „Noch nicht, Björn, Noch nicht..."

„Nun, hast du gut geschlafen?" Die Stimme aus dem Telefon klang etwas heiser.
Birgit ging nicht auf die Frage ein.
„O.k.. Also, was weißt du?"
„Nicht so schnell, Lady." Du hast doch wohl zu viele alte, amerikanische Krimis gesehen, dachte Birgit.
„Was also willst du für deine Information?"

„Hey, du besitzt eine schnelle Auffassungsgabe", erwiderte der Anrufer ironisch. „Also gut. Ich will `nen Tausender."

„Wie bitte?", entfuhr es Birgit. „Du bist wohl verrückt geworden?!"

„Mit dieser Reaktion habe ich gerechnet. Aber ich lass dir Zeit. Es eilt nicht für mich. Mich hält man ja nicht für eine Pferdemörderin. Ich rufe morgen Abend wieder an."

„Hallo?! Hallo!", rief Birgit, aber sie erhielt keine Antwort. Der Anrufer hatte aufgelegt.

Ein lautes Gejohle, Lachen und Kreischen hallte durch den Stall. Diejenigen, die schon länger mit ihren Pferden hier standen, sahen sich fragend und erstaunt an. Was war denn da los?

Ulrike fragte Sylvia, deren Stute neben ihrem Pferd stand, ob sie mal mitkommen würde, um nachzusehen. Sylvia grinste und nickte. „Oh ja", sagte sie, „das interessiert mich auch."

Als die Beiden um die Ecke kamen, bot sich Ihnen ein chaotisches Bild. Die Stallgasse lag voller Reitutensilien, die einem jungen Mädchen wohl gerade vom Arm gefallen waren. Über mehrere Meter verteilt lagen dort ein Sattel, eine Abschwitzdecke und eine Kandare. Ihr Putzkasten war wohl während des Transports aufgegangen und der Inhalt hatte sich über den Boden verteilt.

Vor einer Box saß ein Mädchen auf dem Boden, den Griff ihres Putzkastens noch in der Hand und lachte. Vier andere Mädchen standen um sie herum und lachten und kreischten ebenfalls.

Ulrike und Sylvia sahen sich an. Dann gingen sie los, um dem Mädchen zu helfen. Sie begannen, die einzelnen Teile, die aus dem Putzkasten gefallen waren, aufzusammeln.

Plötzlich erstarb jegliches Lachen und durch die plötzliche Stille irritiert schauten Ulrike und Sylvia auf. Die fünf Mädchen starrten sie ungläubig an. Gerade als Ulrike fragen wollte, ob sie nicht mitmachen wollten, lachten alle Fünf wie auf Kommando dermaßen los, dass sie sich die Bäuche halten mussten und nach Luft schnappten. Fragend sahen sich Ulrike und Sylvia an.

Dann brachten sie die aufgesammelten Teile zu dem Mädchen, das auf dem Boden saß und sich immer noch vor Lachen bog. „Bitte schön", sagte Ulrike. Für wenige Sekunden hielt das Mädchen mit Lachen inne, schaute zu den beiden Frauen hoch, um sofort wieder in den nächsten Lachanfall zu verfallen. Ulrike zog die Augenbrauen hoch und kräuselte die Stirn. So langsam missfiel ihr das Verhalten dieser Mädchen. Und da die Fünf weder Anstalten machten, sich zu bedanken, die Stallgasse aufzuräumen oder sich vorzustellen, machten Ulrike und Sylvia einfach auf dem Absatz kehrt, ließen demonstrativ die aufgesammelten Teile auf den Boden fallen und gingen betont langsam weg. Ein erneuter Lach- und Kreischanfall seitens der Mädchen war die Folge. Ulrike und Sylvia sahen sich irritiert an.

„Ach du lieber Himmel." Sagte Sylvia. „Was haben die denn genommen?"

„Ich tippe auf pubertären Komplettausfall", erwiderte Ulrike mit einem Grinsen. „Ich hatte in dem Alter auch solche Lachanfälle. Meine Güte – muss ich schrecklich gewesen sein."

„Stimmt", meinte Sylvia und setzte hinzu, als Ulrike sie fragend ansah: „Nicht, dass du schrecklich warst. Da kannte ich dich ja gar nicht. Nein – ich glaube, da waren wir irgendwie alle unausstehlich."

„Na dann", resümierte Ulrike, „wollen wir mal Nachsicht üben." Und so schlenderten sie, jede in Gedanken versunken, die Stallgasse entlang zurück zu ihren Pferden.

In dem in grelles Licht getauchten Einkaufscenter war es sehr laut. Aus den Lautsprechern klang Weihnachtsmusik und die Geräuschkulisse, die Tausende von Menschen verursachten, die in Hetze auf Weihnachtsgeschenksuche waren, tat Birgit fast in den Ohren weh.

Vor ihr auf dem Tisch dampfte heißer Kakao in einem hohen Becher. Der Becher hatte einen so kleinen Henkel, dass man nicht einmal mit dem kleinen Finger durchfassen konnte. Birgit fragte sich, wer solche Becher entwarf. In diese Gedanken hinein ließ sich jemand mit einem Rums ihr gegenüber in den Stuhl fallen.

Birgit sah hoch und schaute direkt in das Gesicht eines Weihnachtsmannes. Sie musste lächeln und fragte: „Na, Weihnachtsmann? Pause?"

„Hm", bestätigte dieser kurz angebunden. „Hallo! Bedienung!", rief er dann. „Einen Kaffee bitte!" Der Weihnachtsmann lümmelte sich in seinen Stuhl, streckte die Beine weit aus und schaute an Birgit vorbei in die Ferne. Offensichtlich hatte er keine Lust auf ein Gespräch. Na ja, dachte Birgit, wahrscheinlich muss er den lieben langen Tag lang quatschen. Da ist man wohl froh, wenn man mal ein paar Minuten Ruhe hat.

„Hallo Weihnachtsmann", erklang da die Stimme eines Kindes. „Ich habe ein Gedicht für dich gelernt: Lieber, guter Weihnachtsmann..."

„Verschwinde!", unterbrach der Weihnachtsmann das Kind schroff. „Ich habe Pause."

Das Kind ließ sich nicht beirren. „Aber du hast doch das ganze Jahr Pause. Da kannst du doch nicht schon wieder Pause machen. Es ist doch bald Weihnachten."

„Oh Gott", stöhnte der Weihnachtsmann nur und drehte dem Kind den Rücken zu.

Weinend lief das Kind zu seiner Mutter. Nachdem diese das Kind getröstet hatte, machte sie sich auf den Weg zum Weihnachtsmann.

„Sie sollten sich schämen", sprach sie dem Weihnachtsmann in den Rücken. „Ich werde mich bei der Centerleitung über sie beschweren."

Birgit musste plötzlich denken: Fröhliche Weihnacht überall? Hier jedenfalls war sie nicht zu finden, die Fröhlichkeit. Sie sah auf ihre Uhr und wurde langsam nervös. Jetzt war er schon 15 Minuten über der Zeit. Würde er überhaupt noch kommen?

„Hallo! Ja, wen haben wir denn da? Die Birgit." Birgit schreckte aus ihren Gedanken hoch. Vor ihr stand Christina und sah durch zu Schlitzen verengten Augen auf sie herab. Birgit schwieg.

Christina beugte sich zu ihr herunter und flüsterte: „Dich mach ich fertig. Du wirst so schnell aus meinem Leben verschwinden, so schnell kannst du gar nicht gucken." Sie stellte sich wieder aufrecht hin, entfernte sich ein paar Schritte und rief: „Tschüss Birgit! Bis morgen am Stall!"

Das Smartphone ließ eine Anrufmelodie erklingen. Birgit nahm das Gespräch an.

„Hallo! Tut mir leid, dass unser Termin ausgefallen ist", begann der Anrufer sofort, so dass Birgit nicht einmal die Chance gehabt hatte, sich mit ihrem Namen zu melden. Stimme und Inhalt des Gesagten wollten dabei so gar nicht zusammen passen.

„Ausgefallen? Für wie dumm hältst du mich eigentlich? Du steckst mit deiner Schwester unter einer Decke. Und? Hattest du deinen Spaß?" Birgit war aufgeregt und wütend.

„Ho, ho, ho. Nun beruhige dich mal."

"Ho, ho, ho? Jetzt dämmerts mir. Du warst dieser unausstehliche Weihnachtsmann!"

„Weihnachtsmann? Ach was. Quatsch." Das klang jetzt endlich einmal echt. „Pass auf: Dass meine Schwester ausgerechnet dort und zu diesem Zeitpunkt auftaucht, das war nicht vorherzusehen. Ich schlage einen neuen Termin vor. Und zwar an einem Ort, an dem mein Schwesterchen mit Sicherheit nicht stört."
„Und das soll bitte wo sein?" fragte Birgit.
„Am Hafen gibt es so einen Fischbrötchenstand. Kann man nicht verfehlen. Rot lackiert mit einem Mann in einem Fischerhemd drauf. Morgen 18.00 Uhr. O.k.? Und vergiss das Geld nicht."
„Ich weiß nicht, ob mir morgen passt. Da muss ich erst mal in meinem Terminkalender nachsehen." Birgit erhielt keine Antwort.
„Hallo? – Hallo?!" Der Anrufer hatte aufgelegt.

Im Stall herrschte helle Aufregung. Ulrike stand der Gruppe junger Mädchen gegenüber, die vor kurzem in den Stall eingezogen waren. Sie war sichtlich erregt und sprach sehr laut:
„Seid ihr eigentlich verrückt geworden? Wo habt denn ihr Reiten gelernt?! Hat Euch denn noch nie jemand gesagt, dass man zum Schritt durchpariert, wenn man auf andere Pferde trifft?!"
„Eines der Mädchen lehnte mit gelangweiltem Gesicht an der Boxentür ihres Pferdes. „Nun bleib doch mal locker. Ist doch überhaupt nichts passiert und wir hatten echt Spaß, stimmts?" Das Mädchen sah ihre Freundinnen an und alle zusammen stimmten ein lautes Gelächter an.

„Nichts passiert?“, wiederholte Ulrike fragend. „Sylvia ist vom Pferd geflogen. Das nennt ihr nichts passiert?!? Ulrike wurde immer wütender.

„Was ist denn hier los?“ Ulrike drehte sich um und sah eine elegante Frau in einem Pelzmantel die Stallgasse entlang kommen.

„Darf ich fragen, wer Sie sind?“ Ulrike sah der Frau entgegen.

„Darf ich fragen, wie Sie dazu kommen, so mit meiner Tochter zu reden?“

„Ach, Sie sind die Mutter eines der Mädchen hier. Das trifft sich gut. Dann können Sie Ihrer Tochter ja mal einen Reitkurs zum Verhalten im Gelände spendieren. Meine Reitkollegin ist wegen dieser Reitrowdies vom Pferd geflogen.“ Das Mädchen, das gelangweilt an der Boxentür gelehnt hatte, schlenderte betont langsam auf die Frau im Pelzmantel zu und grinste Ulrike frech ins Gesicht.

„Es war gar nichts los, Mami. Wir sind einfach fröhlich durch den Wald galoppiert und dann ist da eine Frau vom Pferd gefallen. Was können wir denn dafür, wenn die Frau nicht reiten kann?“

„Sie hören, was meine Tochter dazu sagt. Und ich rate Ihnen, das Mädchen in Zukunft zufrieden zu lassen. Mein Mann ist Anwalt.“

„Und Sie?“, fragte Ulrike bissig. „Sind Sie auch etwas? Oder sind Sie nur die Frau vom Anwalt?“

„Unverschämtheit!“, zischte die Angesprochene und sprach dann zu ihrer Tochter: „Sandra. Wenn die Frau dich nicht zufrieden lässt, sag Bescheid. Papa regelt das dann schon."

Ulrike war entsetzt von dieser Überheblichkeit. „Wenn Ihre Tochter mich noch einmal in Gefahr bringt, dann könnte es sein, dass Sie mal von meinem Anwalt hören. Auf Wiedersehen." Hoch erhobenen Hauptes ging Ulrike an der Mutter von Sandra vorbei und verließ den Stalltrakt. Als sie um die Ecke bog, sah sie Christina, die ihr wie zufällig entgegen kam.

„Hallo Frau Hansen." Christina ging auf die Dame im Pelzmantel zu und gab ihr die Hand. „Ich hoffe, Sie hatten keine Unannehmlichkeiten?"

„Kennen Sie diese Person?"

„Na ja, kennen ist wirklich zu viel gesagt. Wie man sich halt so kennt in einem Stall. Was war denn los?" Christina konnte ihre Neugier kaum im Zaum halten.

„Diese Person macht meine Tochter und ihre Freundinnen dafür verantwortlich, dass irgendjemand vom Pferd gefallen ist. Können Sie sich so etwas vorstellen? Was bildet sich diese Person denn ein? Soll sie doch gefälligst Reiten lernen. Was für Leute trifft man überhaupt in diesem Stall? Ich bin wirklich entsetzt." Christina rieb sich heimlich die Hände. Wenn sie es richtig anstellte, hatte sie bald Unterstützung von nicht unwichtiger Seite.

Es regnete in Strömen und die Temperatur war kaum über Null Grad gestiegen. Birgit drückte sich unter das Dach des Fischbrötchenstandes und knabberte lustlos an einem Stück Räucherfisch. Ihr war kalt und am liebsten wäre sie wieder nach Hause gefahren. Sie nahm sich vor, auf keinen Fall länger als 15 Minuten über die vereinbarte Zeit hinaus zu warten. Hin und wieder schaute sie, ob die rote Plastikblume noch aus ihrer Umhängetasche herausschaute. Vorsichtshalber, hatte er gesagt. Falls er sie nicht mehr erkennen würde. Sie selbst würde ihn wohl kaum mehr erkennen. Er war damals noch ein kleiner Junge gewesen. „Hallo. " Ein junger Mann, groß, mit Stoppelhaarschnitt und einem Schirm in der Hand, kam auf sie zu. "Hast du das Geld mit?", fragte er leise.

„Immer langsam", erwiderte Birgit. „Woher weiß ich denn, was deine Informationen überhaupt wert sind?" Auch sie flüsterte fast, obwohl sie die einzigen Gäste am Stand waren.

„O.K. pass auf", erwiderte der junge Mann. „Lass uns mal da drüben in die Kneipe gehen. Hier friert man sich ja den Arsch ab." Ohne eine Antwort abzuwarten marschierte er los. Verärgert darüber folgte ihm Birgit. Als sie die Kneipe betraten, schlugen ihnen warme Luft, der Geruch von Bier und ein lautes Sprachgewirr entgegen. Ab und zu schallte lautes Lachen durch den Raum, in dem sich überwiegend Männer aufhielten. In einer Ecke waren noch zwei Sitzplätze frei. Durch ein Fenster konnte man auf den Anleger und das Hafenbecken schauen. Gerade machte eine kleine Fähre fest. Der heftige Wellengang ließ sie hoch und runterschaukeln. Manchmal verschwand die ganze Bordwand, um im nächsten Moment wieder aufzutauchen. Tapfer gingen die Fahrgäste über die Gangway von Bord. „Also", Birgits Beobachtungen wurden jäh unterbrochen, „hast du nun das Geld oder nicht?" Birgit sah sich den jungen Mann, der Christinas Bruder war, genauer an. Er hatte eine ziemlich dicke Nase. Das fiel ihr als erstes auf. Dann blickte sie in kleine Augen, die keine Freundlichkeit ausstrahlten. Er hatte ziemlich viele Pickel im Gesicht und sein Kurzhaarschnitt ließ seinen Kopf noch größer erscheinen, als er sowieso schon war.

„Beweis du mir erst mal, dass deine Informationen ihr Geld auch wert sind", erwiderte Birgit.

„Wie soll ich das denn machen?", fragte der junge Mann.

„Vielleicht umreißt du mal grob, um was es sich handelt. Du musst ja keine Details verraten", bat Birgit.

Christinas Bruder dachte nach. Dann begann er: „O.K. Also, ich habe damals etwas beobachtet, was Christina gemacht hat und ich habe ihr Tagebuch gelesen. Reicht dir das als Info?"

Wow, dachte Birgit, das klang ja tatsächlich interessant. Nur – die Informationen allein würden ihr nicht helfen. Sie bräuchte ihn als Zeugen oder Beweise anderer Art.

„Also pass auf“, begann sie „das klingt wirklich interessant, aber mir nützt es nichts, zu wissen, was deine Schwester damals gemacht hat. Ich muss es auch beweisen können. Kannst du in der Richtung auch etwas bieten?“

„Hm“, meinte Christinas Bruder nach einer Weile. Er machte eine bedeutsame Pause. Dann fuhr er fort: „Wie wär’s mit Beweisen für das, was jetzt gerade bei euch abgeht?“

„Was meinst du mit „Was jetzt gerade bei Euch abgeht“?“, fragte Birgit. Sie fühlte sich wie elektrisiert. Hatte er etwa Informationen über die aktuelle Vergiftungslüge?

„Na, du stehst doch gerade wieder im Verdacht, eine Pferdevergifterin zu sein, richtig?“ Birgit antwortete nicht. Stattdessen starrte sie ihrem Gegenüber in die Augen. Rede gefälligst weiter, dachte sie.

„Ich könnte dir sagen, wie die Kapseln in Deinen Schrank geraten sind und wo sie her sind. Na?“ fragte er grinsend. „Wär’ das nichts?“

Birgit dachte nach. Wenn er dafür tatsächlich Beweise hätte, dann könnte sie sich von dem Verdacht befreien. Das wäre zu schön, um wahr zu sein.

„Warum machst du das?“, fragte Birgit plötzlich.

„Was?“, fragte der junge Mann.

„Warum verrätst du deine eigene Schwester?“

„Keine Ahnung. Schätze, ich würde auch meine Mutter verraten, wenn’s Geld stimmt.“ Birgit fröstelte. Der Mann, der ihr da gegenübersaß war eigentlich noch ein Junge. Konnte er wirklich schon dermaßen ohne Skrupel sein? Sie konnte es kaum glauben. Und wenn er tatsächlich so eiskalt war – was war dann von seinen Informationen zu halten? Vielleicht hatte er sich alles nur ausgedacht, um an Geld zu kommen.

„Was ist denn nun?", unterbrach er ihre Gedanken. Da Birgit ihrem Gegenüber nicht traute, entschied sie sich spontan zu einem kleinen Gegenangriff.

„Für stichhaltige Beweise zahle ich Fünfhundert. Für Informationen allein gibt es gar nichts. Kannst du dir ja überlegen." Kurzerhand stand sie auf und verließ das Lokal. Sie hatte hoch gepokert. Das wusste sie. Aber sie hatte die Situation auch umgedreht, denn jetzt war er es, der sich überlegen musste, ihr Angebot anzunehmen.

„Mach ihn rund! Mehr! Halt mehr gegen! Linker Sporen! Linker Sporen! Bernd – was ist denn los?! Hast Du Wattebäuschchen gefressen, oder was? Da fehlt Kraft und Spannung – sowohl bei dir als auch bei deinem Pferd. Sieht ja erbärmlich aus. Was soll das werden? Tellington für Arme oder was?" Klaus Breitenau amüsierte sich über seine, in seinen Augen lustige Anspielung auf Linda Tellington-Jones. Hätte er im Leben nicht kennen gelernt, wenn seine Frau ihm nicht neulich so eine herrliche Geschichte aus ihrem Reitstall erzählt hätte. Auch Bernd konnte mit der Anspielung nichts anfangen. Tellington sagte ihm nichts und es interessierte ihn auch nicht. Er wollte nur diese furchtbare Unterrichtsstunde hinter sich bringen. Danach würde er

ernsthaft überlegen müssen, wie es weitergehen
soll. So auf jeden Fall nicht mehr. Mit diesem Breitenau – das würde er nicht mehr lange aushalten.
Das spürte er genau.
Endlich war das ersehnte Ende der Unterrichtein-
heit da.

„Na dann mal Zügel lang“, ertönte wieder die
Stimme des gehassten Reitlehrers, „aber mach's
ihm nicht zu lange so gemütlich. Sonst geht er
irgendwann gar nicht mehr in Haltung.“
Bernd schüttelte kaum wahrnehmbar mit dem
Kopf. Wenn Björn diesen Unsinn hören würde, der
würde die Krise kriegen, dachte er.
„Bernd? – Beernd!“
„Ja?“ reagierte er etwas erschrocken.
„Wo bist du denn mit deinen Gedanken? Na? Steckt
da so eine Der Kavalier genießt und schweigt - Geschichte hinter?“ bemerkte Klaus Breitenau süffisant und breit grinsend. Fragend neigte er übertrieben seinen Kopf zur Seite. Bernd verdrehte genervt
die Augen. Das wurde ja immer schlimmer.
„Was wolltest du denn noch?“ fragte er den Reitlehrer kurz angebunden. Er hoffte, dass dieser bald die
Reithalle verlassen würde.
„Ich habe gefragt, ob wir uns Freitag wiedersehen,
wie gehabt.“

„Ich weiß noch nicht, Klaus", antwortete Bernd zögernd, „ich habe eventuell am Freitag einen wichtigen Termin."

„Na dann. Ruf mich an. Wir sehen uns. Grüß Christina schön von mir. Sie macht sich übrigens sehr gut. Halt dich mal ran, sonst wird sie dich bald übertrumpfen. Bis dann also. Tschüss." Und mit dem Ruf Tür frei! verließ der Pferdewirtschaftsmeister Klaus Breitenau das Halleninnere." „Tschüss", warf ihm Bernd erleichtert und nicht sehr laut hinterher.

„Irgendetwas nicht in Ordnung zwischen dir und Klaus?" Christina hatte unbemerkt die Halle betreten und ging plötzlich neben Bernd und Black Fever.

„Darüber möchte ich mit dir demnächst mal in Ruhe sprechen", antwortete Bernd, nachdem er etwas überrascht auf Christina herab geblickt hatte.

„Schminks dir ab. Da gibts nichts zu reden. Du reitest bei Klaus oder gar nicht. Und nun sitz bitte ab. Ich möchte noch mit den Neuen ausreiten."

„Ausreiten?", fragte Bernd irritiert. „ Bist du sicher? Black Fever war länger nicht im Gelände, das weißt du, oder?"

„Klar. Aber er kriegt die Schlaufis drauf und dann kann er mich mal."

„Schlaufis? Das ist nicht dein Ernst! Wozu nimmst du bei Björn Unterricht? Der hat dir doch erklärt, was die Dinger anrichten können. Was soll das?

Außerdem ist es gefährlich, mit Schlaufis auszureiten.

„Aber noch gefährlicher ist es, mit Black Fever ohne Schlaufis rauszugehen."

„Bitte." Bernd setzte jetzt alles daran, „seinem" Pferd die Tortur zu ersparen. Durch die Hilfe von Birgit und Björn waren die letzten Ausritte so entspannt gewesen wie nie zuvor. Aber nun war Black Fever seit mehreren Wochen nicht draußen gewesen und da würde ihn wahrscheinlich der Übermut packen…

„Bitte Christina. Ich hatte schon so viel erreicht. Er ging mit mir am langen Zügel durchs Gelände. Er war schon so entspannt. Bitte lass das mit den Schlaufzügeln. Damit machen wir, glaube ich, alles wieder kaputt."

„Ach, ich kann dieses Gelaber nicht mehr hören. Klaus hat mir auch schon erzählt, dass du einen starken Hang zu langen Zügeln und Wattebäuschchen, wie er sich ausdrückte, entwickelt hast. Jetzt aber runter mit dir. Ich will los."

Bernd saß ab und überließ ihr schweren Herzens die Zügel.

„Christinas Bruder?" Ulrike machte große Augen. „Christinas Bruder will dir Informationen zu der Vergiftungsgeschichte liefern?" Ungläubig sah Ulrike Birgit an.

„Ja, wenn ich es dir doch sage. Eiskalt ist es mir den Rücken runtergelaufen. Schätze, ich würde auch meine Mutter verraten, wenn das Geld stimmt, hat er gesagt. Ist das nicht widerlich?" Birgit war sehr aufgeregt.

„Allerdings", stimmte Ulrike aus vollem Herzen zu. „Und?", fragte sie weiter. „Wie hast du reagiert?"

„Ich bin aufgestanden und habe ihm gesagt, dass ich für reine Infos gar nichts bezahle. Für Beweise würde ich ihm Fünfhundert geben."

„Echt?" Ulrike konnte nicht glauben, was sie da hörte. „Und hast du wirklich vor, ihm das Geld zu geben, wenn er dir Beweise liefert?"

„Ich denke schon", erklärte Birgit und wurde plötzlich ganz ruhig. „Weißt du – das ist meine einzige Chance. So viele Jahre habe ich verdrängt, wie sehr mich der Verdacht von damals belastet hat. Und als sich jetzt alles zu wiederholen schien, dachte ich, ich werde verrückt. Aber jetzt besteht die Chance, dass ich beweisen kann, dass ich unschuldig bin und dass Christina alles selbst inszeniert hat. Zumindest glaube ich das. Nein – ich bin inzwischen fest davon überzeugt."

Das Gespräch wurde durch das Klingeln der Türglocke unterbrochen.

„Päckchen und Post!" klang die vertraute Stimme des Postzustellers in der Gegensprechanlage.

Birgit drückte auf die Türöffner-Taste und hörte nach dem Summton die Schritte des Postboten.

„Nanu?" fragte Birgit erstaunt. „Wer schickt mir denn ein Päckchen? Also bestellt habe ich nichts."

Sie unterschrieb auf dem elektronischen Handgerät und verabschiedete den Zusteller: „Schönen Tag noch und nette Kunden."

„Ich habe ein Päckchen bekommen. Da bin ich aber mal gespannt." Sie drehte und wendete den Karton, konnte aber keinen Absender entdecken. Schließlich begann sie, das Paketband aufzuschneiden und das Päckchen zu öffnen.

Erstaunt schaute sie in den Karton hinein und holte eine Art Buch hervor. Birgit und Ulrike starrten auf das Buch. Keine von Beiden sagte ein Wort.

„Was ist das denn?" Ulrike hatte ihre Sprache als erste wieder gefunden.

„Ich kann mir da was denken", erwiderte Birgit und klappte das Buch auf.

Es gab nur eine Seite darin. Ganz offensichtlich eine Kopie. Alle anderen Seiten waren herausgerissen. Ein kleiner Zettel lag darin: Mehr gibt's für nur für Bares!

Birgit und Ulrike lasen, was auf der übriggelassenen Seite stand:

Meine Eltern nerven total. Musste all mein schauspielerisches Talent anwenden, um sie davon zu überzeugen, dass sie mein Pferd nicht untersuchen lassen. Ich war echt gut. Vielleicht sollte ich wirklich Schauspielerin werden. Liebes Tagebuch – irgendwie ist es ja schon komisch, so ganz ohne Montigo, aber es musste sein. Das verstehst Du doch, oder?

Ich kann unmöglich die Nummer zwei hinter Birgit sein. Mein Papa hat viel, viel Geld für Montigo bezahlt und er hat immer wieder gesagt, dass er jetzt auch etwas von mir erwarte. Und ganz bestimmt hat er sich da nicht Platz zwei hinter einem Haflinger vorgestellt. Tut mir leid Montigo. Wirklich.
Es war totenstill. Keine der beiden Frauen mochte sich bewegen oder gar sprechen. Von was für einem schrecklichen Geständnis schienen sie da gerade Kenntnis erhalten zu haben.
„Was glaubst du? Was ist damals mit Montigo passiert?" Ulrike schaute Birgit ins Gesicht. „Glaubst du etwa auch, was ich glaube?"
„Ulrike, warte einen Moment bitte. Ich weiß überhaupt nicht mehr, was ich denken soll. Ich habe die Bilder vor Augen, wie ich in der Boxentür von Montigo stehe und wie Christina mich anschreit, dass ich ihr Pferd umgebracht habe. Und wie mich alle ansehen. Es war so schrecklich. Das kannst du dir überhaupt nicht vorstellen." Tränen rannten über ihr Gesicht. Ulrike sagte nichts und legte nur ihren Arm um Birgits Schulter.

„Ey – oh! Ey – oh! Ey – oh!" grölte es draußen vor dem Stall. „So einen Spaß hatte ich noch nie!", schrie Christina. „Wann reiten wir wieder aus?" Die drei angesprochenen Mädchen bogen sich, im Sattel sitzend, vor Lachen. Teilweise hingen sie mit dem Kopf nach unten neben dem Pferdehals und schnappten nach Luft. „Habt ihr den Schrei von der alten Tusse gehört?! Das war das Mädchen, dessen

Mutter mit Ulrike in Streit geraten war. Alle bogen sich erneut vor Lachen.

„Ja!", schrie Christina. „Und wie sie dann mit der Reitkappe gegen den Ast geknallt ist!"

„Ey!", schrie ein anderes Mädchen. „Hat eigentlich jemand den Helm aufgesammelt?!"

„Neiiin!", schrien alle wie verabredet. „Ey – oh! Ey – oh! Ey – oh!"

„Hätten wir bei Ebay verscherbeln können", meinte eine andere.

„Nein!", schrie Christina. Sie hatte sich noch nie so wohl gefühlt. Endlich wurde sie so akzeptiert wie sie war. Sie war eine von ihnen. Dass sie als erwachsene Frau zwischen diesen pubertierenden Mädchen etwas fehl am Platz schien, bemerkte sie gar nicht.

„Wir hätten ihn ihr zurückgebracht und hätten uns genüsslich die ganze Geschichte noch einmal angehört!", schrie sie.

„Oh, Christina! Du bist ja unübertrefflich", schmeichelte das Töchterchen. Und schon grölten sie wieder: „Ey – oh! Ey – oh! Ey – oh!"

Black Fever tänzelte währenddessen pausenlos hin und her. Er zitterte, war schweißnass und ließ immer wieder das Weiße in seinen Augen hervorblitzen. Gleichzeitig konnte man den hohen Grad der Erschöpfung des Pferdes erkennen.

Die Atmung ging schwer pumpend und in den Flanken war das Tier eingefallen. Immer noch zog Christina ihm mit Hilfe der Schlaufzügel den Kopf auf die Brust. Sie fühlte sich großartig. Black Fever war mit Abstand der Schnellste von allen gewesen und sie hatte den Eindruck, dass die Mädchen sehr beeindruckt von ihr und ihrem Pferd gewesen waren. Christina hatte alles ringsumher vergessen. Sie bemerkte nicht einmal Bernd, der in der halbgeöffneten Stalltür stand....

„Hallo Bernd." Neben ihm stand Romana, deren Kommen er gar nicht bemerkt hatte.

„Hallo", erwiderte er kurz angebunden. „Willst du raus?" Er öffnete die Stalltür ein bisschen mehr.

„Nein, nein. Danke." Bernd fragte sich, was Romana wollte. Er war ganz und gar nicht an einem Gespräch mit ihr interessiert. Sie war eine der ganz engen Freundinnen von Christina und auf solche konnte er gut und gerne verzichten.

„Sie ist mit den neuen Mädchen ausgeritten, nicht wahr?", fragte Romana.

„Wieso fragst du? Bist du nicht informiert? Du sitzt doch sonst in der ersten Reihe, wenns um Christina geht." Bernds Stimme klang sehr unfreundlich.

„Das ist schon eine Weile her", erwiderte Romana traurig.

„Aha", sagte Bernd nur.

„Ich glaube, sie hat mich nur benutzt."

„Überraschung", meinte Bernd sarkastisch.

„Du meinst, ich hätte es merken können, nicht wahr?", fragte Romana.

„Wer sich auf Christina einlässt, ist verloren. Gut für jeden, der es rechtzeitig merkt." Bernds Blick war immer noch auf die Szene vor dem Stall gerichtet.

„Kannst du mir vielleicht mal Birgits Nummer geben?", fragte Romana plötzlich. Bernd sah sie überrascht an.

„Ich weiß nicht. Was willst du denn von ihr? Ich kann nicht einfach private Telefonnummern herausgeben."

„Ich muss ihr etwas Wichtiges sagen. Etwas wirklich Wichtiges."

„Ich rufe sie an und frage sie, ob es ihr recht ist." Christina war vom Pferd gesprungen. Alle anderen waren auch abgesessen und führten ihre Pferde, immer noch laut lachend, Richtung Stall.

„Ich gehe lieber", meinte Romana. Bernd sah sie überrascht an. Scheinbar hatte er da etwas nicht mitbekommen.

Auch er wendete sich ab und stieg die Treppe zur Tribüne hinauf.

Dann holte er sein Handy hervor, um Birgit anzurufen. Unten hörte er noch ein-, zweimal die Ey-oh-Rufe.

„Hallo Birgit. Hier ist Bernd. Du, ich ruf' Dich an, weil Romana mich gebeten hat, ihr deine Nummer zu geben. Ich habe ihr gesagt, dass ich dich erst fragen möchte, ob dir das recht ist. Sie möchte dir etwas Wichtiges sagen.

Schien mir wirklich ernst zu sein. Obwohl ich nicht weiß, was von Leuten, die näher mit Christina befreundet sind, zu halten ist. Ob alles in Ordnung ist? Ehrlich gesagt, nicht. Christina ist mit Black Fever draußen gewesen. Mit Schlaufis, den Kopf bis auf die Brust gezogen, hat sie ihn durchs Gelände gehetzt – mit diesen neuen Mädchen. Du hättest sie erleben müssen. Die haben sie nicht mehr alle. Und Black Fever ist fix und fertig. Ich glaube, ich kann das nicht mehr lange mit ansehen. Zu Dir kommen? Jetzt gleich? Das ist vielleicht gar nicht schlecht. Ich fahr dann gleich mal los. Tschüß, bis gleich."

Bernd schob sein Handy zusammen und steckte es in die Innentasche seiner Jacke. Dann ging er die Treppe hinunter, schaute nach links und rechts die Stallgasse hinunter, konnte Romana nirgends entdecken und verließ daraufhin den Stall.

Bernd starrte auf das Geschriebene und sah dann abwechselnd Birgit und Ulrike an. Er konnte nicht glauben, was er da las und noch weniger konnte er glauben, was für Schlussfolgerungen sich ihm aufdrängten. Er war immerhin eine ganze Weile mit Christina zusammen gewesen. Sollte diese Frau tatsächlich zu so etwas fähig gewesen sein. Er konnte und wollte es nicht verstehen, konnte und wollte es nicht glauben.

„Christinas Bruder will sich noch einmal mit mir treffen und mir Informationen verkaufen. Er hat angeblich Beweise dafür, dass seine Schwester auch hinter der Vergiftungsgeschichte in unserem Stall steckt." Birgit sah Bernd und Ulrike ratsuchend an. „Was meint ihr? Soll ich darauf eingehen?"

„Was ist das denn für eine?" Christina und ihre neuen Freundinnen beobachteten den Einzug eines neuen Pferdes und seiner Besitzerin. „Hast du die Reithose gesehen? Geht ja gar nicht. Und dann mit so einem Wald- und Wiesenpony in unserem Stall."
„Ist das ein Isländer?", fragte eine der Mädchen.
„Könnte hinkommen", meinte eine andere.
„Kommt", forderte Christina ihre Freundinnen auf und grinste. „Lasst uns doch mal Guten Tag sagen."
So schlenderten alle vier langsam auf die Frau zu, die in der Box stand und mit ihrem Pferd redete.
„Hallo-o!", begann Christina und das Töchterchen fuhr fort: „Hallo. Na? Gerade angekommen?" Alle vier versperrten die Boxentür.
„Hallo. Ja richtig. Gerade angekommen. Ist ja nett, dass Ihr mich gleich begrüßt. Ich heiße Marlene und das ist Remùr. Remùr ist ein Isländer und hat eine Sehnenverletzung. Eigentlich lebt er in einem Offenstall, aber er darf sich jetzt eine Weile nicht so viel bewegen und muss deshalb in einer Box stehen. Das wird ganz schön ungewohnt für ihn."
Das Töchterchen gähnte auffallend und die anderen machten es ihr nach. Dann lachten sie, drehten sich um und gingen, weiter laut lachend, ohne ein Wort davon.

Margit sah den Vieren etwas verwundert nach. Dann kümmerte sie sich weiter um ihr Pferd. Sie kühlte die Vorderbeine und versorgte sie anschließend mit einer Salbe.

„So du", sagte sie. „In ein paar Stunden komme ich wieder. Tut mir leid, dass du hier so eingesperrt stehen musst. Halt durch. In wenigen Wochen bist Du wieder frei." Mit diesen Worten verließ sie die Box, schob die Boxentür zu, warf noch einmal einen Blick hinein, sah dann auf ihre Armbanduhr, seufzte und ging die Stallgasse in Richtung Tür hinunter. Sie hörte Remùr unruhig in der Box herumlaufen. Er wieherte. Hoffentlich war das die richtige Entscheidung, dachte Margit.

„Also am liebsten würde ich sie direkt darauf ansprechen." Bernd war erbost. Was er gerade erfahren hatte, überstieg jegliche seiner Vorstellungen über Christina.

„Nein Bernd", meinte Ulrike. „Das halte ich nicht für gut. Dann ist sie gewarnt und knöpft sich vielleicht ihren Bruder vor, bevor der ausgepackt hat."

„Wenn er etwas auszupacken hat", gab Bernd zu bedenken.

„Ich glaube, er hat", meinte Birgit. „Und wenn ich recht habe, dann sind seine Informationen ihr Geld wert."

Alle drei saßen nun schweigend da, hingen ihren eigenen Gedanken nach und überlegten.

„Dann mach es", meinte Bernd nach einiger Zeit. Seine Stimme klang überzeugt.

„Ja, ich finde auch, dass du es tun solltest", meinte
nun auch Ulrike.

Birgit nickte. „Na dann – kann ich nur hoffen, dass
er bald anruft."

Im selben Moment klingelte das Telefon. Alle drei
sahen sich überrascht an. Das konnte ja wohl nicht
sein.

„Anruf auf Ansage?" Bernd sah Birgit zweifelnd an.
„Wir werden sehen", meinte sie und ging los, um
das Telefon zu suchen. Jetzt ärgerte sie sich darüber, dass sie ihr Telefon immer irgendwo liegen
ließ. Als sie es schließlich im Badezimmer fand, war
sie sich fast sicher, zu spät gekommen zu sein.

„Hallo?" Wenn jetzt meine Mutter dran ist, dachte
Birgit, muss ich mir wieder einen Vortrag anhören,
dass man sich mit Namen meldet, dass der Mensch
an der anderen Seite der Leitung nicht weiß, wer da
spricht...

„Wer ist da?" ... „Aha." ... „Wie kommt es zu diesem
Sinneswandel?" ... „Sag mir einen vernünftigen
Grund, warum ich dir trauen sollte."

Ulrike und Bernd sahen sich fragend an. Hatte Birgit nun doch ihre Strategie geändert? Worum ging
es da gerade?

„Gibst du mir das schriftlich?" -------- „O.k., hast
du gerade Zeit? Dann komm vorbei und wir erledigen das bei mir. Ulrike und Bernd sind hier. Das
stört dich doch nicht?" -------------------- „Gut. Hast
du was zu schreiben? Dann geb' ich dir jetzt meine
Adresse."

„Jetzt wird's spannend." Birgit stand, mit dem Telefon in der Hand, mitten im Zimmer.

„Was hat er gesagt?" Ulrike war jetzt doch aufgeregter, als sie zugeben wollte.

„Er kommt hierher?" Bernd sah Birgit erwartungsvoll an.

„Nicht er," erklärte Birgit. „Sie. Sie kommt hierher."

In der Stallgasse war ersticktes Lachen und Kichern zu vernehmen. Christina und ihre neuen Freundinnen hielten sich die Hand vor den Mund, um nicht lauthals loslachen zu müssen. Zuerst diese merkwürdige Frau mit ihrem Isländer und jetzt wurde es tatsächlich noch besser! Die vier beobachteten eine Szene, die sich ein paar Boxen weiter abspielte.

Ein Mann hielt ein Pendel in der Hand und ging damit um einen großrahmigen Fuchs herum. Der Wallach beäugte ihn misstrauisch. Jetzt legte der Mann dem Pferd die rechte Hand auf den Rücken und ließ das Pendel in der linken Hand kreisen. Nun sprach er mit der Besitzerin, aber so sehr die vier sich auch anstrengten, sie konnten nicht verstehen, was da gesprochen wurde.

Als der Mann dem Pferd die Hand auf die Kruppe legte, drehte es den Kopf wie fragend zu ihm herum und hob leicht das linke Hinterbein, an dessen Seite der Mann stand.

„Na!", rief die Besitzerin laut. „Das lass mal schön sein!"

Das Pferd erschrak, hob mit einem Ruck den Kopf hoch, so dass sich der Anbindestrick bedrohlich spannte und man das Weiße in seinen Augen sah.

„Hör sofort auf!“, schrie die Frau jetzt.

Der Mann sah die Frau fragend an.

„Was war denn?“ fragte er. Er hat gedroht“, antwortete sie. „Das macht er öfters.“

„Er hat gedroht?“, fragte der Mann. „Woran haben sie das erkannt?“

„Na, er hat das Hinterbein gehoben. Haben sie das nicht gesehen? Und er lässt das Weiße in seinen Augen blitzen. Das reicht ja wohl. "Der Mann ließ wieder das Pendel kreisen, ohne weiter auf die Frau einzugehen.

Die Mädchen hatten begonnen, die Bewegungen des Mannes nachzumachen. Sie verkrümelten sich in die Box eines ihrer Pferde und ahmten wieder und wieder die Handbewegungen des Mannes nach, bis sie sich vor Lachen den Bauch hielten.

Als sich der Mann verabschiedet und den Stall verlassen hatte, schauten sich die vier vielsagend an. Dann schlenderten sie wie zufällig die Stallgasse entlang in Richtung der Frau mit dem großen Fuchs. Als sie an ihr vorbeigingen, schauten sie sie provozierend an und drehten alle auf einmal ein imaginäres Pendel. Dann gingen sie weiter und lachten noch, als sie bereits draußen vor dem Stall waren.

„Was soll das?“, rief die Frau. Sie war ihnen nach-
gelaufen. „Seid ihr bescheuert oder was?“

Die drei Mädchen und Christina machten gleichzeitig auf dem Absatz kehrt, als hätten sie dafür ein
Kommando erhalten.

„Meinen Sie uns?“, fragte Christina und kniff ihre
Augen zu Schlitzen zusammen.

„Allerdings“, antwortete die Frau. „Was sollte das
eben? Macht ihr euch über mich lustig?“

„Du meinst deswegen?“ Christina begann wieder
das imaginäre Pendel kreisen zu lassen. Die anderen drei Mädchen kicherten und eine nach der anderen machte es Christina nach.

„Was soll der Blödsinn?!“, rief die Frau jetzt deutlich aufgebracht.

„Hat er auch Verbindung zum Gehörnten?“, fragte
Christina.

Die Mädchen sahen sie fragend an. „Zum Teufel,
Mädels. Zum Teufel“, erklärte sie. Das Töchterchen
nahm dieses Bild sofort auf, indem sie hinkend im
Kreis lief, nach vorn gebeugt und weiter das imaginäre Pendel kreisen ließ.

„Ihr seid ja wohl völlig verrückt! Verschwindet! Ich
werde mich bei Heinz über euch beschweren!“

Christina begann mit dunkler Stimme immer wieder „Heinz! Heinz!“ zu rufen und die Mädchen
machten bald mit. Als sie wieder bei ihren Pferden
waren, schmissen sie sich gegen die Boxentür und
lachten, bis sie sich nach Luft ringend den Bauch
hielten.

„Aber woher hat sie denn deine Telefonnummer?
Also von mir hat sie sie nicht. Ich bin nach unserem
Telefonat direkt zu dir gefahren." Bernd schüttelte
ungläubig den Kopf.

Als es endlich an der Tür klingelte, sah Birgit noch
einmal ihre Freunde an, stand auf und ging zur
Tür. Sie betätigte den Summer, öffnete die Wohnungstür und wartete auf ihren „Gast".

Sie hörte etwas schwerfällige Tritte auf der Treppe.
Ja, dachte sie, das könnte sie wirklich sein. Auf die
junge Frau die letzten Stufen hinaufkam, sah Birgit
ihr entgegen.

„Hallo Birgit." Das klang etwas kleinlaut.

„Hallo." Birgit öffnete die Tür nun ganz und bat die
Frau mit einer einladenden Handbewegung herein.
Als die Beiden dann ins Wohnzimmer traten, riefen
Bernd und Ulrike wie aus einem Munde: „Ach nee.
Das ist ja eine Überraschung!"

„Also Heinz. Jetzt erzähl mir mal, was das für Mädchen sind. Diese Neuen im Stall. Wer sind die?" Die
Frau, der der große Fuchs gehörte, klang immer
noch etwas aufgebracht.

„Ja, Britta. Hallo. Wie geht's deinem Crossi?"

„Geht so, danke. Also? Wer sind diese neuen Mädchen, Heinz?"

„Gibt es Probleme mit denen?" Heinz Gesicht war
sorgenvoll verzogen. Er hatte keine Lust auf Ein-
stellerprobleme.

„Die sind ja absolut unerzogen und unverschämt. Machen sich ganz offen über mich und mein Pferd lustig. Das hättest du sehen müssen!"

„Ach, das ist in dem Alter so, oder?" Heinz sah Britta nicht ins Gesicht. Er schaute über seine Weiden, die er bald wieder nachsäen wollte, aber in diesem Jahr wollte der Winter einfach kein Ende nehmen.

„Also willst du dich mal wieder raushalten." Britta hatte sich vorgenommen, Heinz diesmal festzunageln, was nicht einfach war. Heinz hielt sich ständig aus allem heraus. Dementsprechend unruhig war es im Stall, weil niemand so richtig das Sagen hatte.

„Ja - nee", sagte Heinz, zwei Wörter über die der ganze Stall schon lachte.

„Was ja-nee?" fragte Britta.

„Ich meine, das geht natürlich nicht." Man merkte, dass er so gar keine Lust hatte, zwischen die Fronten zu geraten, aber gerade nicht wusste, wie er das anstellen sollte. Britta konnte sehr hartnäckig sein.

„Heinz. Sprichst du mit den Mädels?" Britta sah ihm in die Augen. „Ja? Tust du das?"

„Ja, ja. Wenn ich sie sehe. Die kommen ja immer zu so komischen Zeiten..."

„Heinz, die haben auch Telefon." Brittas Stimme klang jetzt sehr gereizt.

„Ja - nee, anrufen tu ich die nicht. Du, ich muss jetzt mal weiter. Ich sprech' die an, wenn ich sie sehe." Mit diesen Worten drehte er sich um und ging über den Hof zu seinem Haus. Britta sah ihm nach und wusste, dass er nichts unternehmen würde.

„Ach, wissen Sie Heinz, wenn das mit diesen Anfeindungen gegen meine Tochter und ihre Freundinnen nicht aufhört, dann müssen wir uns wohl einen anderen Stall suchen."

„Nein." Heinz hatte befürchtet, dass sie das sagen würde. „Ich wollte ja nur mal Bescheid sagen, dass es da so ein paar Leute gibt, die da.... „ Er wusste nicht weiter.

„Hauptsache, Sie halten so etwas in Zukunft von uns fern. Meine Tochter ist viel zu sensibel und ich habe weiß Gott Wichtigeres zu tun, als mich mit Stallgeflüster zu beschäftigen. Sie haben mich verstanden, Heinz?" Frau Hansen zog ihren Mantel fester um sich und sah Heinz erwartungsvoll an.

„Ja - nee", sagte dieser, „machen Sie sich da mal keine Sorgen." Zu seiner großen Erleichterung rief seine Frau nach ihm und er nahm dies zum Anlass, sich schnell zu verabschieden. Alleine Familie Hansen hatte drei Pferde eingestellt und die Freundinnen noch mal zusammen fünf. Da musste man über so manches hinwegsehen....

„Romana. Na, das ist ja mal eine Überraschung." Ulrike sah sie feindselig an.

„Hallo Ulrike, hallo Bernd. " Man merkte Romana an, dass die Anwesenheit der Beiden ihr ihre Mission nicht gerade einfacher machte.

„Setz dich, Romana", bat Birgit. Dann setzte sie sich selbst auch. „Du wolltest mir etwas Wichtiges erzählen?" Auffordernd sah sie Romana an.

„Ja, also", begann sie stockend. Jetzt, wo sie drei Leuten gegenüber saß, fiel es ihr noch schwerer zu sprechen. „Birgit, ich – ich – wollte mich bei dir entschuldigen."

„Aha," bemerkte Ulrike.

Birgit sah Ulrike kurz an und schüttelte unmerklich mit dem Kopf. Sie fand es nicht richtig, es für Romana jetzt noch schwieriger zu machen.

„O.k.," erwiderte Birgit. „Aber wofür willst du dich denn entschuldigen? Dass Du mit Christina befreundet bist, ist Deine Sache und sonst wüsste ich nicht..."

„Ich bin nicht mehr mit Christina befreundet", unterbrach Romana sie. „Bitte lass mich erklären. Es fällt mir wirklich schwer." Sie machte eine Pause und knetete vor Anspannung ihre Hände. Alle drei sahen sie erwartungsvoll an.

„Ich – ich – habe die Kapseln in deinen Schrank gelegt."

„Was?!", entfuhr es Birgit.

„Christina hat mich damit beauftragt und ich habe überhaupt nicht über die Folgen nachgedacht. Christina hat sich das alles ausgedacht. Auch, dass ich mit deinem Pferd Unterricht nehmen sollte und so. Dadurch konnte ich völlig legal an deinen Schrank kommen."

„Also war dein Pferd gar nicht krank?" Bernd konnte es kaum glauben.

„Nein", bestätigte Romana kleinlaut.

„Und was, bitte schön, habe ich ihm dann für Umschläge gemacht?" Bernd war hörbar erbost.

„Ganz harmloses Hautpflegemittel", antwortete Romana leise.

„Bernd", unterbrach Birgit dieses Zwiegespräch, „deine Kränkung in allen Ehren, aber hier geht's ja wohl um eine schlimmere Sache."

„Na klar, entschuldige", bestätigte Bernd schnell.

„O.k.", sagte Birgit dann. „Du hast am Telefon gesagt, dass du mir das auch schriftlich gibst. Stehst du noch dazu?"

Birgit sah Romana gefasst ins Gesicht. Romana zögerte einen Moment. „Schon, aber was wird Christina mit mir machen, wenn sie es erfährt?"

„Und sie wird es erfahren", ergänzte Birgit und hielt Romana immer noch mit ihrem Blick gefangen.

„Also? Was ist nun? Du musst verstehen, dass sich mein Mitleid mit dir in Grenzen hält." Birgits Stimme wurde zunehmend kälter.

„Natürlich verstehe ich das. Ich hatte nur gehofft, dass ich dir wenigstens erklären darf, wie es dazu kommen konnte." Romanas Stimme wurde immer leiser.

„Na, dann leg mal los. Aber fass dich kurz. Wie du
dir vorstellen kannst, habe ich gleich noch ein paar
nicht ganz unwichtige Dinge zu erledigen." Birgit
begann leicht mit einem Finger auf der Tischplatte
zu trommeln....

Marlene Becker schaute ganz still ihrem Isländer
Remùr zu. Offenbar hatte er mit seinem Boxennachbarn, einem großem Fuchs, Freundschaft geschlossen. Sie musste ein Lachen unterdrücken,
als sie beobachtete, wie Remùr sich reckte und
streckte, um den Fuchs auf dem Rücken zu kraulen. Der wiederum hatte es natürlich sehr leicht.
Genüsslich knabberte er an Remùrs Mähnenkamm. Jetzt war sie doppelt froh, dass sie eine Box
mit einem angeschlossenen, kleinen Paddock für
ihr Pferd ausgesucht hatte. So konnte er wenigstens ein bisschen Kontakt zu den Boxennachbarn
pflegen. Dass das aber so gut und so schnell klappen würde, hatte sie nicht erwartet. Umso mehr
freute sie sich darüber. Nun musste sie jedoch die
Idylle stören, denn sie musste Remùrs Beine kühlen.
„Remùr!", rief sie ihn leise. „Remùr. Ich muss deine
schöne Zweisamkeit leider mal stören. Komm. Ich
muss dir deine Beine kühlen."
Marlene Becker öffnete die Boxentür und sofort
drehte sich der Isländer zu ihr herum und kam
freundlich auf sie zu.
„Hier, schau mal. Hab ich dir mitgebracht." Eine
große Möhre lag in Marlenes Hand und sofort hatte

Remùr sie entdeckt. Marlene spürte zuerst den warmen Atem ihres Pferdes an der Hand, dann kitzelten sie seine Barthaare und im nächsten Augenblick biss Remùr kräftig in die Möhre hinein. Marlene hielt sie fest, so dass Remùr abbeißen konnte. Währenddessen fiel ihr Blick schon auf seine Beine. Als er genüsslich das letzte Stück der Möhre kaute, bückte Marlene sich und tastete seine Vorderbeine ab. Die Sehnen waren immer noch dick und warm. Sie legte ihrem Pferd sein Halfter an und führte es dann zum Waschplatz. Dort würde sie seine Beine einige Minuten mit einem Wasserschlauch abspritzen und anschließend mit einer kühlenden Salbe einreiben.

Marlene öffnete die Boxentür ganz und wollte Remùr gerade herausführen, als sie begrüßt wurde. „Hallo. Ein neuer Nachbar, wie ich sehe. Ich bin Britta. Mir gehört der Fuchs hier." Sie zeigte auf das Pferd, mit dem sich Remùr gerade freundschaftlich abgegeben hatte.

„Oh hallo. Freut mich." Marlene reichte ihrer Boxennachbarin die freie Hand. „Ich heiße Marlene."

„Und wie heißt Dein Pferd? Ich habe gelernt, das man Isländer Pferde nennt und nicht Ponys. Stimmt doch, oder?" Britta lächelte.

„Ja, da gibt es ein paar Empfindliche. Aber mir ist beides recht. Er heißt Remùr. Unsere Beiden haben sich übrigens bereits angefreundet. Als ich kam, haben sie sich gerade gegenseitig gekrault."

„Wirklich? Da bin ich aber überrascht. Crossi ist sonst nicht so schnell zu bezirzen. Eigentlich heißt er Red Cross, aber er wird nur Crossi gerufen."

„Oh, das ist ein interessanter Name."

„Na, eure isländischen Namen sind aber auch nicht gerade langweilig." Beide Frauen lächelten. Dann sagte Marlene:

„Remùr hat eine Sehnenverletzung. Deshalb muss ich mehrmals am Tag die Beine kühlen und eine kühlende Salbe aufbringen. Herumlaufen darf er auch nicht. Deshalb habe ich diese Box hier gemietet."

„Und wie ist das passiert?", wollte Britta wissen.

„Tja, wie es aussieht, hat der Trainer, den ich für ihn hatte, es ordentlich übertrieben."

„Echt? Das ist ja schlimm. Kann man den nicht verklagen?"

„Nein, das bringt nichts. Man kann ihm das nicht beweisen. Genauso gut könnte Remùr sich die Überdehnung auf der Weide zugezogen haben. Aber nachdem ich von einer Miteinstellerin gehört habe, was der mit Remùr gemacht hat, bin ich stocksauer. Das passiert mir nie wieder. Ich habe dem vertraut, weißt du? Er durfte allein mit ihm arbeiten. Na ja. Nun hoffe ich nur, dass Remùr schnell wieder gesund wird und dann wird in Zukunft anders gearbeitet. So, nun muss ich aber wirklich. Beine kühlen. Ich hoffe, wir sehen uns öfter mal hier." Sie führte Remùr aus der Box.

„Ja, das hoffe ich auch", erwiderte Britta. „Tschüss."

„Ich weiß – ich habe einen riesengroßen Fehler gemacht." Romana senkte ihren Kopf noch ein wenig
tiefer. „Ich war so glücklich, endlich wieder eine
Freundin zu haben. Und ich fand Christina so toll
und als ich merkte, dass sie mich zur Freundin haben wollte, da war ich auch noch total stolz. Deshalb war ich auch zu allem bereit, was sie von mir
verlangte, fand alles großartig, was sie machte....
Ich kann mich jetzt selber nicht mehr verstehen.
Wie konnte ich nur. Ich weiß, ich bin wie ein Trottel
hinter ihr hergelaufen. Birgit – es tut mir so leid,
dass ich so weit gegangen bin." Sie machte eine
Pause.
Bernd fuhr sie an: „Vielleicht kommst du jetzt mal
zur Sache?"
Romana zuckte zusammen. „Ja, entschuldige. Ich
wollte ja nur erklären, warum ich das alles mitge-
macht habe. Also das mit dem Reitunterricht auf
deinem Burschi hat sie sich ausgedacht, damit jemand an deinen Schrank gehen kann, ohne dass
es auffällt." Birgit sah Ulrike und Bernd kopfschüt-
telnd an.
„Christina war stinksauer, nachdem du auf dem einen Turnier so gut abgeschnitten hattest. Na ja,
und zuletzt hatte sie dann halt diese Idee mit den
Kapseln. Sie wollte dich damit in Verdacht bringen,
dass du eine Pferdevergifterin bist und so." Romana
machte wieder eine kleine Pause. „Mir hat sie erzählt, dass du vor etlichen Jahren ihr Pferd vergiftet
hättest und sie es dir aber nicht beweisen konnte.

Somit sei es nur gerecht, wenn du jetzt deine Strafe bekommen würdest."

„Das darf ja wohl nicht wahr sein!", entfuhr es Birgit.

„Unglaublich", meinte auch Ulrike.

„Ich habe das alles wirklich geglaubt", rechtfertigte sich Romana.

„Und wieso glaubst du es jetzt nicht mehr?", fragte Birgit.

„Weil ich plötzlich gemerkt habe, wie gemein sie auch zu mir ist. Und als ich einen kleinen Versuch unternommen habe, sie von weiteren Rachefeldzügen abzuhalten, weil ich fand, dass es reicht, da hat sie mich fallen lassen, wie eine heiße Kartoffel. Und sie hat mir gedroht. Wenn ich die Wahrheit erzählen würde, sollte ich mal gut auf mein Pferd aufpassen. Ich hatte Angst. Ich habe auch immer noch Angst, aber ich kann mit dem, was wir dir angetan haben, nicht mehr leben.

Deshalb habe ich dann beschlossen, dir die Wahrheit zu sagen, ich habe meine Box gekündigt und habe mir einen neuen Stall gesucht. Ich hoffe, Christina findet nicht heraus, wo ich hingehe mit meinem Pferd. Wahrscheinlich bin ich gar nicht mehr interessant, wenn ich erst mal nicht mehr im Stall bin. Außerdem hat sie ja jetzt neue Freunde, mit denen sie vollauf beschäftigt ist."

„Trotz allem, was du getan hast", begann Birgit, „vielen Dank, dass du dich zur Wahrheit durchgerungen hast. Du hast mir am Telefon gesagt, dass du bereit bist, mir das alles schriftlich zu geben. Ich hoffe, du stehst noch dazu?"

„Ja, natürlich. Lass es uns schnell hinter uns bringen. Soll ich selbst alles aufschreiben?" Romana sah Birgit fragend an.

„Das wäre natürlich gut. Komm. Du kannst am PC schreiben." Beide Frauen erhoben sich und gingen zum Computer.

„Würdest Du mir vielleicht erzählen, wie es wirklich war damals?" Romana hatte sich vor den PC gesetzt und schaute fragend zu Birgit hoch.

„Ja", antwortete Birgit. „Mach erst mal deinen Part und hinterher erzähle ich dir, was damals wirklich passiert ist."

Romana begann zu schreiben.

„Von mir hat sie Birgits Nummer nicht", hörte sie Bernd im Wohnzimmer zu Ulrike sagen.

Birgit schlenderte bewusst langsam durch den Stall, auf der Suche nach Christina. Aus der Ferne hörte sie lautes Lachen. Das könnten die neuen Mädchen sein, von denen mir Ulrike erzählt hat, dachte Birgit. Vielleicht ist Christina ja auch da. Romana hat ja erzählt, dass sie jetzt ganz dicke mit denen ist. Wollen wir doch mal nachschauen. Als Birgit um die Ecke kam, bot sich ihr ein skurriles Bild.

Christina stand vor der Box des großen Fuchses und hielt zwischen Daumen und Zeigefinger ihrer rechten Hand eine Springgerte, so dass sie locker nach unten baumelte. Sie hielt sie vor die Gitterstäbe der Boxentür, brachte die Gerte in schwingende Kreisbewegung, machte merkwürdige Laute, brummelte unverständliche Wörter, um im nächsten Moment in höchster Tonlage zu schreien. Zwei der neu in den Stall eingezogenen Mädchen standen daneben und krümmten sich vor Lachen. Der Fuchs stand mit vor Angst geweiteten Augen draußen in der letzten Ecke seines kleinen Paddocks.

Langsam ging Birgit auf die drei zu. Endlich bemerkte Christina sie und drehte sich zu ihr herum. „Nein so was", sagte sie laut. „Seht mal, wer da kommt. Unsere Pferdemörderin. Na, dass du dich noch hierher traust, das ist ja allerhand! Was sagt ihr dazu, Mädels?" Sie drehte sich zu ihren neuen Freundinnen herum.

Sie grinsten sich hämisch zu und wandten dann ihren Blick wieder Birgit zu.

„Bist du fertig?", fragte Birgit Christina. Die Beiden standen sich nun in der Stallgasse wie Duellierende gegenüber.

„Womit?", fragte Christina.

„Mit Lügen", antwortete Birgit.

„Christina drehte sich lachend zu den Mädchen um. „Habt ihr das gehört? Jetzt riskiert unsere Pferdemörderin auch noch `ne dicke Lippe!"

„Stimmt“, antwortete Birgit. „Unsere Pferdemörderin riskiert ´ne dicke Lippe – und das schon eine ganze Weile.“

Und nach einer kurzen Pause setzte sie betont nach: „nicht wahr, Christina?“

„Was willst du denn damit sagen?“ Noch war Christina ihre plötzliche Unsicherheit nur ganz versteckt im Gesicht anzusehen. Ihre Stimme klang laut und fest.

„Ich will damit sagen, dass du eine verdammte Lügnerin bist.“

„Cool!“, rief eines der Mädchen und lachte.

„Halt doch die Klappe!“, herrschte Christina sie an.

„He, he!“ beschwerte die sich. „Wie redest du denn mit mir?“

„Ja genau. Wie redest du denn mit deiner neuen Freundin?“ fragte Birgit mit ironischem Unterton und fuhr fort: „Klingt ja fast genauso, wie du mit Romana gesprochen hast. Und glaub´ mir. Sie fand das gar nicht gut.“

Birgit schlug das Herz bis zum Hals. Obwohl sie wusste, dass sie im Recht war, hasste sie solche Auseinandersetzungen.

„Was ist hier los?“ Unbemerkt war Britta Krohnwinkel auf der Bildfläche erschienen. Was habt Ihr vor der Box meines Pferdes verloren? Ich bin angerufen worden, dass Ihr hier rumschreit und mit einer Gerte vor seiner Tür rumfuchtelt. Was soll das?“

Die Mädchen fingen an zu lachen. Christina aber war das Lachen vergangen. Sie warf Britta Krohnwinkel die Springgerte vor die Füße und bemerkte nur: „Oh Gott, stell` dich nicht so an.“

„Wie bitte?“, fragte Britta aufgebracht. „Kannst du das vielleicht noch einmal wiederholen?“

Sie war mindestens einen Kopf größer als Christina und schaute jetzt drohend auf sie herab. Die Mädchen kicherten. Das war so ganz nach ihrem Geschmack. Christina machte das Gekicher und Gelache wütend, aber sie wollte es sich mit den Mädchen nicht verscherzen und deshalb sagte sie lieber nichts. Trotzdem war sie richtig sauer. Warum helfen sie mir nicht, fragte sie sich.

Birgit hatte bisher die ganze Szene passiv beobachtet. So gut und richtig sie es auch fand, dass Christina wegen ihres Verhaltens Ärger mit der Besitzerin bekam, so unpassend war gerade der Zeitpunkt. Trotzdem entschied sie sich, sich nicht einzumischen. Die Auseinandersetzung zwischen der Pferdebesitzerin und Christina war nicht mehr zu stoppen.

„Ich werde dafür sorgen, dass du diesen Stall verlässt – nur damit du Bescheid weißt“, erklärte Britta Krohnwinkel gerade.

Christina drehte sich zu den Mädchen um. Janine Hansen, das Töchterchen, machte einige Schritte auf die beiden Frauen zu. Dann grinste sie breit und zog ihr Handy aus der Tasche.

„Mama? Eine meiner Freundinnen hat Ärger hier im Stall. Mit dieser komischen Frau – Du weißt schon – diese Pendeltrulla. Sie droht Christina gerade, dass sie dafür sorgen will, dass sie den Stall verlassen muss. Da hat Papa doch bestimmt ein Wörtchen mitzureden, nicht wahr?" Und nach einer Pause des Zuhörens: „O.k., mach ich. Tschüss Mama."

„Also pass auf", sprach sie jetzt Britta Krohnwinkel direkt an. „Du lässt jetzt mal unsere Freundin Christina ganz schnell in Ruhe. Mein Vater ist zufällig der Anwalt Dr. Thomas Hansen. Und wenn du uns nicht zufrieden lässt, dann wird er mal ganz kurz dafür sorgen, dass du den Stall verlässt – hast du mich verstanden?"

Britta Krohnwinkel hatte bisher mit großen Augen zugehört, jetzt aber platzte ihr der Kragen.

„Weißt du was?", entgegnete sie. „Mit dummen, kleinen Mädchen unterhalte ich mich nicht. Verschwinde."

„Du wirst dich noch mit mir unterhalten", erwiderte Janine mit arrogantem Unterton. „Und nicht nur das. Du wirst dich auch bei mir entschuldigen. Du wirst sehen. Komm Christina, lass die Asi einfach stehen. Das hast du doch gar nicht nötig."

Christina nahm diese Wörter sofort zum Anlass, sich umzudrehen, um fortzugehen.

„Nicht so schnell, Christina!", erklang Birgits Stimme scharf. „Wir waren noch nicht fertig miteinander."

Janine winkte ihr nur im Weggehen zu, ohne sich umdrehen. Die anderen Mädchen machten es ihr nach und bald machte auch Christina diese Geste.

„Soll ich dir ein paar Sätze aus diesem interessanten Brief deiner ehemaligen Freundin Romana vorlesen?!“, rief sie ihr hinterher.

„Nein danke!“, rief diese und lachte. Die Mädchen stimmten ein und so gingen sie die Stallgasse hinunter.

„Ich warne dich, Christina!“, rief Birgit jetzt sehr laut und man hörte die Wut und Entschlossenheit aus ihrer Stimme.

„Ach, leck mich!“, rief diese, ohne sich auch nur einen Millimeter umzudrehen.

„Ich weiß, dass du die Kapseln in meinen Schrank hast legen lassen!“, rief Birgit.

Christina blieb ruckartig stehen.

„Jetzt können wir wieder Reitunterricht machen, Björn. Es hat sich alles aufgeklärt. Du hast sicher schon alles gehört, nicht wahr?“ Birgit hielt lächelnd das Handy an ihr Ohr. „Christina hat mir mit Hilfe ihrer damaligen Freundin die Kapseln in den Schrank geschmuggelt. Ihre damalige Freundin Romana hat es mir letztlich schriftlich gegeben. Oh Gott – ich bin immer noch so erleichtert. Ja, du Armer. Da wirst du wohl eine Reitschülerin verlieren. Ich hoffe, das kannst du verschmerzen.“ Sie lachte fröhlich.

„Ach ja? Hm. Das verwundert mich jetzt doch ein bisschen. Ich bin gar nicht auf die Idee gekommen, dass sie nach diesem Desaster noch in unserem Stall bleiben würde. Na so was. Und? Wirst du sie weiter unterrichten?

Aha. Du weißt schon, dass sie zweimal in der Woche bei diesem Klaus Breitenau Unterricht nimmt? Ja genau. Der Pferdewirtschaftsmeister. Ja, Schlaufzügel, Sporen, Rollkur – das ganze Programm. Tja – vielleicht kann man das auch so sehen. Gut. Dann also bis Donnerstag. Schöne Tage noch! Danke! Tschüss!" Sie senkte den Arm und schob langsam ihr Handy zusammen.

Nachdenklich schweifte ihr Blick über den Parkplatz vor dem Stall. Plötzlich sah sie Bernd, wie er mit schweren Schritten zu seinem Auto ging.

„Bernd!", rief sie. „Bernd!" Mit schnellen Schritten lief sie zu ihm.

Als sie ihn erreichte, musste sie sofort erzählen, wie glücklich sie war. „Ich habe gerade Unterricht mit Björn vereinbart. Ich bin ja so erleichtert! So froh! Das kann sich überhaupt keiner vorstellen." Jetzt erst bemerkte sie Bernds traurigen Blick und seine hängenden Schultern. „Alles in Ordnung mit dir?", fragte Birgit ihn.

„Christina hat mich gerade rausgeschmissen. Ich darf nicht mehr zu Black Fever."

„Was?! Aber das gibt es doch gar nicht! Ich dachte, sie sei auf dich angewiesen, weil sie nicht so oft zum Pferd kann. Oh Bernd. Das tut mir ja so leid." Spontan umarmte sie ihn.

„Und es kommt noch besser." Bernd stellte Birgit ein Stück von sich weg. „Ich glaube, auch du hast noch nicht alles ausgestanden. Halt dich fest, wer neue Reitbeteiligung bei Black Fever geworden ist." Und nach einer kurzen Pause fuhr er fort:
„Romana."
Birgit wurde weiß im Gesicht. „Romana? Nein. Das kann nicht sein. Bist du sicher, dass Du Dich nicht verhört hast? Das kann doch unmöglich sein. Du warst doch dabei, als sie uns alles erzählt hat. Du musst dich täuschen!" Birgit sprach immer schneller und ihre Stimme nahm einen immer schrilleren Klang an.
„Nein", erwiderte Bernd traurig. „Ich habe mich weder verhört, noch haben mich meine Augen getäuscht. Sie hat ihn geritten heute Morgen."
„Aber, aber", stotterte Birgit, „was soll denn das alles? Ich habe doch alles schriftlich und sie, sie hat doch selbst ein Pferd und, und..." Birgit ging die Luft aus. Sie wusste zwar nicht, was da lief, aber sie hatte plötzlich unsagbare Angst. Irgendetwas Unheilvolles ging vor – und sie hatte nicht die geringste Ahnung, um was es sich handeln könnte.
„Birgit. Ja, Romana hat ein Pferd. Aber bitte. Was denn für eins? Die schlägt doch Purzelbäume, wenn sie ein Pferd wie Black Fever reiten darf."
„Sind die Beiden noch da?", fragte Birgit.
„Ich glaube schon, aber Moment. Was hast du vor?"
„Na, ich werde sie zur Rede stellen. Ich habe da etwas Schriftliches. Schon vergessen?"

„Aber das ist doch für Christina nicht neu. Das hast du ihr doch schon erzählt. Birgit, die haben irgendetwas ganz Gemeines vor. Ich kann dich nur warnen.“

„Aber ich muss doch etwas unternehmen. Darf ich mal? Ich muss mich mal setzen.“ Sie ließ sich auf den Fahrersitz von Bernds Auto sinken.

Schlägt die Pferdemörderin zum zweiten Mal zu? Ich heiße Christina und vor vielen Jahren wurde mein geliebtes Pferd vergiftet. Ich bin sicher, zu wissen, wer mein Pferd vergiftet hat, aber ich kann es bis heute nicht beweisen. Jetzt ist die Person, die ich verdächtige, in meinem jetzigen Stall aufgetaucht und ich kann vor Sorge und Angst um mein Pferd nicht mehr essen und schlafen. Was, wenn sie es wieder tut? Was würdet ihr tun?
Zufrieden grinsend betätigte Christina ihren Post. Hoffentlich verbreitete er sich wie ein Lauffeuer, dachte sie.
… und jetzt fahre ich zu Romana…
„Na, nun mach schon, Romana!“ Ungeduldig klackerte Christina mit ihren bunten, künstlichen Fingernägeln auf der weißen Kunststoffplatte von Romanas Schreibtisch. „Worauf wartest du denn noch?“
„… und du meinst echt, dass man das nicht rausfinden kann, dass wir das von meinem Laptop aus machen?“

„Natürlich nicht", erwiderte Christina sichtlich genervt. „Wie soll man das denn wohl rausfinden, hm? Nun mach endlich."

„Also gut." Romana konnte ihre Angst nicht verbergen.

„Ich weiß", diktierte Christina genüsslich, „dass ich etwas sehr Schreckliches getan habe."

Romana tippte in ihr Laptop:

Ich weiß, dass ich etwas sehr Schreckliches getan habe.

„Und weiter?", fragte sie.

„Schreib:", Christina blickte gegen die Decke und lächelte gemein. „Aber ich kann es nicht mehr mit mir herumtragen. Oh ja, das ist gut!", lobte sie sich selbst. „Zu schwer lastet die Schuld…"

„Nicht so schnell!" Romana hatte sich bereits mehrfach vertippt und korrigierte jetzt erst einmal ihre Schreibfehler.

…herumtragen.

Christina wiederholte mit gerunzelter Stirn: „Zu schwer lastet die Schuld…"

Zu schwer lastet die Schuld…

„auf mir und raubt mir jede Nacht den Schlaf."

… auf mir und…

… und was?" Romana starrte auf die Tastatur.

„… und raubt mir jede Nacht den Schlaf!", wiederholte Christina laut und ungehalten.

„Mein Gott nochmal! Wie langsam tippst du denn? Das geht ja gar nicht!"

… und raubt mir jede Nacht den Schlaf.

„Klingt das nicht irgendwie ganz schön alt? So spricht doch keine Sau." Man hörte den deutlichen Zweifel in Romanas Stimme.

„Halt dich da gefälligst raus. Ich kenne Birgit sehr genau und außerdem ist das ja schließlich ein Geständnis. Da spricht man anders als mit seinen Freundinnen. Da ist man über sich selbst erschüttert..." Christina verzog den Mund und schaute durch das Fenster in Romanas Zimmer in die Ferne.

„Und weiter?", fragte Romana.

„Jetzt", Christina kostete jedes Wort aus, „jetzt gehst du in ihren E-Mail-Account."

„Christina, ich weiß nicht", warf Romana ein, „reicht der Post bei Facebook nicht aus?"

„Mach, was ich dir sage oder Du hast den letzten Tag auf Fever gesessen!"

„Ich dachte ja nur..."

„Hör auf zu denken und geh endlich in Birgits Account. Los jetzt!

Na? Hat sie Kontakt mit Björn?" Christinas Stimme klang jetzt fast heiser vor Aufregung.

„Moment noch..."

Christina stieß Romana beiseite. „Lass mich mal ran. Das kann man ja nicht mit ansehen. Da, hab ich's mir doch gedacht. Cool! Besser hätte es nicht laufen können. Das war echt gut investiertes Geld. Komm, setz dich wieder hierhin, Romana. Du darfst jetzt an Björn schreiben. Das wird dir doch ganz bestimmt Spaß machen. Denk doch nur, wie er

dich an die Longe genommen hat – wie ein Kind – wie eine blutige Anfängerin." Christina wusste genau, wie man Menschen manipulieren konnte.
Brav setzte sich Romana wieder vor ihr Laptop und wartete darauf, dass Christina ihr sagte, was sie zu schreiben hätte.
„Lieber Björn!", begann Christina.
Ich muss dir etwas Furchtbares gestehen. Furchtbares? Haben wir auf Facebook auch Furchtbares geschrieben?" Christina sah Romana von der Seite an.
„Nein, schrecklich, schrecklich haben wir geschrieben. Glaube ich."
„Glaube ich, glaube ich!" Christina äffte Romana nach. „Dann sieh doch nach! Mit glauben werden wir hier nichts. Wir müssen im Stil gleich bleiben, damit es glaubwürdig wird."
„Etwas Schreckliches.", erklärte Romana deutlich frustriert.
„Dann schreib also: Ich muss dir etwas Schreckliches gestehen."
Ich muss dir etwas Schreckliches gestehen.
„Ich habe es zwar die ganze Zeit abgestritten, aber ich war es. Ich halte diese Lügerei einfach nicht mehr aus. Ich habe...
„Langsamer, Christina!"
„Brüll mich ja nicht an, Dummkopf."
Ich habe es zwar die ganze Zeit abgestritten, aber nun gebe ich zu...
„Nein! Nicht nun gebe ich zu! ... aber ich war es."

Ich habe es zwar die ganze Zeit abgestritten, aber ich war es.

„Wie weiter?" Romana hatte den Unterkiefer vorgeschoben und presste die Lippen aufeinander.

„Ich halte diese Lügerei einfach nicht mehr aus."
Ich halte diese Lügerei einfach nicht mehr aus.

„...und? Hast Du es Dir überlegt?" Christinas Bruder war am Handy.

„Ja", antwortete Birgit. „Wenn Du mir das Tagebuch übergibst und mir Beweise dafür lieferst, dass Christina hinter der Vergiftungsaktion im Stall steckt, bekommst Du fünfhundert. Birgits Herz schlug ihr bis zum Hals. Dieser kleine, widerliche Typ war die einzige Chance, ihre Unschuld zu beweisen.

Auf der anderen Seite lachte Christinas Bruder ein gemeines Lachen. „Fünfhundert? Das war mal, Lady. Inzwischen sieht es für dich ganz, ganz böse aus, wie man hört. Ich bin deine einzige Chance, deine Unschuld zu beweisen. Ist es nicht so?"

Birgit wusste nicht, was sie sagen sollte und schwieg.

„Du musst ja wissen, was du willst. Aber überlege doch mal, was wohl meine liebe Schwester dafür bezahlen würde, wenn ich dir diese Informationen nicht geben würde. Hm?"

Birgit wurde übel. Sie wusste nicht mehr weiter und fragte: „Was also willst du?"

„Tausend für das Tagebuch und noch mal Tausend für die Kapselgeschichte.“

Nach einer kurzen Schreckenspause hörte Birgit sich sagen: „O.k., Wann und wo?“ Sie war nicht mehr in der Lage, ganze Sätze zu sprechen.

„Übermorgen. Neunzehn Uhr. Hafen. Wie gehabt.“

„Ja.“ Sie nahm ihr Smartphone vom Ohr und drückte die kleine rote Telefontaste. Unfähig, sich zu bewegen, blieb sie so auf ihrem Bett sitzen und starrte ins Leere.

„Das hast du gut gemacht, Romana.“ Christina schenkte Romana ein falsches Lächeln und die fragte:

„Und wann darf ich wieder Fever reiten?“

Christina verdrehte genervt die Augen zur Decke und meinte: „Mal schauen. Nächste Woche vielleicht.“

Romana runzelte die Stirn und schaute enttäuscht zu Boden. Sie hatte sich schon so gefreut, am nächsten oder übernächsten Tag mit dem schönen Rappen glänzen zu können. Sie hatte sich ausgemalt, wie die anderen Reiter neidisch zuschauen würden und wie sie lächelnd ihre Bahnfiguren durch die Halle ziehen würde. Nun musste sie schon wieder warten und Christina hatte ihr noch nicht einmal einen genauen Tag gesagt. Sie wagte noch einmal nachzufragen:

„Kannst du mir vielleicht schon genauer sagen, wann?“

„Nein!“ kam die Antwort laut und ungeduldig und duldete keine weiteren Nachfragen.

Ruf mich bitte sofort zurück! Björn

Birgit las die Nachricht und war besorgt. War Björn irgendetwas passiert? Sie würde ihn auf der Stelle zurückrufen.

Leider kann ich gerade nicht ans Telefon gehen. Vermutlich befinde ich mich gerade im Unterricht. Bitte hinterlassen Sie nach dem Piepton eine Nachricht. Ich rufe dann umgehend zurück.

„Hallo Björn. Hier ist Birgit. Habe gerade deine Nachricht erhalten. Ich hoffe, alles ist o.k. mit dir? Ich versuche es nachher noch mal oder ruf zurück, wenn du wieder Zeit hast. Bis dann!"

Nachdenklich fiel ihr Blick auf das Display ihres Smartphones. Was war nur so dringend? Zumindest klang die SMS so.

Birgit betrat den Stall, ging in die Sattelkammer, holte ihr Halfter und machte sich auf den Weg, um Burschi von der Weide zu holen. Es war Mittagszeit und angenehm still im Stall.

Plötzlich vernahm sie eine Stimme hinter sich:

„Ja, an deiner Stelle würde ich mich hier auch nur noch mittags her trauen, oder, wenn ich es mir genau überlege, eigentlich würde ich mich überhaupt nicht mehr hierher trauen."

Birgit drehte sich langsam um. Sie war nicht überrascht, Ulrike zu sehen. Ihre Stimme hatte sie schon längst erkannt. Nur der Tonfall ließ sie erschauern.

Beide Frauen standen sich nun in der Stallgasse gegenüber. Durch die Fenster auf der rechten Seite des Stalltraktes schien die Sonne und ließ die Staubpartikel von Heu und Stroh glitzernd in der Luft tanzen. Birgits Magen zog sich schmerzhaft zusammen, als sie den verächtlichen und gleichzeitig bitterbösen Blick auf Ulrikes Gesicht wahrnahm. Sie traute sich nichts zu sagen und nichts zu fragen.

„Schämst du dich nicht?! Ich hoffe, du kommst in den Knast! Mit Menschen wie Dir sollte man das Gleiche machen. Sei froh, dass ich nicht gerade eine Forke in der Hand habe oder eine Plattschaufel! Pfui Teufel, sage ich nur! Pfui Teufel!" Ulrike spuckte auf den Boden der Stallgasse aus, direkt vor Birgits Füße.

„Aber ich werde mir nicht die Hände schmutzig machen! Sieh zu, dass du hier verschwindest und zwar am besten sofort! Hoffentlich nehmen sie dir Deinen Burschi weg! Wer weiß, ob du den nicht auch noch vergiftest!" Mit diesen Worten machte Ulrike auf dem Absatz kehrt und ging die langgezogene Stallgasse entlang, bis sie am Ende durch die große Stalltür nach draußen verschwand.

Birgit stand da und war nicht in der Lage, sich zu bewegen. Eine Eiseskälte hatte von ihrem Körper Besitz ergriffen, die sie erstarren ließ und jede Bewegung unmöglich machte. Sie konnte nicht mehr klar denken, sah sich vor der Boxentür von Montigo stehen, sah die weit aufgerissenen Augen des

Wallachs und die vorwurfsvollen Blicke der Mädchen. Sie hörte ein nicht enden wollendes Schreien und suchte unter den Mädchen nach der Verursacherin dieser Schreie. Aber diese sahen sie nur vorwurfsvoll und mit starrem Blick an und hatten einen Kreis um sie gebildet, der sich mehr und mehr schloss. Die Schreie wurden immer lauter und verzweifelter. Der Kreis der Mädchen hatte sie nun eng umschlossen, ließ nur noch den Blick auf Montigo frei, und jetzt sah sie sein weit aufgerissenes Maul und merkte, dass er es war, der da so unaufhörlich schrie. Die Mädchen fassten sie an den Armen, hielten sie fest, wollten sie zwingen, in die Box von Montigo zu gehen. „Sieh, was du getan hast!", riefen sie im Chor. „Sieh, was du getan hast! Sieh, was du getan hast!"
Das Pferd schrie und schrie und schrie...
... dann wurde es plötzlich dunkel.

>Du bist nicht gekommen. Nun nimmt das Schicksal seinen Lauf. Grins, das nette Brüderchen<

>Verrecken sollst Du alte Pferdemörderin!<

>Wenn wir dich erwischen, dann gnade dir Gott, du verdammtes Miststück! Wir kriegen dich!!!<

>Birgit, ich versuche dich dauernd anzurufen. Totstellen ist doch keine Lösung. Bin gerade in Bayern zu einer Fortbildung. Melde dich! Björn<

>Liebe Birgit, ich kann mir einfach nicht vorstellen, dass du so etwas Schreckliches getan haben sollst. Hier im Stall ist natürlich der Teufel los, aber ich glaube es trotzdem nicht. Wenn es wieder geht, dann melde dich bitte! Bernd<

„Ich bin Ihr behandelnder Arzt."
„Frau Dressler. Frau Dressler, hören Sie mich? Sie sind wach. Machen Sie die Augen auf, Frau Dressler."
Wie aus weiter Ferne drang die Stimme an ihr Ohr und hatte einen unnatürlichen Hall. Birgit war so müde. Sie wollte ihre Augen nicht öffnen.
„Frau Dressler. Können Sie mich verstehen?"
Die Stimme drang jetzt zwar immer noch wie aus der Ferne an ihr Ohr, aber der unangenehme Hall war verschwunden.
Birgit meinte, sie würde mit „Ja" antworten.
„Kommen Sie, Frau Dressler, machen Sie die Augen auf."
Sehr langsam öffnete Birgit die Augen, aber schon nach wenigen Sekunden fielen sie ihr wieder zu. Die Augenlider schienen schwer wie Blei zu sein. Wieder versuchte sie es und erhaschte einen kurzen Blick auf einen bärtigen Mann, der sie freundlich anlächelte.
„Sehr gut, Frau Dressler, und nun schaffen Sie es auch ein bisschen länger. Kommen Sie. Versuchen Sie es."
Wieder öffnete Birgit wie in Zeitlupe die Augen, sah eine weiße Bettdecke, ein beiges Schränkchen zu

ihrer Linken und wieder diesen Mann, der sie freundlich anlächelte.

„Hallo Frau Dressler. Wie fühlen Sie sich? Mein Name ist Dr. Bruns. Ich bin ihr behandelnder Arzt."

„Das wagst du nicht!"

„Keinen Pfennig bekommst du von mir! Was glaubst du, wer du bist? Was glaubst du? Dass du ein großer Ganove in einem noch größeren Film bist, oder was?! Du hast sie ja wohl nicht alle! Gib mir sofort mein Tagebuch zurück!" Christina war außer sich vor Wut. Ihr eigener Bruder wollte sie verraten.

„Ich denke ja nicht daran! 1000 Tacken hätte mir Birgit dafür bezahlt. Da wirst du schon etwas drauf legen müssen, Schwesterherz."

Christina kreischte jetzt nur noch: „Gib mir sofort mein Tagebuch, du verdammtes Arschloch!"

„Ich denke ja nicht daran!", schrie ihr Bruder zurück

Christina begann, alle Schubladen im Zimmer ihres Bruders herauszuziehen und zu durchsuchen. Unterwäsche, Strümpfe, T-Shirts, alles flog im Zimmer umher. Die Schubladen zog sie anschließend ganz heraus. Sie warf sie im Zimmer herum und sie fielen mit Poltern und Krachen auf den Fußboden. Das Gekreische, Geschreie und Gepolter ergab einen ohrenbetäubenden Lärm.

„Hör sofort auf damit!", schrie ihr Bruder.

„Gib mir mein Tagebuch!", kreischte Christina.

Plötzlich öffnete sich die Tür: „Darf ich fragen, was hier los ist?"

Christina und ihr Bruder hielten inne und starrten ihren Vater an. „Ich würde gerne in Ruhe arbeiten, wenn die Herrschaften es erlauben", sagte er ruhig, aber bestimmt. „Also, was ist hier los? Euch hört man ja bis in die Nachbarschaft."

„Mein Herr Bruder hat mein Tagebuch geklaut!", rief Christina aus und wusste im nächsten Augenblick, dass das gar nicht schlau gewesen war.

„Stimmt das Marcel?" Streng sah der Vater seinen Sohn an.

„Ja", gab der kleinlaut zu, „aber nur", fügte er, einer plötzlichen Eingebung folgend, hinzu, „weil Christina etwas ganz Schlimmes gemacht hat."

„Wage es nicht." Christinas Stimme klang jetzt sehr bedrohlich.

„Du bist jetzt still, Christina. Was hat denn Deine Schwester angeblich Schlimmes gemacht?", fragte der Vater.

Christina war leichenblass geworden und versuchte noch einmal ihren Bruder davon abzuhalten, die schreckliche Wahrheit ans Tageslicht zu bringen: „Das wagst du nicht!"

„Christina!" Jetzt wurde ihr Vater laut. „Ich möchte jetzt von Deinem Bruder hören, um was es hier geht. Also?", forderte er den jungen Mann auf.

„Christina", begann dieser und bedauerte bereits, dass ihm nun so viel Geld entwischen würde, „Christina hat Montigo vergiftet."

„Weißt du was Bernd? Du bist einfach blind! Ich habe ja schon lange gesehen, dass du dich in Birgit verliebt hast. Aber jetzt musst du doch mal der Wahrheit ins Auge sehen, verdammt. Sie hat doch gestanden, dass sie Christinas Pferd vergiftet hat damals. Was brauchst du denn noch für Beweise?!" Ulrike sah Bernd verzweifelt an. „Ich bin doch genauso enttäuscht wie du, Bernd. Ich mochte sie doch auch. Aber ein Geständnis ist ein Geständnis. Es ist so widerwärtig, was sie getan hat. Und sie hat uns alle eingelullt. Eingelullt und belogen..."
Bernd sah Ulrike ernst an: „Ich glaube das erst, wenn sie es mir ins Gesicht sagt. Ich habe sie kennen gelernt, Ulrike. Sie liebt Pferde. Sie hat ein so tolles Gefühl für Pferde. Fever war wie ausgewechselt, als sie mir ein paar Tipps gegeben hat. So jemand vergiftet kein Pferd. Niemals. Ich will und kann das einfach nicht glauben."
„Tut mir leid, Bernd", antwortete Ulrike, „aber dir ist echt nicht zu helfen." Mit diesen Worten machte Ulrike auf dem Absatz kehrt und ließ ihn mitten auf der Stallgasse stehen.

Birgit lag ganz still da, spürte, dass ihre Augenlider immer noch zentnerschwer schienen und wollte nur noch ihre Augen schließen und schlafen. Warum bin ich hier?", fragte sie sich. Warum stand da ein Arzt an ihrem Bett?

„Frau Dressler, wie fühlen Sie sich?" Birgit schaute wieder in das Gesicht des Arztes.

„Was ist passiert?", fragte sie und bewegte den Kopf von links nach rechts, um sich umzusehen.

„Wir haben Ihnen ein starkes Beruhigungsmittel gegeben. Deshalb fühlen Sie sich noch so müde. Das wird sich aber bald legen."

„An was können Sie sich erinnern?"

Birgits Augen kreisten, als sie sich mühsam versuchte zu erinnern, was wohl geschehen sein mochte. Und plötzlich war alles wieder da! Ihr Herz begann zu rasen, ihre Hände zitterten und wurden eiskalt. Sie war nicht fähig zu sprechen.

„Frau Dressler? Was ist los? Erinnern Sie sich wieder? Was ist mit Ihnen? Was ist passiert?"

Statt einer Erklärung hörte man nur ein Wimmern, dass an das Jaulen eines gequälten Hundes erinnerte.

Der Arzt gab Anweisungen und kurze Zeit später nahm die große Müdigkeit wieder Besitz von Birgit und sie schlief ein.

„Sind Sie verwandt mit der Patientin?" Die Oberschwester fragte Bernd ganz beiläufig, während sie irgendwelche Einträge in einen PC machte.

„Nein, das nicht, aber ich bin ein guter Freund." Und nach einer Pause setzte er hinzu: „Vielleicht der Einzige, den sie zur Zeit hat."

„Tut mir leid. Ärztliche Anweisung. Keine Besuche, außer von engsten Angehörigen." Noch immer hatte die Oberschwester Bernd noch nicht einmal eines

Blickes gewürdigt und das machte ihn langsam wütend.

„Dann bin ich halt ihr Bruder“, stellte er provozierend fest und tatsächlich hob die Schwester den Blick und sah ihn mit gerunzelter Stirn an.

„Verlassen Sie jetzt sofort diese Station oder ich hole den Sicherheitsdienst und der wird Sie hinausbefördern! Frau Dressler ist zu krank für ihre dummen Scherze. Bernd stand ratlos da. „Verschwinden Sie jetzt?“, fragte die Schwester und Bernd sah ein, dass er hier im Moment nicht weiterkam.

„Vielen Dank und auf Wiedersehen“, verabschiedete er sich mit ironischem Unterton, drehte sich um, ging den langen Krankenhausflur entlang und verschwand dann durch eine große Glastür.

Im Wohnzimmer der Familie von Elm saßen die Eltern von Elm, Sohn und Tochter Christina zusammen.

Herr von Elm ergriff das Wort: „Dass das, was du damals gemacht hast, absolut inakzeptabel ist, Christina, darüber brauchen wir wohl kein Wort verlieren.“ Christinas Mutter nickte zustimmend.

„Allerdings“, fuhr Herr von Elm fort, „ist das Ganze nun auch schon so lange her und niemand hat einen Vorteil davon, wenn diese Geschichte publik wird.

Mal ganz davon abgesehen, dass es mir geschäftlich schaden und der gute Ruf unserer traditionsreichen Familie Kratzer abbekommen würde, macht es letztendlich auch nichts ungeschehen und das Pferd wird davon auch nicht wieder lebendig. Aber Christina, erwarte bitte nicht, dass ich in Zukunft weiterhin deine Probleme lösen werde. Du bist erwachsen und deshalb wirst du dich um dein Leben zukünftig selber kümmern. Haben wir uns verstanden?"

„Ganz deiner Meinung, Andreas", pflichtete seine Frau ihm bei.

Während man im Blick von Christinas Bruder Enttäuschung über den Fortgang dieser Geschichte ablesen konnte, machte sich auf Christinas Gesicht Erleichterung breit:

„Danke, Papa."

Christinas Vater senkte den Blick auf das vor ihm liegende Tagebuch. Er erhob sich, nahm es an sich und sagte: „Na, dann wollen wir mal das Indicium seiner wahren Bestimmung zuführen. Er machte ein paar Schritte in Richtung des Kamins und warf das das Tagebuch seiner Tochter ins Feuer.

Die ganze Familie beobachtete, wie die Flammen sich langsam durch den Deckel des Tagebuches fraßen und das Papier langsam in sich zusammenfiel. Niemand achtete auf Christinas Bruder, dessen Gesicht sich zusehends verdunkelte. Warum bin ich immer der Gearschte und Christina immer auf der Sonnenseite, verdammte Scheiße! Christinas

Bruder hatte dies nur gedacht, aber für einen Moment befürchtete er, dass man seine Gedanken gehört haben könnte. Deshalb sah er schnell einmal in die Runde, aber niemand beachtete ihn. Sein Vater, seine Mutter und seine Schwester Christina sahen in das Feuer, zufrieden, dass sich das Problem im wahrsten Sinne des Wortes in Rauch auflöste. Also alles wie immer, dachte er und für einen kurzen Moment überzog Trauer sein Gesicht. Aber euch werde ich die Suppe versalzen, dachte er, kniff die Augen zusammen, erhob sich und verabschiedete sich in seine kleine Wohnung im Dachgeschoss des Elternhauses. Niemand bemerkte, dass er nicht mehr da war.

„Birgit... Birgit!" flüsternd stand Bernd neben dem Krankenhausbett, in dem Birgit zu schlafen schien. „Birgit! Hörst du mich?" Er erntete lediglich ein Murmeln.
Trotzdem sprach er weiter: „Birgit, ich glaube einfach nicht, dass du dieses Pferd, also, dass du das gemacht hast. Ich habe mich hier reingeschlichen, weißt du? Oberschwester Hildegard wollte mich nicht reinlassen. Aber davon lässt sich ein Bernd Förster nicht einschüchtern und – siehe – da bin ich. Birgit, ich, ich mag dich sehr gerne, weißt du. Vielleicht zu gerne. Ich, ich kann keine
Pferdemö... – also – oh Mann – bitte lass sie unschuldig sein."

Er setzte sich auf einen Stuhl, der an einem kleinen Tisch im Krankenzimmer stand und betrachtete Birgit schweigend. Plötzlich klopfte es an der Tür und Bernd antwortete leise: „Herein." Die Tür öffnete sich und ein junger Mann betrat den Raum.

„Oh", sagte er, „noch mehr Besuch." Er schloss die Tür hinter sich und stand unschlüssig im Raum.

„Ach nee, das Brüderchen", meinte Bernd etwas überrascht. „was willst du denn hier?"

„Man könnte sagen, ich bin ein Freund von ihr. Und was machst du hier?"

„Auch. Auch ein Freund."

„Aha", kam von Christinas Bruder. Dann fuhr er fort: „Und sie schläft?"

„Tief und fest", antwortete Bernd.

„Und du – du bist ein guter Freund von ihr?", fragte Christinas Bruder Bernd nun.

„Oh ja, das kann man wohl sagen."

„Aha. – Äh – würdest du ihr dann etwas von mir geben?"

„Ja, klar."

Christinas Bruder zog einen Stick aus der Tasche, sah ihn einen Moment lang an und übergab ihn dann an Bernd.

„Und ich kann mich drauf verlassen, dass du ihn ihr gibst?"

„Ganz sicher. Ich verspreche es."

„Gut. Dann verzieh ich mich mal wieder." Christinas Bruder warf noch einen Blick auf Birgit, bevor er sich umdrehte, um in Richtung Tür zu gehen.

„Halt", bremste ihn Bernd. „Soll ich ihr denn sagen, von wem das ist?"

„Sag ihr einfach, dass da etwas aus ihrer Vergangenheit drauf ist. Mit vielen Grüßen von dem Typ vom Hafen. Dann weiß sie schon Bescheid."

Bevor sich Bernd darüber klar wurde, was hier gerade abgelaufen war, war Christinas Bruder auch schon wieder verschwunden.

Halte ich hier etwa den Beweis für Birgits Unschuld in Händen?, fragte sich Bernd und drehte den Stick zwischen seinen Fingern hin und her.

„Setz dich!" Bernd strahlte über das ganze Gesicht. „Ich habe eine Überraschung für dich."

„Na, da bin ich aber mal gespannt." Ulrike setzte sich auf die Couch, neigte sich vor, nahm ein Glas Wein vom Tisch und lehnte sich wieder zurück. Während sie das Glas zum Mund führte, begann Bernd: „Seit unserem Gespräch über Birgit in der Stallgasse, haben wir das Thema Birgit und der Pferdemord ja nicht mehr angesprochen. Mit einem Ruck stellte Ulrike das Weinglas zurück auf den Tisch, so dass der Wein überschwappte und eine rote Pfütze auf dem Tisch hinterließ.

„Oh nee!", rief sie aus. „Nicht das wieder."

„Nun warte doch mal ab!" rief Bernd.

Frustriert ließ sie sich zurückfallen und stöhnte: „Du kannst mich nicht überzeugen, Bernd. Ein Geständnis ist ein Geständnis."

Bernd stellte sein Laptop auf den Couchtisch, klappte ihn auf und sagte nur: „So, meine liebe Ulrike. Das hier wird dich umstimmen."

Ulrike verdrehte nur die Augen und sah zur Decke empor.

„Nun guck doch wenigstens hin!", forderte Bernd sie ungeduldig auf.

„Was denn?" Ulrike sprach betont gelangweilt. Dann aber warf sie doch einen kurzen Blick auf das Display des Laptops und las: „Mein Tagebuch"

„Was ist das?", fragte sie und konnte ihre Neugier nicht mehr verheimlichen. „Wessen Tagebuch ist das?"

„Das, meine liebe Ulrike, ist das Tagebuch der Christina von Elm."

„Nein", sagte Ulrike ungläubig.

„Doch", entgegnete Bernd.

„Was, ich meine, wie..."

„Warte", unterbrach Bernd und scrollte ein paar Seiten weiter.

>>Meine Eltern nerven total. Musste all mein schauspielerisches Talent anwenden, um sie davon zu überzeugen, dass sie mein Pferd nicht untersuchen lassen. Ich war echt gut.

Vielleicht sollte ich wirklich Schauspielerin werden. Liebes Tagebuch – irgendwie ist es ja schon komisch, so ganz ohne Montigo, aber es musste sein. Das verstehst Du doch, oder? Ich kann unmöglich die Nummer zwei hinter Birgit sein. Mein Papa hat viel, viel Geld für Montigo bezahlt und er hat immer wieder gesagt, dass er jetzt auch etwas von mir erwartet. Und ganz bestimmt hat er sich da nicht Platz zwei hinter einem Haflinger vorgestellt. Tut mir leid Montigo. Wirklich.<<

„Das gibt es doch nicht." Ulrike stand der Mund offen. Sie konnte nicht glauben, was sie da las.

„Ist das echt? Kein Fake? Wo hast du das überhaupt her? Warum sollte Birgit denn dann gestanden haben? Was ist hier los?" Sie schaute Bernd erwartungsvoll an. Hoffentlich hatte er für das alles hier eine gute Erklärung.

Da begann Bernd ihr in allen Einzelheiten zu erzählen, was im Krankenhaus geschehen war.

Nach einer kleinen Pause, in der Ulrike diese Neuigkeiten erst einmal verarbeiten musste, meldete sie Zweifel an: „Du weißt doch gar nicht, ob das echt ist. Warum gibt dir ihr Bruder nicht einfach das wirkliche Tagebuch? Warum nur gescannte Seiten? Das kann er doch alles selber geschrieben haben."

„Und warum sollte er so etwas machen? Was hätte er denn davon?"

„Was weiß denn ich. Vielleicht hasst er ja seine Schwester. Soll ja vorkommen. Oder – keine Ahnung. Aber auf jeden Fall ist das kein stichhaltiger Beweis." Und nach einer Pause fügte sie hinzu: „Tut mir wirklich leid. Ich kann mir vorstellen, wie wichtig dir das ist."

Bernd sagte erst einmal gar nichts. Er saß zusammengesunken auf der Couch.

So wenig ihm Ulrikes Einwände auch gefielen, er musste zugeben, dass er ihren Argumenten erst einmal nichts entgegenzusetzen hatte. Aber er würde nicht eher Ruhe geben, bis er Birgits Unschuld bewiesen hätte.

„Guten Morgen, Frau Dressler. Wie geht es Ihnen heute?" Mit leicht zur Seite geneigtem Kopf und einem freundlichen Lächeln betrachtete sie der Arzt. „Besser, glaube ich", antwortete Birgit. „Ich kann mich inzwischen wieder an alles erinnern. Was ist denn da mit mir passiert auf der Stallgasse? Manchmal taucht dieses schreiende Pferd vor meinen Augen auf. Hört das irgendwann mal wieder auf?"
„Ja", beruhigte sie der Arzt. „Das verschwindet irgendwann. Sie hatten einen klassischen Nervenzusammenbruch. Sie bleiben noch eine Weile hier, bekommen noch ein paar Medikamente und dann können Sie wieder nach Hause. Also dann, weiter gute Besserung." Mit diesen Worten verabschiedete sich der Arzt und ging zur nächsten Patientin.
Nach Hause, dachte Birgit. Na toll. Hoffentlich hatten ihre Eltern Burschi schon in einen anderen Stall gebracht.
Oder hatten die Behörden ihn bereits beschlagnahmt? Hieß das so? Beschlagnahmt? Oder vielleicht in Obhut genommen? Würde man ihr dann sagen, wo er ist und würde sie ihn besuchen dürfen? Tränen liefen ihr bei diesen Gedanken die Wangen hinunter. „Burschi", flüsterte sie. „Mein

Burschi." Dann zog sie sich die Decke über den Kopf und weinte...

„Du bist raus. Noch nicht kapiert?"
„Was willst du hier, Bernd, hm?
„Du bist raus. Noch nicht kapiert?"
„Nein. Stell dir vor. Ich hab's noch nicht kapiert."
Bernd sah Christina in die zusammengekniffenen Augen. „Ein Vögelchen hat mir etwas geflüstert, weißt du? Und nun glaube ich, dass ich gar nicht mehr so raus bin, wie du vielleicht jetzt noch denkst."
Bernd lehnte sich lässig an eine Boxentür und beobachtete mit unverhohlener Genugtuung, wie Christinas Unterlippe kurz zitterte und sie unsicher vom linken auf das rechte Bein wechselte. Für einen Moment wusste sie nichts zu sagen. Dann aber straffte sie ihren Körper und nahm wieder ihre so oft zur Schau getragene, arrogante Haltung ein.
„Was interessiert es mich, was dir irgendwelche Vögel flüstern." Sie nahm ihr Halfter, öffnete Black Fevers Boxentür und legte dem Pferd das Halfter an.
Bernd lehnte weiterhin an der Tür gegenüber von Fever und beobachtete schweigend die Szene.
Nun führte Christina Black Fever aus seiner Box und band ihn in der Stallgasse an.
„Meine Eltern nerven total", begann Bernd aus dem

Tagebuch zu zitieren, ohne Christina dabei aus den Augen zu lassen. „Musste all mein schauspielerisches Talent anwenden, um sie davon zu überzeugen..."
Christina war kalkweiß geworden und drehte sich zu Bernd um.
„Was soll das? Was redest du da?"
„Liebes Tagebuch", fuhr Bernd ungerührt fort, „es ist ja schon komisch, so ganz ohne Montigo..."
„Hör sofort auf!", schrie Christina. „Wo hast du das her?!"
„Aus deinem Tagebuch, Christina" antwortete Bernd ganz ruhig, so, als würde ihn die Situation völlig kalt lassen.
„Das kann ja gar nicht sein!", schrie Christina weiter. „Das haben wir ins Feu..."
„Ich weiß, ich weiß." Bernd verschränkte nun die Arme vor der Brust und es schien, als würde er mit jedem Grad, den Christina sich mehr aufregte, ruhiger werden.
„Ihr habt das Tagebuch ins Feuer geworfen. Ich weiß. Das hat mir mein Vögelchen alles geflüstert. Aber es gab eine Kopie, weißt du?"
Christina starrte ihn mit weit aufgerissenen Augen an. Nur sehr langsam wurde ihr klar, wer das Vögelchen war, von dem Bernd redete und wenn sie ihrem Bruder auch viel zugetraut hätte, das, nein, das hätte sie ihm niemals zugetraut. Einen solchen Verrat nicht.

„Ich war bereits bei deinem Vater und wir haben von Mann zu Mann das Problem besprochen und aus der Welt geschafft."

„Aus der Welt geschafft?" Christinas Stimme klang jetzt sehr schrill. So lange Bernd sie kannte, so hatte er sie noch nie erlebt. „Wie? Aus der Welt geschafft?"

„Nun, wir waren uns einig", erklärte Bernd und genoss jedes einzelne Wort, „dass niemandem gedient wäre, wenn es zu einer Anzeige käme. Das ist doch bestimmt ganz in Deinem Sinne, nicht wahr?"

Christina stand da wie erstarrt und wollte einfach nicht glauben, was sie da hörte.

„Deshalb werden weder Birgit noch ich Anzeige erstatten."

Bernd bemerkte die kurze, versteckte Erleichterung auf Christinas Gesicht.

„Oh, kein Grund zur Erleichterung, Christina. Alles hat seinen Preis. Du wirst auf Facebook bekannt geben, dass Birgit unschuldig ist. Du wirst weiter posten, dass ein Unbekannter sich in Birgits Account gehackt hat und so der Eindruck erweckt wurde, sie hätte dein Pferd umgebracht, was natürlich absoluter Unsinn ist. Weiter wirst du posten, dass du Mitgefühl mit ihr hast und es dir unendlich leidtut, dass du sie verdächtigt hast. Den genauen Text bekommst du noch. Auch die Sache mit den Kapseln wirst du aufklären. Hier im Stall wirst du ein Schreiben mit gleichem Inhalt an der Pinnwand anbringen. Soweit alles verstanden?", beendete er seinen Vortrag mit ironischem Unterton.

„Und wenn nicht?" Ein letzter Rest von Widerwillen versuchte bei Christina doch noch die Oberhand zu gewinnen, obwohl sie zum ersten Mal in ihrem Leben spürte, dass sie verloren hatte.

„Ach", erwiderte Bernd, „so dumm bist nicht einmal du, meine liebe Christina. Bei der Latte von Straftaten, die du dir geleistet hast, würdest du höchstwahrscheinlich eine Freiheitsstrafe bekommen. Du im Gefängnis? Tut mir leid, aber das kann ich mir nun überhaupt nicht vorstellen. Du vielleicht?"

Christina schwieg. Allein der Gedanke, vor Gericht stehen zu müssen, war ihr schon zuwider, sodass die Vorstellung, sie müsste ins Gefängnis, sie geradezu in Panik versetzte. Ihre Atmung beschleunigte sich und sie musste all ihre Willenskraft zusammennehmen, um nicht schreiend aus dem Stall zu laufen.

„Also gut." Sie gab ihrer Stimme einen Klang von Großmütigkeit. „Ich werde tun, was ihr euch da ausgedacht habt. Offenbar brauchst du diese Art der Genugtuung. War's das?"

„Noch nicht ganz." Jetzt kam der Moment, den Bernd sich bis zum Schluss aufbewahrt hatte.

„Eine Pferdemörderin kann unmöglich ein Pferd besitzen. Das siehst du doch sicher ein, nicht wahr?"

Christina drehte sich mit einem Ruck um und in ihrem Gesicht konnte Bernd so viel Hass lesen, dass ihm ein kalter Schauer über den Rücken lief...

„Also – ich schlage vor, dass du jetzt Auf nimmer Wiedersehen zu Fever sagst."

Immer noch starrte Christina Bernd an, das Halfter des Pferdes fest mit ihren Fingern umschlossen. Die Knöchel leuchteten weiß. Sie konnte seinen Sieg immer noch nicht akzeptieren.

„Christina. Lass Fever los. Es ist vorbei. Hast du das verstanden oder soll ich deinen Vater anrufen?" Provozierend langsam zog Bernd sein Handy aus der Tasche.

„Nun? Gehst du freiwillig?"

„Du glaubst, du hast gewonnen, Bernd, aber glaube mir, so wahr ich Christina von Elm heiße: Das wirst du mir büßen und dann wirst du den Tag verfluchen, an dem du mir Black Fever weggenommen hast. Das schwöre ich dir."

Mit einem Ruck ließ sie das Halfter los, drehte sich um und verließ mit eiligen Schritten den Stall. Lange noch hallten ihre Schritte in Bernds Ohren nach. Ebenso wie ihre letzten Worte...

Burschi und Black Fever liefen entspannt am langen Zügel nebeneinander her. Gerade waren Birgit und Bernd einen langen Sandweg entlang galoppiert und jetzt durften sich die Pferde ein bisschen erholen. Immer wieder sahen sich Birgit und Bernd lächelnd an.

„Ich glaube", sagte Bernd, „ so glücklich war ich noch nie im Leben. Du bist das Beste, was mir je passiert ist.
Ich liebe dich!"
Sein Ruf hallte durch den Wald...

„Remùr? Remùr! Was ist denn mit dir?" Der Isländer stand in seiner Box und hielt das rechte Vorderbein hoch. Marlene Becker konnte vor Aufregung kaum die Boxentür öffnen. Immer wieder glitt ihr der Riegel aus der Hand. Erst als sie laut fluchte, gelang es ihr und sie betrat die Box ihres Pferdes.
„Um Gottes Willen, Remùr, was ist denn nur los? Es war doch alles schon so gut."
Vorsichtig tastete sie das Bein ihres Pferdes ab und stellte schnell fest, dass es im Bereich der Fesselträger warm und angeschwollen war.
„Das kann doch nicht wahr sein", murmelte sie und vergrub ihr Gesicht in der dicken Mähne ihres Pferdes. Nach einiger Zeit zückte sie ihr Handy und rief den Tierarzt an.
„Hallo Dr. Jürgens, hier ist Marlene Becker. Ich komme gerade zu Remùr und da steht er in seiner Box und entlastet total das rechte Vorderbein. Es ist warm und auch dick. OK. 16.30 Uhr. Danke. Bis dann." Marlene Becker tippte auf das rote Telefonzeichen, um die Verbindung zu beenden und begab sich dann auf die Suche nach einem passenden Eimer, um das Bein zu kühlen. Mehr konnte sie im Moment nicht tun.

„Hallo Marlene, na, alles klar mit deinem Isi?“ Britta Krohnwinkel war ihr auf der Stallgasse begegnet.

„Nein, leider nicht“, antwortete sie, „ich bin gerade auch erst gekommen und da steht Remùr in seiner Box und hält ein Vorderbein hoch. Seine Sehnenverletzung war doch schon so gut geheilt. Nächste Woche sollte es losgehen mit Spazierengehen. Und jetzt das! Ich kann mir das überhaupt nicht erklären.“

„Oh nein! Das tut mir wirklich leid.“ Britta Krohnwinkel sah sie voller Mitgefühl an. „Ich kann das so gut nachfühlen. Crossi ist ja auch schon so lange krank und nun endlich scheint es bergauf zu gehen. Wenn ich mir vorstelle, ich käme in den Stall und es würde ihm wieder schlechter gehen... Furchtbar. Ich drücke Dir und Remùr ganz fest die Daumen.“

Marlene Becker bedankte sich und ging dann weiter auf die Suche nach einem passenden Eimer. Sie hätte Remùr lieber das Bein abgespritzt, aber dafür hätte sie ihn aus seiner Box holen müssen und der Tierarzt hatte ihr geraten, ihn nicht zu bewegen, bis er sich das Bein angesehen hatte.

„Ach Marlene!“ Britta Krohnwinkel rief ihr nach. „Warte doch noch mal kurz!“ Marlene blieb stehen und wartete auf ihre Miteinstellerin.

„Ich will ja keine Gerüchte in die Welt setzen“, begann sie, als sie bei Marlene angelangt war, „aber gestern sind diese durchgeknallten Mädels hier wie irre durch die Stallgassen gelaufen. Ich habe sie sofort angesprochen, dass sie das sein lassen sollen und dass man im Stall nicht wie verrückt herumrennt, aber du weißt ja: Sie leben in ihrer eigenen Welt. Schlimm war, dass sie mit einer Gerte an den Boxentüren langgeknattert sind.

Die haben wirklich einen Dachschaden. Ich dachte nur: Vielleicht hat sich Remùr ja erschrocken oder so… Also, gesehen habe ich das nicht, aber…, ach Quatsch, entschuldige. Bestimmt ist meine Fantasie gerade mit mir durchgegangen." Britta Krohnwinkel machte auf dem Absatz kehrt und ging. Sie ließ eine etwas verwirrte Marlene Becker zurück. Was, wenn sie recht hatte? Wenn Remùr ausgerutscht war, weil er sich erschrocken hatte? Das würde vollkommen ausreichen, um die Verletzung der Sehne neu aufflammen zu lassen. Oh Mädels, dachte sie, wenn ich herausbekomme, dass ihr Schuld habt daran, dann zieht euch warm an!

Der Eimer Wasser war schwer und Marlene war heilfroh, als sie endlich bei Remùrs Box angekommen war. Sie öffnete die Tür, trug den Eimer in die Box und zog die große Tür hinter sich zu. Nun musste ein Platz gefunden werden, an dem der Eimer im Stroh nicht sofort umkippen konnte. Sie überlegte, ob sie lieber in dem kleinen, angeschlossenen Paddock kühlen sollte, aber sie traute sich nicht, Remùr zu bewegen. Auch nicht ein oder zwei Meter. Remùr hatte den Huf jetzt leicht aufgesetzt, was Marlene sofort Hoffnung gab, dass es vielleicht doch nicht so schlimm war, wie es vorher ausgesehen hatte. Sie platzierte den Eimer vor dem Isländer und nahm dann sein rechtes Vorderbein. Vorsichtig tauchte sie den Huf und nach und nach den Fesselkopf und einen Teil des Röhrbeins in den Eimer. Remùr zuckte, als er das kalte Wasser an seinem Bein spürte.

„Drin lassen, Remùr", befahl Marlene ihm sanft. „Schön drin lassen das Bein." Noch einmal zuckte das Bein hoch, doch dann ließ er das Kühlen zu und stand ruhig mit dem rechten Bein im Eimer.

„Ach, du bist einfach der Beste", lobte Marlene ihn. „Brav. So ist es so brav." So standen Marlene und ihr Pferd in der Box, Remùr ließ sich Stirn und Mähnenkamm kraulen und Marlene sah nach draußen. So tolles Wetter, dachte sie. Wie schön wäre es jetzt, auszureiten, die Sonne zu genießen, im Wald einen ruhigen, langen Galopp zu gehen... Sie schloss die Augen und träumte vor sich hin.

„Buuuh!" Ein Knall ließ Frau und Pferd aufschrecken. „Remùr sprang aus dem Eimer, der Eimer kippte halb um und Marlene stand mit schreckgeweiteten Augen da. Sie schaute in sechs Augen, die durch die Gitterstäbe starrten. Dann verschwanden die Augen und Marlene hörte hinter der Boxentür ein Lachen, an dem die Verursacher des Knalls fast zu ersticken schienen. Es dauerte einen Moment, bis Marlene reagieren konnte. Sie sah ihr Pferd, das sich mit einem Satz in den angrenzenden Paddock gerettet hatte und eine unbändige Wut schwoll in ihr an und nahm von ihr Besitz. Sie schob die Boxentür auf und sah die drei Mädchen, die sich vor Lachen den Bauch hielten und nach Luft schnappten. Marlene starrte die Drei an und sagte nichts. Ihre Mimik war zu einer wütenden Fratze eingefroren und hätte jedem normalen Menschen Angst eingejagt. Nicht aber den Mädchen, die sich da vor ihrer Box köstlich zu amüsieren schienen. Eines der Mädchen schaute hoch, sah in Marlenes Gesicht, zeigte mit ausgestrecktem Arm und Finger auf sie, um die anderen darauf aufmerksam zu machen und fiel dann in einen erneuten, noch heftigeren Lachanfall, als zuvor. Die anderen Beiden fielen mit ein. Eines der Mädchen hielt ihr Smartphone in der Hand und schien die Szenerie zu filmen.

Die Hand mitsamt dem Handy wackelte, weil ihr ganzer Körper vom Lachen durchgeschüttelt wurde. Jetzt schnappte sie nach Luft.

„Sophie!", japste sie, „Das wird so cool!"

Marlenes Kopf war hochrot. Sie spürte, wie das Blut in ihren Adern pochte und hatte das Gefühl, dass irgendetwas in ihr gleich platzen würde. Als sie es nicht mehr aushielt, schrie sie in das gemeine Lachen hinein: „Ruuuheee! Hört sofort auf zu lachen!"

Im nächsten Moment war es totenstill. Die drei Mädchen sahen zuerst in Marlenes Gesicht, dann sahen sie sich gegenseitig an, ihre Lippen zuckten, unterdrücktes Kichern drang aus ihren Kehlen, und dann erscholl ein lautes Prusten und Kreischen, als hätte jemand noch einmal ein Ventil geöffnet.

„Aufhören! Sofort aufhören!" Britta Krohnwinkel hatte in der Sattelkammer den Lärm gehört und war zur Box ihres Pferdes geeilt. Ihre Rufe gingen im Gekreische der Mädchen unter. Marlene und Britta sahen sich an. Keine wusste, was sie jetzt tun sollte. Marlenes Blick fiel auf den umgestürzten Eimer in Remùrs Box. Sie machte zwei Schritte zu ihm hin und sah, dass der Eimer nicht ganz ausgelaufen war. Ohne weiter nachzudenken nahm sie den Eimer, holte aus und schüttete das Wasser mit Schwung gegen die Mädchengruppe. Nach einem mehrstimmigen hellen Schrei war es endlich still. Die Mädchen sahen an sich herunter. Besonders das Töchterchen eines bekannten Anwalts der Stadt hatte ordentlich etwas abbekommen. Das Wasser triefte von ihren Haaren herab, über die Bluse hinunter zu der schicken karierten Reithose, die nun überall dunkle Flecken aufwies. Die anderen Mädchen hatten überwiegend nasse Reithosen und riefen immer wieder „Ih!" und „Bäh!".

Lena, das Mädchen, das gefilmt hatte, starrte auf ihr Smartphone. Es hatte scheinbar nur ein paar Spritzer Wasser abbekommen.

Dennoch starrte sie das Mobiltelefon so verzweifelt an, als sei es komplett zerstört.

„Sophie, oh mein Gott! Mein Handy! Sieh dir das an! Sieh dir das nur an!" Lena streckte den Arm aus und zeigte ihrer Freundin ihr Smartphone.

„Seid ihr eigentlich völlig verrückt geworden?!" Marlene nutzte den Moment der Überraschung, in der sie endlich zu den Mädchen durchdringen konnte, wie sie hoffte. „Mein Pferd ist krank! Es hat eine Sehnenverletzung! Und ihr tobt hier herum und erschreckt ihn und mich mit Absicht!? Habt ihr sie noch alle?!"

„Das fragen sie uns?!" Das Töchterchen ergriff das Wort. „Das wird ein Nachspiel haben. Das schwöre ich Ihnen!"

„Allerdings wird das ein Nachspiel haben!", erwiderte Marlene. „Ihr werdet nämlich die Tierarztkosten übernehmen. Und wehe euch, Remùr wird nicht wieder ganz gesund. Dann werdet ihr diesen Tag hier bitter bereuen."

„Und ich", begann nun Britta, die Besitzerin von Red Cross, genannt Crossi, „ich werde das alles bezeugen. Und wenn meinem Pferd durch euer Verhalten hier irgendetwas passiert sein sollte, dann macht euch auf was gefasst!"

„Sie machen sich ja lächerlich." Töchterchen ergriff wieder das Wort. „Sie können froh sein, wenn man sie nicht einweist." Dabei sah sie Marlene Becker an. „Wer macht denn so etwas. Mädchen mit Wasser übergießen, nur weil sie Spaß haben und lachen. Wir können nichts dafür, wenn Sie ein so trauriges Leben führen und neidisch auf uns sind. Mein Vater wird mit Ihnen kurzen Prozess machen, das schwöre ich ihnen. Danach wird Ihnen das Lachen dann für immer im Hals stecken bleiben, sie durchgedrehte Schnepfe!"

„Ich rate Euch, verschwindet. Und zwar ganz, ganz schnell, bevor ich mich vergesse und eine Mistforke hole. Die stecke ich euch dann nämlich in eure dummen, schwabbeligen Hintern. Habt ihr mich verstanden?! Verschwindet!!!"

Britta Krohnwinkel stellte sich an die Seite von Marlene, legte ihre Hand auf ihren Arm, um sie zu beruhigen und sagte dann zu den Mädchen: „Ihr geht jetzt besser. Bevor auch ich mich vergesse."

„Los, kommt", forderte Töchterchen ihre Freundinnen auf, um dann an die beiden Frauen gewandt fortzufahren: „Ich freue mich schon auf die Gerichtsverhandlung, in der mein Vater Sie in Stücke reißen wird."

Dann machten die drei Mädchen kehrt und gingen die Stallgasse hinunter. Bevor sie um die Ecke bogen, schrien sie noch einmal: „Ey-oh! Ey-oh!" Wie ein Schlachtruf klang es durch den ganzen Stall...

Im nächsten Moment bog Heinz Herrmann um die Ecke. „Was war denn hier los?", fragte er und bereute im selben Moment sowohl seine Frage als auch sein bloßes Hiersein.

„Heinz, du musst etwas unternehmen. So geht das nicht weiter! Diese Mädchen, die du da in den Stall geholt hast, die gehen gar nicht. Du musst sie rausschmeißen."

„Ja-nee. Was ist denn wieder los?"

„Ja-nee, ja-nee. Heinz, bitte! Tu endlich was, bevor die mein Pferd umbringen. Die haben uns eben absichtlich erschreckt, als ich Remùrs Bein gekühlt hab. Remùr hat einen Satz nach draußen gemacht, was er nicht darf, weil er wieder lahmt und der Eimer ist umgekippt und ich hab fast einen Herzschlag bekommen vor Schreck. Ist das hier ein Stall oder ein Irrenhaus?!"

„Heinz, ich muss Marlene wirklich Recht geben. So geht das nicht weiter. Meinen Crossi haben die Mädels auch schon in Angst und Schrecken versetzt. Du weißt es ja, ich hab's dir ja erzählt."

„Ja-nee, da hab ich jetzt gar keine Zeit für. Heute hat Pjotr gefüttert. Sprecht mal mit dem. Ob der etwas mitbekommen hat."

„Was?! Was hat denn Pjotr damit zu tun, Heinz?"

„Heinz, wir brauchen keine Zeugen. Wir haben es selber erlebt, ok?" Britta Krohnwinkel war jetzt verärgert und verwundert zugleich. Man konnte einfach nicht mit Heinz reden. Immer wieder wand er sich wie eine Schlange aus der Affäre, um ja für niemanden Partei ergreifen zu müssen.

Jetzt war er auch schon wieder auf dem Rückzug.

„Ich muss heute noch Heu wenden. Sprecht mich heute Abend noch mal an." Mit diesen Worten ging er schnell die Stallgasse hinunter.

„Heinz!", rief Marlene. „Heinz! Bleib doch mal hier!" Aber da verließ er bereits den Stall.

„Mist", meinte Marlene. „Ich bin auf den Stall hier echt angewiesen, solange Remùr noch nicht wieder in den Offenstall darf. Hier hat er wenigstens den kleinen Paddock und kann rausgucken. Mist!" wiederholte sie.

„Mir geht es ähnlich, aber ich bin trotzdem am Überlegen, ob ich nicht den Stall wechsle. Crossi darf halt nicht auf Weide und hat chronischen Husten. Finde erst mal einen Stall, wo es auch Auslauf ohne Gras gibt und wo das Heu nassgemacht wird. Ich habe so lange gesucht…"

„Das glaube ich dir gerne. Also, wenn Remùr sich bei der Aktion eben verletzt haben sollte, dann bezahlen die die Rechnung, das sage ich dir."

„Wie gesagt. Wenn du eine Zeugin brauchst, sag Bescheid."

„Vielen Dank. Vielleicht brauche ich dich wirklich als Zeugin."

Der Isländer stand ruhig auf seinem kleinen Paddock. Sein rechtes Bein belastete er nur ganz, ganz vorsichtig. Scheinbar hatte sich die Situation nicht verschlimmert. Marlene atmete ein bisschen auf.

Birgit und Bernd befanden sich gerade auf einem langen Ausritt. „Sag mal", begann Birgit, „bist du eigentlich zufrieden mit der Haltung bei uns im Stall?"

„Oh", antwortete Bernd. „Wenn du schon so fragst, bist du es auf jeden Fall nicht." Er grinste.

„Nicht wirklich, nein. Schau mal. Wir haben uns jetzt so viel mit pferdegerechter Haltung beschäftigt und ich habe jedes Mal ein schlechtes Gewissen, wenn die Pferde mal wieder einen ganzen Tag drinnen bleiben müssen. Sei es, weil Sturm ist oder Regen oder Glatteis… Na ja, du weißt, was ich meine.

Wollen wir nicht mal ernsthaft überlegen, einen anderen Stall zu suchen oder..." Birgit stockte und sah Bernd aus den Augenwinkeln an.

„Oder?", fragte der und zog die Augenbrauen hoch.

„Na ja, man könnte ja mal darüber nachdenken", Birgit machte eine Pause und beobachtete ihren Liebsten aus den Augenwinkeln, „etwas Eigenes zu machen."

„Sag mal – und das hat nicht zufällig etwas damit zu tun, dass dieser Neue bei uns die gleiche Idee hat?"

„Du meinst Mario? Nein, aber es wäre eine gute Idee, ihn zu fragen. Dann wären wir schon drei."

„Ja. Super", murmelte Bernd mit ironischem Unterton.

„Magst du Mario nicht?"

„Wer mag Mario nicht? Er ist witzig, sieht gut aus und ist immer engagiert in Sachen Pferde. Warum sollte ich ihn also nicht mögen?!"

„Bernd! Du bist ja eifersüchtig!"

„So ein Quatsch. Ich bin überhaupt nicht eifersüchtig. Da bin ich gar nicht der Typ für." Bernd starrte geradeaus den Reitweg entlang. Er fühlte sich ertappt, denn der Neue war der Schwarm der Mädels im Stall und das wurmte ihn.

„Schatz." Birgit sah Bernd an, aber der guckte stur weiter geradeaus. „Schaatz. Bitte. Mach jetzt kein Drama daraus. Ja, dieser Mario sieht gut aus und ist witzig. Und dass er sich für die Pferde engagiert, ist doch toll! Aber deshalb bin ich doch nicht gleich verliebt in ihn. Ich liebe doch dich." Sie verlängerte Burschis Schritte und stellte sich quer vor Bernd und Black Fever. Für einen Moment war sie wieder im Bann der Schönheit des Pferdes, dessen schwarzes Fell in der Sonne glänzte wie schwarz lackiert und in dem sich nicht das kleinste Abzeichen fand. Sorry, Burschi. Du bist trotzdem das tollste Pferd der Welt, dachte sie und kraulte sanft ihren Haflinger an der Schulter.

Dann lächelte sie Bernd an und legte den Kopf schief. „Hallo, Herr Förster. Hören Sie mich? Ich liebe Sie nämlich und würde mich freuen, wenn das auf Gegenseitigkeit beruhen würde." Sie sah, dass Bernds Lippen zuckten, was ein sicheres Zeichen dafür war, dass er gleich lachen musste und grinste ihn an. Dann ritt sie direkt neben ihn und forderte einen Kuss.

„Musst du schon herkommen", spielte Bernd noch bisschen den Beleidigten. Da zog Birgit die Beine hoch, stellte sich in den Sattel von Burschi und beugte sich vorsichtig zu Bernd hinüber.

„Wenn jetzt die verrückte Bande hier lang galoppiert, dann bekommen wir hoffentlich ein Doppelzimmer im Krankenhaus."

„Mit dir immer", erwiderte Birgit und gab ihm einen langen Kuss.

„Papa?" Sophie hielt den Kopf ein wenig gesenkt und lächelte ihren Vater mit schrägem Kopf von unten an. Sie wusste, wie sie ihren Vater am besten einwickeln konnte.

Ihr Vater, Konrad Hansen stand in Anzug und Krawatte am Frühstückstisch, schüttete hastig einen Schluck Kaffee in sich hinein und war in Gedanken eigentlich schon bei seinem nächsten Prozess. Konrad Hansen war Wirtschaftsanwalt. Er würde heute schon früh einen Termin bei Gericht haben und nun hatte sich auch noch einer seiner besten Klienten gemeldet und wollte ihn vorher unbedingt noch sprechen.

Dementsprechend war er recht abwesend und bekam gar nicht mit, dass seine große Tochter ihn ansprach.

„Papa?" Johanna, Sophies kleine Schwester äffte ihre große Schwester nach.

„Lass das, blöde Kuh!", fauchte Sophie sie an.

„Sophie, bitte", tadelte ihre Mutter sie.

„Sie soll mich nicht immer nachäffen, Mama!", schimpfte Sophie.

„Sie soll mich nicht immer nachäffen", wiederholte die kleine Schwester spöttisch.

„Hör auf damit, oder ich knall dir eine!", rief Sophie nun wütend. „Sag ihr endlich, dass sie das nachlassen soll, Mama!"

„Ach Kinder. Hört doch mit der Streiterei auf. Ich bekomme schon wieder meine Migräne. Konrad, sag doch auch mal etwas dazu." Charlotte Hansen sah ihren Mann bittend an.

„Was?", fragte der zerstreut.

„Du möchtest bitte auch mal etwas zur Erziehung unserer Töchter beitragen, Konrad. Ich habe schon wieder Kopfschmerzen von dieser ewigen Streiterei." Charlotte massierte sich mit jeweils zwei Fingern links und rechts ihre Schläfen und kniff die Augen schmerzverzerrt zusammen.

„Tut mir leid, Charlotte. Heute Abend. Jetzt muss ich echt los. Ich habe um halb neun einen Termin bei Gericht und vorher will mich dieser Kaiser von der Ruhr-Schleifen AG unbedingt noch sprechen."

„Kaiser? Ach, dann grüß mal schön von mir. Das ist ein sehr netter, gebildeter Mann." Charlotte sah müde und auch etwas frustriert aus, als sie dies sagte.

Ihr Mann war schon fast aus der Tür, Sophie verdrehte genervt die Augen und Johanna grinste triumphierend.

„Aber Papa", versuchte Sophie es noch einmal. „Ich brauche deine Hilfe. Im Stall ist eine Frau, und die hat uns gestern..."

„Bitte, Sophie, heute Abend, ja? Ich habe jetzt wirklich keine Zeit."

Nahezu im selben Moment war Konrad Hansen auch schon in der Diele verschwunden und kurze Zeit später hörte man den Wagen vom Grundstück fahren.

Sophie und Johanna schrien sich an, während sie die Treppe hoch in den ersten Stock rannten, in dem ihre Zimmer lagen.

Bald musste auch das Kindermädchen eintreffen, um sich um Johanna zu kümmern.

Charlotte hörte noch einmal die Tür klappen. Sophie hatte sich auf den Weg zur Schule gemacht. Ein ganz normaler Tag in der Familie Hansen hatte begonnen...

In der Stallgasse ging es hoch her. Björn Hausner, der Reitlehrer von Birgit, Bernd und noch einigen anderen vom Herrmannshof und der Pferdewirtschaftsmeister Klaus Breitenau lagen in einem lautstarken Streit.
„Sie haben ja nicht geringste Ahnung vom Reiten!“, schimpfte gerade der Pferdewirtschaftsmeister.
„Tut mir leid, das sagen zu müssen, aber Sie haben irgendwie den Anschluss verpasst, sich nicht fortgebildet. Anders kann ich mir ihren Unterricht nicht erklären. Blut im Maul, da hört es bei mir endgültig auf.“
Björn Hausner sah seinen Kontrahenten böse an:
„Ich hätte nicht schlecht Lust, Sie wegen Tierquälerei anzuzeigen.“
„Machen Sie das doch! Machen Sie sich doch gerne lächerlich! So ein bisschen Blut, da kräht doch kein Hahn nach. Da hatte sich das Pferd ein bisschen auf die Zunge gebissen. Mehr war da nicht. Das werden Sie auch noch kennenlernen, wenn Sie erst einmal ein bisschen Erfahrung gesammelt haben.“
Selbstzufrieden und arrogant lächelnd sah er den jungen Reitlehrer an.

„Klar", erwiderte der, „auf die Zunge gebissen. Nachdem das arme Tier mit Kandare und Schlaufzügeln eine geschlagene halbe Stunde pausenlos gerollt wurde. Diese Ausrede kenne ich zur Genüge."

„Hallo Herr Breitenau. Haben Sie Probleme mit unserem Gutmensch-Reitlehrer?" Töchterchen und ihre beiden Freundinnen Lena und Jasmin stellten sich demonstrativ neben Klaus Breitenau. Neben dem großen, kräftigen Mann, der mindestens einen Meter neunzig groß war, sahen die drei Mädchen regelrecht klein und zerbrechlich aus. Der Anblick jedoch täuschte, wie schon so manche Miteinstellerin hatte erleben müssen.

Der Pferdewirtschaftsmeister lachte laut und dröhnend. „Da hören Sie es, Herr..., wie war noch der Name? Häuschen?" Wieder ließ er sein lautes, in den Ohren dröhnendes Lachen ertönen. Die drei Mädchen lachten lauthals mit und zeigten mit dem Finger auf Björn Hausner. „Häuschen!", rief Töchterchen. „Das ist gut, Herr Breitenau! Das muss ich mir merken!" Ihr Lachen ging in ein fast hysterisches Kreischen über.

Der junge Reitlehrer stand ruhig da und wartete den Lachanfall ab. Mit größter Selbstdisziplin gelang es ihm, weder ausfallend zu werden, noch das verbale Schlachtfeld einfach zu verlassen. Er stand nur da, kniff ein wenig die Augen zusammen und betrachtete den in seinen Augen peinlichen Auftritt der vier Akteure.

„Und?", fragte er, als das Kreischen und Lachen langsam verebbte. Sind Sie fertig?" Dabei sah er dem Pferdewirtschaftsmeister direkt in die Augen und strafte die Mädchen mit Missachtung.

„Was meint Ihr?" Breitenau sah zu seinen drei Reitschülerinnen herab. „Sind wir fertig?"

Diese sahen sich gegenseitig an, begannen dann wie verrückt die Köpfe zu schütteln, immer wilder und immer wilder, so wie Töchterchen den Takt dafür vorgab und dazu riefen sie ununterbrochen: „Nein! Das Häuschen ist nicht fertig! Nein, das Häuschen ist nicht fertig!" Irgendwann ging die Tirade in ein Schreien über, von dem man kein Wort mehr verstand, um dann wiederum in Kreischen und Lachen zu enden.

Breitenau grinste breit. Auch wenn ihm das Verhalten der Mädchen ein bisschen auf die Nerven ging, so genoss er ihre jugendliche Unterstützung doch sehr.

„So, und nun muss ich weiter. Ich habe noch Unterricht zu geben. Man erwartet mich." Mit diesen Worten drehte er sich langsam um. Dann wandte er sich noch einmal an die Mädchen: „Und wir? Wir sehen uns morgen im Unterricht? Vergesst nicht. Morgen auf Kandare." Bei diesen Worten zog er den rechten Mundwinkel zu einem schiefen Grinsen hoch und sah noch einmal Björn Hausner an. „Dann können Sie ja wieder den Tierschutz alarmieren, Häuschen." Diese Worte führten wieder zu einem Lachanfall bei den Mädchen, die sich eigentlich schon auf den Weg zu ihren Pferden gemacht

hatten. Als sie um die Ecke bogen, ließen sie zum
Abschied noch einmal ihr inzwischen im Stall be-
kanntes „Ey-oh, ey-oh“ erschallen.
Björn Hausner stand da und schüttelte den Kopf.
Er konnte noch nicht fassen, was er da gerade erlebt hatte. Tierschutzwidrige Ausbildungsmethoden gehörten leider zu den traurigen Beobachtungen, die er in seinem Beruf immer öfter machte,
aber die Mädchen, sie hatten sich aufgeführt, als
wären sie auf Droge. Was war denn nur mit denen
los?
„Bjö-örn!“
Der junge Reitlehrer war so in Gedanken vertieft gewesen, dass er gar nicht mitbekommen hatte, dass
sich sein neuester Reitschüler, Mario van Deeren,
genähert und ihn bereits mehrmals angesprochen
hatte.
„Bist du Opfer unserer Terror-Clique geworden?“
„Was ist denn mit denen los? Sind die auf Droge?“
„Keine Ahnung“, erwiderte Mario. „Ich bin noch
nicht lange genug hier. Ich weiß nur, dass hier ein
paar Mädels, na, sagen wir mal, ein bisschen rum-
randalieren. Und ihren Schlachtruf, den kenne ich
auch. Ich dachte, ich hätte ihn eben noch gehört.“
„Sowas wie ejoh, ejoh?“, fragte Björn Hausner.
„Ja, so ähnlich.“ Dabei zuckte Mario van Deeren
hilflos mit den Schultern.
„Hallo Mario! Hallo Björn! Wie geht’s?“

Birgit erschien auf der Stallgasse und war erfreut, die beiden Männer zu sehen. „alles ok?", fragte sie.

„Na ja...", meinte Björn Hausner. Birgit erwiderte mit einem fragenden Blick.

„Ich glaube, er hatte gerade eine Begegnung der dritten Art", erklärte Mario van Deeren lachend.

„Doch nicht etwa wieder diese Terror-Mädels?" fragte Birgit.

„Glaube schon", erwiderte Mario.

„Was ist denn passiert, Björn? Es ist doch hoffentlich kein Pferd zu Schaden gekommen?" Jetzt klang sie ein bisschen aufgeregt. Sie hatte zwischenzeitlich von dem Zwischenfall in der Box des Isländers Remùr erfahren und mitbekommen, was Britta Krohnwinkel und ihrem Pferd Crossi passiert war.

„Pferd? Zu Schaden gekommen?", fragte Björn Hausner nun. Er verstand die Frage nicht.

„Verstehe. Es ist noch nicht zu dir vorgedrungen. Hier terrorisieren ein paar Mädels ihre Miteinsteller und die Pferde." Birgit begann zu erzählen, was in der Zwischenzeit alles passiert war und sowohl Björn Hausner als auch Mario van Deeren schauten sie ungläubig an.

„Und wieso sind die noch nicht rausgeschmissen worden?", fragte Mario van Deeren.

„Das kann ich dir sagen, Mario", erklärte Birgit. „Ja – Nee will es sich nicht mit gut zahlenden Kunden verderben. Geht das Töchterlein, gehen gleich ein paar andere mit. Ihr versteht?"

Obwohl Mario erst kurz auf dem Herrmannshof war, verstand er sofort, wer mit Ja – Nee gemeint war.

Heinz Herrmann, der Stallbesitzer, hielt sich stets aus allen Streitigkeiten heraus und seine Lieblingsworte waren Ja – Nee. Diese halfen ihm, sich so gut wie nie festlegen zu müssen und wenn er konnte, dann wand er sich aus einer für ihn unangenehmen Situation wie ein Aal heraus und verschwand schneller aus dem Stall, als so mancher Einsteller gucken konnte.

„Ja, aber", begann Björn Hausner, „das kann doch nicht so weitergehen. Ich meine, die gefährden doch die Gesundheit der Pferde."

„Ja, das ist so, aber im Moment sind wir alle ein bisschen ratlos. Wir haben schon so oft versucht, mit Heinz zu sprechen, aber wie gesagt, außer Ja – Nee bekommt man von dem keine Antwort. Und der Vater von der Anführerin ist irgend so ein bekannter Anwalt. Da haben viele wohl auch ein bisschen Angst, sich mit dem anzulegen."

„Ach, na danke", begann Bernd. „Hat Birgit schon erzählt, dass Fever gestern auch Opfer dieser Idiotinnen geworden ist? Er kann von Glück reden, dass er noch heile Beine hat."

„Was ist passiert?", fragten der Reitlehrer und Mario van Deeren wie aus einem Munde.

„Er ist auf der Stallgasse ausgerutscht, als die drei

Verrückten mit Halloween-Masken aus einer leeren Box rausgesprungen sind. Im Frühling! Halloween-Masken! Na ja, Ihr kennt ja Fever. Ist natürlich unter die Decke gesprungen und beim Landen dann ausgerutscht. Ich habe so einen Hals, das sage ich euch! Gott sei Dank hat er nur ein paar Hautabschürfungen. Sonst ist alles heil geblieben."

„Wie bitte?" Björn Hausner sah fassungslos in Bernds Gesicht. „Das gibt es doch nicht. Leute, ihr müsst etwas unternehmen!"

Birgit sah Bernd an und danach Mario.

„Ja, wir haben da auch schon so eine Idee, weißt du? Aber es ist noch nicht spruchreif und du musst versprechen, dass du kein Wort darüber verlierst."

Björn Hausner nickte und sah Birgit gespannt an.

„Wir überlegen nämlich, einen eigenen Stall zu eröffnen. Aber wenn das jemand spitzbekommt, befürchten wir, dass es hier Probleme geben könnte. Verstehst du? Deshalb bitte zu niemandem ein Wort."

„Das ist ja eine tolle Idee. Ich verspreche, dass ich schweigen werde wie ein Grab. Habt Ihr schon irgendetwas in Aussicht?"

Birgit schaute sich nach links und rechts um, ob auch niemand mithörte, der nicht mithören sollte, und erklärte dann leise und nach vorn in Richtung Reitlehrer gebeugt: „Eventuell können wir genau hier nebenan eine Fläche pachten. Aber wie gesagt, das ist noch nicht spruchreif." Birgit sah Björn verschwörerisch an.

Der lächelte, klemmte seine beiden Daumen in die Fäuste und sagte nur: „Also das wäre toll. Ich drück euch ganz fest die Daumen."

„Danke, Björn. Das ist echt aufregend." Birgit lächelte erst Björn und dann Bernd an.

„Wir sehen uns später, Björn." Birgit ging zu ihrem Haflinger, öffnete die Boxentür und der Isabelle drehte sich sofort zu ihr um. „Wieso steht ihr eigentlich schon wieder drin?", fragte Birgit stirnrunzelnd in den Raum hinein. Dann schimpfte sie: "Ich denke, ihr werdet erst um 19.00 Uhr reingeholt. Verdammt noch mal."

Sie legte ihrem Pferd ein Halfter an, das sie gerade neu gekauft hatte. Es war in einem hellen Braunton gehalten, fast bronzefarben, und hatte ein dunkelrotes Zickzackmuster an den Seiten. Dadurch wirkte es, als trüge Burschi überhaupt kein Halfter, sondern nur diese roten Zickzackbänder. Eine wunderschöne optische Täuschung.

Zu dem Halfter hatte sie auch noch eine neue Bürste gekauft, wobei es sich weniger um eine Bürste handelte, als um eine Art Kamm, ein Stück Holz mit ganz, ganz kurzen und engen Stahlzinken, das besonders gut das lose Fell herausarbeiten sollte. Sie war gespannt, ob der Fellpfleger hielt, was seine Werbung versprach. Langsam fuhr sie mit dem schmalen Holzteil über Burschis Fell und tatsächlich fielen die Haare locker zu Boden, ohne dass Birgit sich anstrengen musste.

Auch die schmutzigen Stellen vom Wälzen auf der Kruppe ließen sich ganz einfach säubern. Birgit war zufrieden. Das war doch mal eine gute Erfindung, dachte sie. Mit langen, ruhigen Strichen fuhr sie wieder und wieder über das Fell ihres Pferdes und bemerkte wieder einmal, wie diese einfache Arbeit am Pferd sie entspannte.

Auch Burschi schien die Fellpflege in vollen Zügen zu genießen. Er machte den Hals lang und bildete mit seiner Oberlippe einen Rüssel, als sei er ein Tapir. Besonders, wenn Birgit seine Lieblingsstellen bearbeitete. Sie lachte, als sie das sah und meinte nur: „Ich kann jetzt aber nicht nur immer deine Lieblingsstellen bürsten, sonst hast du da bald gar keine Haare mehr."

Birgit wechselte jetzt zu Striegel und Kardätsche und fuhr in langen Zügen über Burschis Fell. Sie hatte den Eindruck, dass dieses mit jedem Kardätschenstrich noch ein bisschen mehr glänzte, als sowieso schon und erfreute sich daran. Ganz still stand sie zwischendurch da und besah sich den Glanz des Fells ihres Pferdes im Licht der Stalllampen. Wenn man ganz kurz Burschis Kopf ansah, sah man nur die roten Zickzackstreifen, die direkt auf dem Fell zu liegen schienen. Wieder und wieder strich sie mit der Kardätsche über Burschis Fell und genoss die Arbeit und die Ruhe, die über sie kam, als würde sie meditieren.

In aller Ruhe sattelte und trenste sie dann, setzte sich ihren Reithelm auf und ging mit Burschi in

Richtung Halle, in der demnächst ihr Unterricht beginnen sollte.

„Tür frei!", rief sie laut und kurz darauf vernahm sie das erwartete „Ist frei!"

Die Hallentür war etwas schwierig zu öffnen. Es handelte sich um eine Art Rolltür. Man musste sie zunächst nach vorn drücken und dann nach rechts zur Seite schieben. Das war nicht ganz einfach und wenn man, wie Birgit, nicht groß war, dann musste man einen halben Schritt in die Halle hinein machen, um mehr Hebelkraft zu erhalten. So machte es auch Birgit, aber genau in dem Augenblick, in dem sie den Fuß in die Halle setzte, hörte sie Björns Stimme: "Vorsicht!" Mehr konnte er nicht mehr rufen und schon spürte sie den Windzug eines vorbeigaloppierenden Pferdes, nur Zentimeter vor ihrem Gesicht. Erschrocken fuhr sie zurück.

„Spinnst du?!", rief sie in die Halle. „Wer war das?! Du hättest mich beinahe umgeritten! Bist du verrückt geworden?"

„Musst du halt aufpassen, wenn du eine Halle betrittst!", hörte sie eine Stimme erwidern.

„Es war „Ist frei!" gesagt. Das gilt für alle in der Halle! Kann ich jetzt rein, Björn? Kannst du mal bitte aufpassen?"

„Moment mal eben, Birgit", sagte der und rief so laut nach der Reiterin, die Birgit gerade in Gefahr gebracht hatte, dass alle anderen in der Halle erschrocken anhielten.

„Parierst du jetzt durch zum Schritt?! Das kann ja wohl nicht wahr sein!" Doch das Mädchen schien sein Rufen einfach zu überhören und galoppierte seelenruhig weiter.

„He, du da! Auf dem Braunen!", rief er ein weiteres Mal. „Durchparieren zum Schritt! Auf der Stelle!" Im gleichen Moment drehte das so angerufene Mädchen vom Hufschlag ab und hielt im Galopp auf Björn Hausner zu.

„Meinst du mich, oder was?!" rief sie und hielt unvermindert auf den Reitlehrer zu. Im allerletzten Moment rettete sich Björn Hausner mit einem Sprung zur Seite.

Das Mädchen ließ ein kreischendes Lachen ertönen und von der Tribüne hörte man Beifallsbekundungen.

„Hör sofort auf damit!", rief jetzt Birgit. Sie bekam es langsam mit der Angst zu tun. Einige Reiter waren vor Schreck wie erstarrt, andere waren froh, dass ihre Pferde noch ruhig blieben. Wieder andere sprachen beruhigend auf ihr Tier ein.

„Na Häuschen? Du bist mir ja ein toller Reitlehrer. Hat Schiss, wenn mal ein Pferd auf ihn zukommt." Mit diesen Worten parierte das Mädchen ihr Pferd zum Schritt durch und machte zur Tribüne das „Gib-mir-Fünf-Zeichen", worauf von dort ein durchdringendes Johlen zu hören war. Das Mädchen gehörte also zu der Terror-Clique, dachte Birgit. Wie hätte es auch anders sein sollen.

Birgit sah, wie Björn auf das Mädchen zuging und ihr Pferd am Zügel packte: „Bist du von allen guten

Geistern verlassen, oder was?! Das wird ein Nachspiel haben, das verspreche ich dir."
„Lassen Sie sofort mein Pferd los! Sie tun ihm weh!
Loslassen! Loslassen!" Sie schrie und begann hem-
mungslos zu weinen. Das wirkte, denn Björn Haus-
ner ließ das Pferd los, schaute das Mädchen noch
einmal böse an und entfernte sich dann von ihm.
„Ich zeige Sie an, Sie Tierquäler! Niemand fasst
mein Pferd so brutal an, verstehen Sie? Niemand!"
Sie sprang weinend und kreischend vom Pferd.
Jetzt traute sich auch Birgit, Burschi in die Halle
zu führen.
„Jetzt hör doch mit dieser Heulerei auf, Mädel!", rief
sie. „Deine Krokodilstränen nimmt dir doch kein
Mensch ab."
Dann wandte sie sich an ihren Reitlehrer. „Alles
o.k. mit dir?", fragte sie.
„Ja, ja, alles o.k. Ich bin nur ganz schön erschrocken. So etwas habe ich noch nie erlebt." Birgit sah,
dass Björn Hausner etwas blass um die Nase
wirkte. Auch sie selbst zitterte leicht, wie sie bemerkte.
„Laber mich nicht noch mal so blöd an, sonst ..."
Das Mädchen hatte leise in Birgits Nacken gesprochen. Diese drehte sich mit einem Ruck um.
„Sonst was?", fauchte sie zurück und musste zu
dem Mädchen hochschauen, was sie in diesem Moment sehr ärgerte. Das Mädchen grinste sie schräg
von oben herab an, drehte sich um und führte ihr

Pferd in Richtung Hallentür. Dann hielt sie vorschriftsmäßig an und rief: „Tür frei!" Irgendjemand gab „Ist frei!" zurück und das Mädchen fragte: „Wirklich? Man weiß ja nie, was für Reiter so in einer Halle herumjuckeln." Dabei sah sie noch einmal zu Birgit und Björn herüber und man konnte deutlich erkennen, dass sie sich das Lachen kaum noch verkneifen konnte. Als sie draußen war, wurde sie bereits von ihren Freundinnen erwartet und alle zusammen brachen in schallendes Gelächter aus. „Habt ihr sein Gesicht gesehen?" konnten Birgit und Björn noch hören, bevor die Mädchen um die Ecke verschwanden und ihren Schlachtruf Ey-oh, Ey-oh ertönen ließen.

Birgit sah, dass Björns Hände sich zu Fäusten ballten.

„Ganz ruhig Björn. Ich bin auch noch am Zittern, aber ich lass mir von diesen Verrückten nicht den Tag diktieren. Meinst du, du kannst trotzdem Unterricht machen?"

Der Reitlehrer nickte leicht.

„Und du? Kannst du reiten nach dem hier?"

„Ich versuch's."

„Na dann, lass uns anfangen. Wir machen erst einmal ganz leichtes Aufwärmtraining. Und dann schauen wir mal, wozu wir drei heute noch fähig sind." Björn Hausner versuchte ein Lächeln, aber es gelang ihm nur sehr maskenhaft.

„Du gehst ja sowieso erst mal nur Schritt. Ich geh mir mal einen Kaffee holen, ok?"

„Na klar." Birgit saß auf, gurtete nach, und ritt dann im Schritt am langen Zügel an. Sie sah sich in der Halle um und bemerkte, dass sie keinen der Reiter und Reiterinnen näher kannte, den einen oder anderen noch nicht einmal vom Sehen. Das ist der Nachteil in so einem Riesenstall, dachte sie. Keiner kennt den anderen. Wie in einer Hochhaussiedlung...

Das Mädchen saß wieder einmal auf der Bank, die nahe am Weidezaun stand und beobachtete die Pferde. Auf dem Schoß lag ein Heft und hin und wieder schrieb sie etwas hinein, um dann wieder für lange Zeit nichts weiter zu tun, als auf die Pferde zu schauen.

An manchen Tagen schien sie auch zu zeichnen. Das Mädchen war vielleicht vierzehn Jahre alt, schlank, mit langen, blonden Haaren und einer sportlichen, schlanken Figur.

So mancher aus dem Stall hatte sie schon dort sitzen sehen, aber bisher hatte niemand größeres Interesse an ihr gezeigt oder sie gar angesprochen. Sie wusste nicht, dass sich das heute noch ändern würde...

„Guckt mal. Da sitzt sie wieder. Das ist vielleicht ´ne komische Barbie." Jasmin sah über die Weiden hinweg zu dem Mädchen auf der Bank.

„Was?", entgegnete Sophie, „Barbie? Die sieht doch voll Scheiße aus, das Klappergestell.

Findest auch jede gut, die blonde Haare hat, was? Aber ich hab gerade Langeweile. Kommt, wir gehen mal hin und schauen sie uns mal aus der Nähe an." Mit diesen Worten stand Sophie auf und ihre beiden Freundinnen Jasmin und Lena folgten widerspruchslos.

Gerade schrieb das Mädchen auf der Bank etwas in ihr Heft, als es bemerkte, dass sich wohl jemand in die Sonne gestellt haben musste, denn ein Schatten fiel auf sie und ihr Heft. Überrascht schaute sie auf und sah drei Mädchen, die vor ihr und der Bank standen. Sie nickte ihnen zu.

„Hallo", begrüßte Sophie sie. „Was machst denn du hier immer bei unseren Pferden? Wir haben dich schon öfter hier rumhängen sehen."

Das Mädchen lächelte die drei unsicher an, sagte aber keinen Ton.

„Bist du stumm oder was?", herrschte Sophie sie an.

Das Mädchen zeigte mit seinen Fingern an seine Ohren und schüttelte den Kopf. Dann zeigte es mit dem Zeigefinger auf seinen Mund, schüttelte wiederum den Kopf und bewegte den Finger verneinend hin und her.

„Wow!" Über Sophies Gesichte breitete sich ein gemeines Lächeln aus. Sie sah ihre Freundinnen an. „Ein echter Stummi. Wie geil! Wir werden Spaß haben."

Lena grinste zurück, während Jasmin scheinbar unsicher war, ob ihr dieser Spaß zusagen würde.

„Was ist, Jasmin? Willst du wieder die Spaßbremse spielen oder was?"

„Nein", entgegnete sie, „aber eine mit Behinderung ärgern, ich weiß nicht..."

„Behinderung sagt man nicht mehr. Das heißt Handicap, nicht wahr Stummi?" Sophie lächelte das Mädchen hinterhältig an. Dieses machte ein fragendes Gesicht.

„H-a-n-d-i-c-a-p", wiederholte Sophie nun, jeden Buchstaben einzeln betonend und den Mund dazu übertrieben bewegend.

Das Mädchen zuckte mit den Schultern und machte ein bedauerndes Gesicht.

Sophie setzte sich neben das Mädchen auf die Bank und schaute in das Heft, das auf deren Schoß lag.

„Ey", sagte sie dann und schaute zu ihren Freundinnen hoch, „ich glaube, die schreibt was über unsere Pferde. Los, setzt euch und guckt euch das an."

Gehorsam setzten sich die Freundinnen auf die Bank und schauten in das Heft. Offenbar war dem Mädchen das unangenehm, denn es klappte das Heft schnell zu und drückte an seinen Bauch.

„Was denn?", fragte Lena und wiederholte, so wie sie es zuvor bei Sophie gehört und gesehen hatte: „W-a-s d-e-n-n?"

Das Mädchen schüttelte nur den Kopf und presste das Heft noch fester an sich.

„Ach Scheiße", meinte Lena nun. „Ist irgendwie langweilig."

Sophie sah das Mädchen an, zeigte auf das Heft und dann mit Mittel- und Zeigefinger auf ihre eigenen Augen. Darf ich mal gucken, sollte das heißen. Sie wollte erst mal das Vertrauen des Mädchens gewinnen. Man konnte bestimmt noch unheimlich viel Spaß mit ihr haben...

Das Mädchen schüttelte erneut den Kopf.
Sophie legte das enttäuschteste Gesicht auf, das sie hinbekommen konnte und zeigte dann auf die Pferde. Sie spreizte zwei Finger und tippte dann auf ihre Brust. Zwei Pferde auf der Weide da gehören mir, sollte das heißen. Lena sah nun wieder interessiert zu. Vielleicht wurde es ja doch noch ein unterhaltsamer Nachmittag, dachte sie. Dann musste sie plötzlich lachen, weil ihr das Wort unterhaltsam irgendwie so super unpassend vorkam.
„Was lachst du denn so doof?", herrschte Sophie sie sofort an.
„Ach nichts", antwortete die ungerührt. Mir ist nur gerade was eingefallen. Hat nichts mit dir zu tun."
„Das will ich auch hoffen", entgegnete Sophie säuerlich.
Lena tanzte nun um die Bank herum und fotografierte die Szene wieder und wieder aus allen möglichen Richtungen. Man merkte, dass dies dem Mädchen unangenehm war und so zeigte es mit der Hand in Richtung Weide, spreizte dann zwei Finger und zeigte anschließend mit dem Zeigefinger auf Sophie. Dazu zeigte sie mit dem Gesicht Erstaunen.

Lena war begeistert von dieser Mimikvielfalt und hielt den Finger dauerhaft auf dem Fotobutton.

„Jetzt hör doch mal einen Moment auf, Lena!", fauchte Sophie.

Das Mädchen stand auf und forderte die Mädchen mit Gesten auf, es ihr gleich zu tun. Dann gingen sie gemeinsam zum Weidezaun. Das Mädchen wischte mit dem Finger über die ganze Weide und zeigte dann fragend mit dem Zeigefinger auf Sophie. Welche Pferde sind deine, sollte das heißen und Sophie verstand das tatsächlich sofort. Sie zeigte erst auf einen braunen Wallach und dann auf eine Fuchsstute und zuletzt zeigte sie wieder auf sich. Die beiden sind meine Pferde, hieß das. Das Mädchen nickte bewundernd und wendete sich dann Lena zu.

Welches Pferd gehört dir, fragte sie auf die gleiche Weise, wie zuvor Sophie?

„Was will die?", fragte Lena gelangweilt.

„Du sollst ihr dein Pferd zeigen, Mensch. Ist doch nicht so schwer zu verstehen."

„Und was soll ich jetzt machen?" Lena wurde zunehmend genervter.

„Mein Gott nochmal! Zeig auf dein Pferd und dann... Ach lass sein. Ich mach das." Sophie gewann mehr und mehr Spaß an der Sache. Sie zeigte auf Lenas Pferd, dann auf Lena und schließlich tat sie das Gleiche bei Jasmin und ihrem Pferd.

Das Mädchen nickte den beiden ebenso bewundernd zu, wie sie es bei Sophie getan hatte.

Sophie startete den nächsten Versuch, an das Heft heranzukommen und zeigte deshalb erneut darauf und dann wieder auf ihre eigenen Augen, aber das Mädchen schüttelte bedauernd den Kopf. Dann zeigte es auf Black Fever, der sich gerade in einer Sandkuhle wälzte, und Sophias Miene verfinsterte sich. Sie zuckte mit den Schultern, um dem Mädchen klar zu machen, dass sie nicht wüsste, wem das schwarze Pferd gehöre. Dann machte das Mädchen plötzlich Zeichen, dass es nun gehen wolle, spazierte davon, drehte sich noch einmal um und winkte den drei Freundinnen freundlich zu. Bald war sie auf dem gewundenen Weg verschwunden.

„Wie jetzt?", meinte Lena. „Das war jetzt alles? Warum haben wir ihr das Heft nicht einfach abgenommen?"

„Weil ich noch länger Spaß mit Stummi haben möchte, verstehst du? Kommt, lasst uns noch ´ne Runde ausreiten."

„Hallo Marlene. Ich habe gehört, was dir und Remúr passiert ist. Wie geht es ihm denn?" Birgit gab Marlene die Hand zur Begrüßung und schaute in Remúrs Box hinein.

„Oh, er hat so ein Glück gehabt. Der Tierarzt sagt, dass es nicht so schlimm ist. Es ist zwar schlechter geworden, warum auch immer, aber er meint, dass es jetzt eben lediglich etwas länger dauern würde. Aber wenigstens ist die Chance weiterhin groß, dass die Sache noch völlig ausheilt. Trotzdem, die Mädels, also die müssen weg hier. Bevor noch was Schlimmes passiert. Ich überlege, eine Stallversammlung einzuberufen. Was hältst du davon?"

„Finde ich gut und ich bin auch voll auf deiner Seite. Weißt du, dass sie Fever auch erschreckt haben und der dann in der Stallgasse ausgerutscht ist? Zum Glück ist auch dem nichts Schlimmes passiert, nur ein paar Hautabschürfungen. Aber das hätte ganz böse ins Auge gehen können."

„Ja, ich habe davon gehört. Unglaublich das alles. Und man ist so machtlos. Heinz mischt sich nicht ein, will gut zahlende Einsteller nicht verlieren, viele hier im Stall haben noch gar nicht mitbekommen, was hier abgeht, und somit ist von denen auch keine Unterstützung zu erwarten. Ich bin echt ratlos."

„Na, aber das mit der Stallversammlung ist doch eine gute Idee. Also ich bin dabei. Sag Bescheid, falls du Hilfe brauchst."

„Danke, mach ich." Marlene sah schon ein kleines bisschen glücklicher aus.

„Also dann, ich will noch ein bisschen ausreiten. Es ist so ein toller milder Abend, fast schon sommerlich, und eine gute Stunde ist es ja noch hell."

„Oh ja. Ach – ich beneide dich, Birgit."

„Ach, arme Marlene. Tut mir leid, dass ich dir so vorschwärme. Aber bald wirst du mit Remúr auch wieder ausreiten. Ganz bestimmt."

Birgit lächelte Marlene mitfühlend an.

„Na klar“, bestätigte Marlene. „Viel Spaß wünsch ich euch.“

„Danke. Tschüss dann.“ Birgit ging die Stallgasse hinunter in Richtung Sattelkammer. Dann holte sie Putzkasten, Halfter, Sattel und Trense, und trug alles nach draußen zu einem der Anbindeplätze. Danach ging sie zu den Weiden, um ihren Haflinger Burschi zu holen. Auf der anderen Seite der Weide sah sie einige Mädels am Zaun stehen, konnte aber nicht genau erkennen, wer es war. Burschi hatte sie entdeckt und kam brummelnd angetrabt.

„Na, mein Bester?“, begrüßte sie ihn. „Hast du Lust auf einen kleinen Ausritt?“ Und als hätte das Pferd sie verstanden, rieb er seinen Kopf an ihrem Bein, dass sie fast umfiel.

„He du! Nicht so stürmisch! Du schmeißt mich ja um.“ Sie bemerkte, wie sich wieder einmal aller Alltagsärger in Luft auflöste, wenn sie bei ihrem Pferd war. Sie verstand einige ihrer Reiterkollegen überhaupt nicht, die ihre schlechte Laune auch dann noch behielten, wenn sie ihr Pferd putzten oder sogar ritten. Ihr selbst ging es immer besser, wenn sie erst einmal beim Pferd war. Komisch, dachte sie. Woran mochte es nur liegen, dass es nicht allen so ging wie ihr? Burschi wurde ungeduldig und stupste mit der Nase gegen ihren Bauch.

Birgit legte ihm sein Halfter an und führte ihn zum Putzplatz.

Da nicht allzu viel Zeit war, bevor die Dämmerung einsetzen würde, bürstete Birgit Burschi kurz über und sattelte und trenste ihn dann. Sie hörte Hufgetrappel hinter dem Stall. Es nutzten also noch mehr Reiter diesen schönen Abend für einen Ausritt...

Als Birgit den langen gewundenen Sandweg durch den Wald entlang galoppierte und dabei die milde Luft im Gesicht spürte, hatte sie wieder dieses wundervolle Gefühl von Sommer. Sie stieß einen kleinen Jubelschrei aus, und Burschi nahm diesen zum Anlass, noch ein wenig an Tempo zuzulegen. Birgit genoss das hohe Tempo, schaute zwischen Burschis Ohren nach vorn auf den Weg und schwebte fast über dem Sattel, so dass sie kaum noch die typischen Galoppbewegungen des Pferdes spürte. Nachdem sie minutenlang so dahingerast waren, verkürzte sie langsam das Tempo, ließ Burschi irgendwann in Trab fallen und dann ließ sie ihm im Schritt die Zügel lang. So bummelten sie gemütlich durch den Wald, Birgit lauschte dem Gesang der Vögel, als sie meinte, irgendwo in der Ferne die Geräusche galoppierender Pferde und Rufe von Menschen zu hören. Vorsichtshalber nahm sie die Zügel auf und lauschte. Jetzt war sie sicher, dass sich eine Gruppe von Reitern näherte, und sie waren nicht im Schritt unterwegs, da war sie sicher. Burschi spitzte die Ohren. Auch er hatte natürlich gehört, dass da Artgenossen im Anmarsch waren und Birgit war heilfroh, dass sie ihr Pony zu so einem Verlasspferd erzogen hatte. Sie musste sich keine Sorgen machen, dass er durchging, bockte oder ähnliche unangenehme Sachen tun würde.

Jetzt war die Gruppe schon ganz nah. Birgit vermutete, dass sie nur noch durch die langgezogene Biegung des vor ihr liegenden Weges getrennt waren, und schon sah sie das erste Pferd um die Kurve kommen.

Zu ihrer großen Überraschung war das Pferd reiterlos und raste in gestrecktem Galopp auf sie zu. Burschi trippelte nun doch etwas nervös hin und her, und Birgit musste ihn etwas beruhigen. Sie ritt ein Stück in den Wald neben dem Weg hinein, um dem Pferd nicht in die Quere zu kommen. Aufhalten ließ der sich bestimmt nicht, dachte sie. Da ging man besser aus dem Weg, als einen Unfall zu provozieren. Kaum war das reiterlose Pferd an ihnen vorbeigeprescht, Birgit wieder halb auf dem Reitweg, da kamen die nächsten Pferde um die Wegbiegung. Sie hörte ihre Rufe, ihr schrilles Schreien und jetzt erkannte sie auch den Schlachtruf der Mädels, die im Stall für so viel Aufruhr sorgten: „Ey-oh! Ey-oh!"
Die Reiterinnen rasten an ihr vorbei, ohne Notiz von ihr zu nehmen, und sie spürte richtiggehend den Luftzug, den sie verursachten, so nahe kamen sie ihr und Burschi. Der Haflinger tänzelte etwas, drehte sich in Richtung der davongaloppierenden Pferde und schnaubte.
„Ist gut, Burschi", beruhigte Birgit ihn. „Die sind weg. Kannst dich wieder einkriegen." Sie streichelte

das etwas feuchte Fell am Hals und begann dann zu überlegen, was sie nun tun sollte. Überhaupt! Was war das wieder für ein unglaublich verantwortungsloses Verhalten der Mädchen! Offenbar war eine von ihnen vom Pferd gestürzt, oder gar eine völlig unbeteiligte Reiterin? Und anstatt sich um die vielleicht Verletzte zu kümmern, jagten sie hinter dem reiterlosen Pferd her. Das konnte doch wohl wirklich nicht wahr sein! Was sollte sie nun tun? Birgit schätzte, dass es höchstens noch eine halbe Stunde hell sein würde. Sollte sie die Reiterin suchen, oder war es besser, schnell zum Stall zu reiten und dort Hilfe zu organisieren? Birgit zog ihr Smartphone aus der Tasche. Na super, Akku alle. Immer, wenn man das Ding am dringensten braucht, ist der Akku alle, dachte Birgit. War ja klar. Dann entschied sie sich, noch genau eine Viertelstunde nach der vermutlich gestürzten Reiterin zu suchen und danach umzukehren, um noch halbwegs im Hellen zum Stall zurückreiten zu können.

Birgit trabte an, hatte bald die langgezogene Wegbiegung hinter sich gelassen und schaute ständig links und rechts in den Wald, ob sie irgendwo jemanden entdecken konnte. Da sah sie in der Ferne etwas auf dem Weg liegen. Sie galoppierte kurz an, um so schnell wie möglich zu der Stelle zu gelangen und parierte dann durch zum Schritt, als sie sah, dass da tatsächlich ein Mensch auf dem Weg lag. Schnell saß sie ab.

„Hallo!", rief sie und näherte sich. „Hallo! Hörst du mich?" Noch konnte sie keinerlei Reaktion ausmachen. Sie führte Burschi um den leblos wirkenden Körper herum, um das Gesicht sehen zu können. Dann bückte sie sich und bewegte die junge Frau vorsichtig ein bisschen hin und her. „Hallo! Kannst du mich hören?" Sie erhielt keinerlei Reaktion und spürte, wie ihre Hände leicht zu zittern begannen. Was mache ich jetzt bloß, dachte sie.

Jetzt bloß keine Panik, ermahnte sie sich. Wie war das? Was sollte man machen, wenn so etwas passierte? Ruhe bewahren, ha, ha, dachte sie bitter. Puls fühlen und Atmung prüfen, fiel ihr ein, und so legte sie Zeige- und Mittelfinger auf die entsprechende Stelle hinter dem Handgelenk. Ja, da war etwas, aber sehr schwach, fand Birgit. Plötzlich überkam sie ein riesiges Gefühl von Inkompetenz. Wie musste dieser verdammte Puls denn sein? Keine Ahnung. Aber es ist einer da, also schlägt ihr Herz auch noch. Und die Atmung? Wie war denn das noch? Einen Spiegel vor den Mund halten. Klar. Ich habe immer einen Spiegel dabei bei meinen Ausritten. Nein, man konnte das fühlen, wenn man die Hand auf den Bauch oder die Brust legte, so war das. Birgit legte also ihre Hand auf die Brust des Mädchens und spürte eine leichte Bewegung. Gott sei Dank, dachte sie. Sie atmet und ihr Herz schlägt. Aber was mache ich denn jetzt nur? Gleich wird es dunkel. Ich kann sie doch nicht allein hier liegenlassen. Die verrückten Mädchen werden doch wohl Alarm schlagen? Nein, bitte, so weit würden sie doch wohl nicht gehen, dass sie keine Hilfe holen würden? Birgit streichelte den Arm des Mädchens. Der fühlte sich sehr kalt an. Sie zog ihre Jacke aus und bedeckte den Körper damit. Sollte sie das Mädchen über den Sattel legen und zu Fuß zum Stall zurückgehen? Würde sie sie überhaupt so weit hochheben können? Und was, wenn sie Verletzungen an der Wirbelsäule hatte? Dann könnte das fatale Folgen haben. Der Boden war natürlich auch sehr kalt. Was konnte sie da tun? Birgit merkte, wie alle Gedanken wild durcheinanderschossen. Sie sattelte Burschi ab, legte das Pad auf den Boden und zog die Verletzte ganz vorsichtig darauf. Sie durfte nicht auskühlen, soweit erinnerte sie sich noch an die „Erste-Hilfe-Maßnahmen". Dann legte sie ihr wieder ihre Jacke über. Und nun, dachte sie. Was tue ich denn jetzt nur?

Birgit brachte es einfach nicht fertig, das verletzte Mädchen einfach so liegen zu lassen. Hier in der Gegend gab es Wölfe, und auch wenn diese für sie kein Schreckgespenst waren, was würden die wohl tun, wenn sie auf einen bewusstlosen Menschen treffen würden? Birgit schauderte bei diesem Gedanken.

Langsam legte sich die Dunkelheit über das Land und somit über den Wald. Bitte, bitte, betete Birgit, lass bald jemanden zu Hilfe kommen. Bitte...

Es kam ihr vor, als hätte sie Stunden bei dem Mädchen verbracht, hatte immer wieder ihren Puls gefühlt, ihre Atmung kontrolliert und vorsichtig ihre Haut gerieben, damit sie nicht völlig auskühlte. Sie selbst zitterte bereits vor Kälte. Das sommerliche Gefühl, das sie vor Stunden, waren es tatsächlich Stunden, sie wusste es nicht, genossen hatte, war verflogen. Eine kühle Frühlingsnacht war zur Ablösung erschienen.

Gerade hatte sie ihre Finger wieder am Handgelenk des Mädchens, als sie meinte, Rufe zu hören. Sie lauschte und war sich dann sicher: Endlich, endlich! Man kam sie suchen. Burschi ruckte mit dem Kopf hoch und renkte Birgit mit dieser abrupten Bewegung fast den Arm aus.

„Mensch Burschi!", fuhr sie ihn an und der Haflinger fuhr erschrocken ein paar Schritte zurück.

„Hierher!", begann Birgit zu schreien. „Hier sind wir! Hilfe! Wir sind hier!" Der Haflinger ging noch ein paar Schritte zurück. Offensichtlich fühlte er sich in dieser angespannten Situation angesprochen und bekam Angst.

Es schien ihr noch einmal eine Ewigkeit zu dauern, bis endlich das Blaulicht des Notarztwagens durch die dunklen Bäume flackerte und endlich bei ihr und dem verletzten Mädchen ankam.

Sofort sprang der Notarzt aus dem Wagen und kniete mit einem Sanitäter neben dem Mädchen.

Ein Mann, den sie nicht kannte und eine Reiterin aus ihrem Stall waren zu Fuß zu ihr vorgedrungen und hatten Kontakt mit dem Notarztwagen gehabt.

So konnten sie ihn zur Unfallstelle leiten. Die Frau
sah, wie sehr Birgit zitterte und machte einen weiteren Sanitäter darauf aufmerksam. Der nickte,
holte eine Rettungsdecke aus dem Wagen und legte
sie der Frierenden über die Schultern. Mechanisch
zog Birgit die metallglänzende Decke, in der sich
ständig das Blaulicht des Notarztwagens widerspie-
gelte, um sich herum und zog sie vor sich zu. Burschi kam mit der Nase voran vorsichtig zu ihr, um
dieses interessante, glänzende Ding zu untersuchen.
Jetzt erst wurde ihr klar, wie wunderbar sich ihr
Pferd die ganze Zeit verhalten hatte und sie hatte
ein schlechtes Gewissen, weil sie ihn so angefahren
hatte. Ganz leicht kraulte sie mit der Hand, in der
sie auch die Zügel hielt, seine Nase. Das mochte er
immer besonders gern und bald wackelte ein kleiner Tapirrüssel um ihre Finger herum. Die Decke
wärmte und das Zittern ließ langsam nach. Es wich
einer unangenehmen Schwäche, so dass Birgit das
Gefühl überkam, sie würde gleich umfallen. Ihr war
auch etwas übel, aber das führte sie auf die ganze
Aufregung zurück. Sie ging ganz nahe an ihr Pferd
heran und legte einen Arm über den Hals. Das gab
ihr irgendwie ein Gefühl von Sicherheit und die
Angst, ohnmächtig zu werden, ließ nach.
Danke, dachte sie.

„Also ich weiß nicht, ob ich noch mit dir ausreiten möchte." Bernd sah Birgit betont ernst und besorgt an, brachte ihr einen heißen Kakao mit einem kleinen Schuss Rum darin, und erfreute sich heimlich an ihrem fragenden Blick. „Wo du bist, scheinen die Reiter ja reihenweise von ihren Pferden zu purzeln." Jetzt verstand sie die Anspielung, denn als sie sich kennenlernten, war Bernd von Fever gestürzt. Auch bei einem Ausritt.

„Findest du reihenweise nicht etwas übertrieben?", fragte sie und grinste schwach. So richtig hatte sie die Geschichte im Wald noch nicht verdaut. Die verunglückte Reiterin war nicht aus ihrem Stall. Soviel hatte sie verstanden. Es war eine junge Frau, deren Familie mehrere Pferde am Haus hielt und wohl eine kleine Hobbyzucht betrieb. Vernünftigerweise gab sie immer die Route bekannt, die sie reiten wollte, wenn sie allein unterwegs war. Deshalb also hatte man sie relativ schnell gefunden. Relativ, dachte Birgit. Mir kam es wie eine Ewigkeit vor.

„Na, mein Schatz? Noch nicht zum Scherzen aufgelegt?"

„Ehrlich gesagt, nicht. Du kannst dir nicht vorstellen, wie hilflos ich mich da draußen gefühlt habe. Mein Pferd an der Hand, ein bewusstloser Mensch, kein Handyempfang, und dann wird es auch noch dunkel. Du weißt ja die ganze Zeit über nicht, ob tatsächlich schon jemand auf der Suche nach dir ist. Es war gruselig, sage ich dir."

„Das glaube ich." Bernd umarmte sie zärtlich. „Komm, trink einen Schluck. Das wärmt Körper und Seele." Er hielt ihr den Becher mit dem dampfenden Getränk hin.

„Und du meinst", begann Bernd nun, „dass unsere verrückte Mädchenbande Schuld an dem Unfall ist?"

„Ja, ich habe ihren blöden Schlachtruf gehört. Außerdem sind sie grölend hinter dem reiterlosen Pferd hinterhergehetzt. Wer macht denn sowas, bitteschön?"

„Aber erkannt hast du sie nicht?"

„Nein, dafür ging das alles viel zu schnell. Ich musste ja auch Burschi ein bisschen beruhigen. Der tänzelte herum, und dann, alles braune Pferde oder Füchse, nicht mal das könnte ich genau sagen. Aber sie waren zu dritt. Das weiß ich genau. Und auch das passt. Hoffentlich ist die junge Frau nicht so schwer verletzt. Also da im Wald ist sie nicht mehr zu sich gekommen."

„Na, hoffentlich hatte sie einen Reithelm auf", merkte Bernd an.

„Ja, hatte sie, aber der war halb ab, völlig verrutscht. Darf ja eigentlich auch nicht passieren, nicht?"

„Nee, eigentlich nicht. Hoffentlich gehört sie nicht zu denen, die sich mehr Sorgen um ihre Frisur als um ihre Sicherheit machen, und den Helm nicht fest verschnallen." Birgit nickte zustimmend.

„Übrigens, mal eben Themenwechsel“, begann Bernd nun, „ich habe mich mit Mario unterhalten. Scheint gar nicht so ein übler Typ zu sein.“

„Ach?“ Birgit grinste.

„Also, ich könnte mir vorstellen“, fuhr er fort, „ihn mit in einem Stall aufzunehmen, den wir betreiben, aber ich würde, wenn überhaupt, einen Stall gern mit dir allein führen. Viele Köche verderben den Brei. Was meinst du?“

„Wow, das klingt wundervoll. Aber – wollte Mario nicht selbst einen eigenen Stall haben?“

„Ja, aber auch mehr aus Verzweiflung über die Haltungsbedingungen weit und breit. Er meinte, wenn wir einen guten Offenstall machen würden, würde er gern zu uns wechseln.“

„Cool! Wir haben unseren ersten Einsteller!“ Jetzt lachte Birgit sogar. „Jetzt brauchen wir ja nur noch einen Stall.“

„Hallo.“ Birgit, die gerade ihren Haflinger Burschi putzte, drehte sich um, um zu schauen, ob sie gemeint war. Dann grüßte sie zurück. Kannte sie die Frau? Sie war sich nicht sicher.

„Kann ich Ihnen irgendwie helfen?“, fragte sie.

„Sind sie die Frau, die bei meiner Tochter im Wald geblieben ist? Ich bin die Mutter. Meine Tochter hatte diesen schrecklichen Reitunfall.“

„Oh ja, das bin ich tatsächlich. Wie geht es ihr denn?“ Birgit legte das Putzzeug zurück in den Kasten und ging auf die Frau zu.

„Leider gar nicht gut", entgegnete sie. „Schädelhirn-
trauma. Sie liegt auf der Intensivstation."
„Oh nein! Das tut mir leid. Wollen wir uns ein bisschen draußen hinsetzen?" Die Frau nickte.
„Ich bringe nur eben mein Pferd raus und dann
komme ich, ok?"
„Ich wollte mal fragen, wie sie meine Tochter überhaupt gefunden haben." Birgit nahm das zutiefst
besorgte Gesicht der Frau wahr. Man sagte ja, ein
Gesicht könne sich verdunkeln. Jetzt verstand sie,
was damit gemeint war.
„Das war eine total verrückte Geschichte. An mir
rasten ein paar Pferde vorbei. Das erste war reiterlos. Die anderen hetzten grölend hinter diesem
Pferd her. So etwas habe ich noch nicht erlebt. Ich
dachte mir natürlich, dass da etwas passiert sein
musste und entschied, zu schauen, ob irgendwo ein
pferdeloser Reiter herumläuft oder gar verletzt im
Wald liegt. Tja, und dann habe ich ihre Tochter auf
dem Weg liegen gesehen. So war das. Ich hoffe, ich
habe dann alles richtig gemacht. Ich war so hilflos,
wissen Sie? Kein Handyempfang, dann wurde es
dunkel, plötzlich hatte ich Zweifel über meine
Erste-Hilfe-Kenntnisse...
Na ja, und dann musste ich die Entscheidung treffen, ob ich zum Stall reite und Hilfe hole, oder ob
ich lieber bei ihrer Tochter bleibe. Ich bin geblieben.
Ich habe auch an die Wölfe in unserer Gegend gedacht... Mehr weiß ich leider auch nicht."

„Oh, machen Sie sich bitte keine Gedanken. Sie haben alles richtig gemacht. Das hat mir der Arzt auch noch einmal gesagt.“

Nach einer Pause fuhr sie fort: „Wissen Sie, meine Tochter ist eine ausgezeichnete Reiterin. Die fällt nicht einfach mal so vom Pferd. Kannten Sie die Reiter, die da hinter unserem Pferd her galoppiert sind?“

Birgit wusste nicht, was sie sagen sollte. „Also“, begann sie, „ich, ich bin mir nicht sicher.“

„Was heißt das?“ fragte die Frau.

„Ich habe eine Vermutung, wer es gewesen sein könnte, aber ich bin mir eben nicht sicher. Es ging alles so schnell. Ich habe weder die Pferde, noch die Reiter wirklich erkannt.“

„Aber?“

„Ok. Bei uns gibt es ein paar Mädels im Stall, die, sagen wir mal, ziemliche Unruhe verbreiten und sich im Gelände wohl auch nicht gerade vorbildlich benehmen...“

„Oh ja, die sind hier in der Gegend bereits Gesprächsthema. Und Sie meinen, dass die es waren, die da hinter unserem Pferd her waren?“

„Also, ich habe ihren Schlachtruf gehört. Wissen Sie, die haben so eine Art Schlachtruf, wenn sie dummes Zeug machen. Ein Ejoh, Ejoh.“

„Aber erkannt haben Sie sie nicht?“, fragte die Frau noch einmal nach.

„Nein, tut mir leid.“ Und das tat es Birgit wirklich.

„Sie haben doch diesen Stall am Haus am Ortsrand, nicht wahr?“

„Ja, das haben wir.“
„Darf ich dann mal nachfragen, wie es ihrer Tochter
geht? Ich würde sie auch gern mal besuchen.“
„Ja, kommen Sie gerne vorbei. Aber Besuche – Angela ist noch nicht wieder zu Bewusstsein gekommen...“

"Shakan! - Shakaan!"
Der Ruf hallte durch den Wald, wurde wie auf Flügeln
über die Steppe getragen, durchdrang eine kleine Baumgruppe, kletterte in rasendem Tempo den Hügel hinauf
und fand sein Ziel in den langen Gängen und Windungen
von Shakans Ohren. Ein Ruck ging durch das Pferd und
es riss augenblicklich seinen Kopf hoch und schleuderte so
viel geballte Luft durch seine Nüstern, dass sein Schnauben fast wie ein Knall klang. Die Stuten im Hintergrund
taten es ihm gleich und suchten nach dem Grund seiner
Erregung.
Shakan tänzelte, hin und her gerissen zwischen dem
Drang, dem Ruf zu folgen und der Furcht, seine Stuten
allein lassen zu müssen. Zwölf der wunderschönsten Stuten, die es gab, nannte er die Seinen und er wusste von
mindestens zwei jungen Hengsten, die nur darauf warteten, sie allein und ohne seinen Schutz anzutreffen, um sie
zu entführen.
„Shakan!"
Ein erneuter Ruf erreichte die Ohren des großen, schwarzen Hengstes. Das Tier beendete den Tanz und die Muskeln, die eben noch rollten und zuckten, kamen zur Ruhe
und bildeten nun eine sanfte Hügellandschaft unter der
Haut.
Noch einmal umkreiste er die Herde der wilden Schönen
und verabschiedete sich dann mit einem Schlag seines
rechten Vorderbeines, einem Aufstampfen, das jedem
Widersacher zeigen sollte: Ich komme wieder.

Das Mädchen saß wieder auf der Bank nahe der Pferdeweide und war vertieft in seine Gedanken. Mal blieb sein Blick minutenlang auf der Weide haften und dann, ganz plötzlich, als sei ihm etwas Wichtiges eingefallen, schrieb das Mädchen wieder etwas in ihr Heft. Manchmal zeichnete es auch. Das Heft war bereits angefüllt mit wunderbaren Zeichnungen eines schwarzen Pferdes und einer Herde, die das schwarze Pferd mal umkreiste, mal in dessen Mitte weilte, mal aufgebäumt vor ihr, und ein anderes Mal ruhig grasend neben ihr zeigte. Im Moment schrieb das Mädchen wieder.

Sophie hatte sich von hinten an die Bank herangeschlichen und schaute dem Mädchen über die Schulter. In der Hand hatte sie ihr Smartphone. Sie wollte schnell ein paar Fotos machen von dem, was das Mädchen da in sein Heft schrieb und zeichnete, aber dann las sie ein paar Sätze, und ganz gegen ihren Willen las sie weiter. Sie vergaß sogar zu fotografieren. So etwas, was das Mädchen da schrieb, war ihr vollkommen fremd. Aber es gefiel ihr irgendwie. Zugeben würde sie das natürlich niemals. Dann aber stellte sie fest, dass es um das schwarze

Pferd auf der Weide ging, um diesen blöden Black Fever, und schon gefiel ihr das Geschriebene überhaupt nicht mehr.

Eifersucht nagte an ihr. Das Mädchen sollte gefälligst über ihr Pferd, Sophies Pferd schreiben, und nicht über diesen blöden Rappen... Für einen kurzen Augenblick erinnerte sie sich, dass sie selbst einmal ein ganz bestimmtes Pferd hatte haben wollen. Es war auch ein Rappe und sie hatte dieses Pferd so geliebt. Eines Tages hatten ihre Eltern sie dann mit Golden Sun überrascht...

Diesem plötzlichen Eifersuchtsgefühl nachgebend, griff sie mit der rechten Hand über die Schulter des Mädchens hinweg nach dem Heft und riss es an sich. Das Mädchen fuhr hoch. Es starrte Sophie erschrocken an. Dann machte es Zeichen, dass Sophie ihr das Heft zurückgeben sollte, aber Sophie machte sich einen Spaß daraus, hielt das Heft hoch in die Luft und wedelte damit. Hol' es dir doch, sollte das heißen. Das Mädchen lief um die Bank herum, um das Heft wieder an sich zu bringen, aber Sophie lief ebenfalls um die Bank herum und so liefen sie einige Runden, bis sie beide aus der Puste waren. Wieder zeigte das Mädchen mit wütendem Blick, dass sie das Heft wiederhaben wolle und endlich gab Sophie es ihr.

„Nur Spaß!", lachte sie und dann fiel ihr wieder ein, dass das Mädchen sie ja nicht hören konnte. Sie hob beide Hände mit den Handinnenflächen nach vorn vor ihren Körper und versuchte, ein beschwichtigendes Gesicht aufzusetzen, aber so schnell war das Mädchen nicht zu beruhigen.

Scheiße, dachte Sophie, hoffentlich hab'ich sie jetzt nicht zu sehr verschreckt. Ich hatte doch noch so viel mit ihr vor...

Sophie zeigte auf das Mädchen, dann auf das Heft, machte zeichnende Bewegungen und zeigte dann auf Golden Sun. Dann legte sie als Zeichen einer Bitte die Handflächen vor ihrem Gesicht zusammen und machte ein bittendes Gesicht. Als sie sah, dass das Mädchen immer noch verunsichert war, wiederholte sie die bittende Geste und zeigte auf ihr Pferd.

Das Mädchen machte Handzeichen, die Sophie nicht verstand und ging dann abrupt davon.

Scheiße, dachte Sophie nochmal. Scheiße...

„So, und sie wollen also meine Weiden pachten?"
Der Mann, der da in dem altdeutsch eingerichteten Wohnzimmer saß, erfüllte alle Vorurteile vom Aussehen eines älteren Landwirtes. Übergewichtig, mit einem stark geröteten Gesicht, hatte er sich stöhnend in einen großen Sessel fallen lassen und schnaufte jetzt, als wäre das für ihn eine große Anstrengung gewesen. Wie kommt der Mann da bloß wieder raus, fragte sich Birgit, und stellte sich vor, wie er dafür seine Frau herbeirief, die ihn dann mit großer Kraftanstrengung aus dem Sessel ziehen musste.

„Ja, genau", antwortete Bernd und warf Birgit unauffällig einen Seitenblick zu.

Wo war die nur wieder, fragte er sich und stieß sie leicht am Fuß an. Birgit schreckte leicht hoch.

„Ja, genau", wiederholte sie, und hoffte, dass die Worte passend waren.

„Und was genau haben Sie da vor?", fragte der Mann im Sessel weiter. Besorgt, aber auch irgendwie fasziniert, beobachtete Birgit, wie der Oberkörper des Mannes sich unter den kurzatmigen Schnaufern weitete und dann wieder zusammenzog.

„Wir möchten gern einen kleinen Offenstall errichten", erklärte sie dem Mann. Der verzog das Gesicht. Scheinbar trafen sie mit diesem Vorhaben nicht auf großes Verständnis.

„Sie wissen aber schon, dass sie auf meinen Weiden keine Baugenehmigung bekommen, nicht wahr? Das ist Außengebiet. Da darf niemand was bauen.

„Oh", entfuhr es Birgit, „nein, das wussten wir nicht. Das ist aber schade. Die Lage wäre so toll für Pferdehaltung." Sie machte ein enttäuschtes Gesicht.

„Wenn Sie den Herrmannshof kaufen, dann können sie die Weiden dazupachten", ergänzte der Mann im Sessel nun. Birgit lachte. Toller Scherz, dachte sie, aber Bauer Ellenbrink saß weiterhin mit ernster Miene in seinem Sessel.

„War das jetzt ein Scherz?", fragte Bernd.

„Überhaupt nicht. Der Herrmannshof steht zum Verkauf. Wussten Sie das nicht?"
Bernd und Birgit sahen sich an. Erstaunen und Verwirrung lag in ihren Blicken.

„Äh – nein. Seit wann denn?
„Na gut, vielleicht hat er es ja noch nicht offiziell gemacht, aber er hat's am Stammtisch erzählt. Ich hoffe, ich verrate da jetzt kein Geheimnis. Er will verkaufen." Der Mann im Sessel versuchte tief durchzuatmen, wobei sich ein beunruhigendes, rasselndes Geräusch in seiner Brust entwickelte. „Tut mir leid", entschuldigte er sich, „mein Herz. Mir geht es gesundheitlich nicht so gut." Als bräuchte es noch irgendeinen Beweis für seine Äußerung, bekam er einen schweren Hustenanfall, und seine Gesichtsfarbe veränderte sich von rot nach violett.
„Brauchen Sie irgendwie Hilfe?" Birgit machte sich jetzt ernsthaft Sorgen.
Der Mann schüttelte den Kopf und winkte hastig ab. Zum Sprechen war er nicht in der Lage, denn der Hustenanfall raubte ihm die Luft.
Endlich schien sich sein Körper wieder zu beruhigen und er entschuldigte sich nochmals.
„Sie brauchen sich doch nicht zu entschuldigen", meinte Birgit.
„Nein, wirklich nicht", pflichtet Bernd ihr bei.
Der Mann versuchte sich ein Lächeln abzuringen.
„Tja, also so sieht es aus. Tut mir leid, dass ich

Ihnen keine bessere Auskunft geben kann. Auf meinen Weiden können sie nicht bauen. Aber wie gesagt, ich verpachte sie Ihnen gerne, wenn Sie sie nur als Sommerweiden nutzen möchten, oder eben, wenn Sie den Herrmannshof hätten."
Bernd und Birgit standen auf, gingen um den Tisch herum und gaben Bauer Ellenbrink zum Abschied die Hand. „Bleiben Sie sitzen", bat Bernd den Mann. „Wir finden allein hinaus."
Als Birgit und Bernd dann draußen außer Hörweite waren, konnte Birgit ihre Aufregung nicht mehr zurückhalten.
„Mensch Bernd, das wäre doch einfach der Hammer! Der Herrmannshof! Da kann man so viel draus machen! Das wäre einfach genial! Und dann noch die Nachbarweiden dazu. Besser geht es doch gar nicht. Was sagst du dazu?" Bernd schwieg noch einen Moment. Auch ihn reizte der Gedanke, das konnte er nicht anders sagen, aber er befürchtete, dass die Investitionskosten zu hoch sein würden, und laufende Kosten mussten auch noch berechnet werden.
Schließlich bräuchten sie auch Personal. Er würde seinen Job nicht an den Nagel hängen. Er liebte seinen Beruf. Bernd teilte Birgit seine Bedenken mit, aber der erschienen diese negativen Gedanken verfrüht.
„Wir wissen doch noch gar nicht, was er haben will. Und wie gesagt, man kann da so viel machen: Lehr-

gänge, Seminare, natürlich einen richtig guten Offenstall, und das auch noch mit Halle. Die Leute werden uns die Bude einrennen!"

Birgit war vor lauter Begeisterung nicht mehr zu stoppen. „Bitte Bernd. Lehne es nicht schon ab, bevor wir nicht alles geprüft haben, ok?"

„Ok", stimmte Bernd zu. „Wir holen uns alle Informationen, und dann treffen wir eine Entscheidung."

Birgit fiel ihm um den Hals, als hätten sie den Hof bereits gekauft. „Ist das aufregend!", rief sie zwischen den Küssen, die sie ihm gab. „Ist das aufregend!" Bernd lachte. Ihre Aufbruchsstimmung war einfach ansteckend.

Zu Ostern war es leider noch einmal recht kalt geworden. Sogar eine dünne Zuckerschicht aus Schnee hatte sich über das Land gelegt. Im Stall ließ man sich jedoch dadurch nicht vom jährlichen Ostergrillen abbringen. Im Reiterstübchen wurde der Ofen angemacht und Mario van Deeren hatte sich freiwillig gemeldet, sich um den draußen stehenden Grill zu kümmern. Auffallend viele junge Frauen und Mädchen gingen ihm dabei zur Hand. Bernd schaute aus dem Fenster des Reiterstübchens und schüttelte unmerklich den Kopf. Was hat dieser Kerl bloß an sich, dachte er. Birgit näherte sich ihm von hinten, legte ihm beide Hände vor die Augen und flüsterte: „Na, mein Schatz? Grübelst du über die Anziehungskraft eines Mario van

Deeren?" Dann nahm sie die Hände von seinen Augen und küsste ihn.

„Ach was", erwiderte Bernd, der sich ertappt fühlte, „so ein Quatsch. Ich hab nur mal geschaut, wie weit wohl die Würstchen sind. Ich hab nämlich Hunger."
Birgit grinste nur, ging dann zu ihrer Tasche und holte ein paar eingeschweißte Würstchen hervor.
„Nanu?" meinte eine der Stallkolleginnen, die das beobachtet hatte. „Hast du eigene Würstchen mitgebracht?"
„Ja", antwortete Birgit kurz. „Das sind vegetarische Würstchen. Ich esse kein Fleisch."
„Echt? Du bist Vegetarierin? Finde ich gut. Ich esse ja auch nur noch ganz wenig Fleisch."
Birgit kannte diese Reaktion bereits, lächelte und nickte. Eigentlich lebte sie vegan, aber das band sie nicht jedermann auf die Nase. Die Diskussionen, die daraus entstanden, wenn man davon erzählte, war sie einfach leid. Die meisten Menschen fühlten sich dann immer genötigt, sich zu rechtfertigen oder über ihren minimalen Fleischverzehr zu sprechen. Dabei wollte Birgit niemanden bekehren. Sie hatte das einzig und allein für sich entschieden. Mehr nicht.
„Mario? Bist du so nett und legst die Würstchen hier für mich auf den Grill?"
„Ha, vegetarische Würstchen. Die kann ich dann gleich zu meinen legen", sagte der ganz selbstverständlich. „Sojawürstchen?", fragte er sie dann?

„Nein, Seitan. Leider vertrage ich kein Soja. Bist du auch Vegetarier?" Ein paar der weiblichen Gesellschaft am Grill schauten etwas missmutig auf Birgit.

„Vegan", antwortete Mario. „Ach echt? Das ist ja cool. Ich auch". Birgit grinste über das ganze Gesicht. Als sie sich umdrehte, sah sie Bernd am Fenster stehen. Sie winkte ihm zu und ging dann wieder hinein.

„Stell dir vor, Bernd", teilte sie ihrem Freund sogleich leise mit, „Mario ist auch Veganer. Toll, nicht?" Birgit war begeistert. Meistens war sie die einzige in irgendwelchen Menschenrunden, die vegan lebte und so freute sie sich natürlich, dass sie nun jemanden gefunden hatte, der dies mit ihr teilte.

„Toll", erwiderte Bernd und dachte nur, dass es ja wohl nichts gab, was dieser Mario van Deeren nicht zu bieten hatte...

„Sag mal Birgit", fragte Britta Krohnwinkel, weißt du, was aus der Frau geworden ist, die du im Wald gefunden hast. Die mit dem Reitunfall meine ich. Ist die noch im Krankenhaus?"

„Oh ja", antwortete Birgit, „allerdings. Sie wurde ins künstliche Koma versetzt. Schädel-Hirn-Trauma. Deswegen konnte ich sie auch noch nicht besuchen. Aber nächste Woche will ich mal zu ihrer Mutter fahren und nachfragen."

„Schädel-Hirn-Trauma. Das klingt ja gar nicht gut."

„Nein", bestätigte Birgit. „Das ist auch nicht gut..."

„Hallo!“ Eine übertrieben fröhliche Stimme platzte in die nachdenkliche Gesellschaft hinein. Alle drehten sich zur Tür um. Dort standen zwei Mädchen, genauer gesagt, zwei DER Mädchen. „Sind schon Würstchen fertig?“, fragte Töchterchen.

„Ähm“, meinte Sabrina, eine Frau aus dem Stall, die das Ganze organisiert hatte, „Ihr habt euch nicht auf die Liste gesetzt. Tut mir leid. Habt ihr vielleicht etwas mitgebracht?“

„Klar“, erwiderte Töchterchen, griff in ihre Jackentasche und holte eine Tüte Weingummis hervor. Dann warf sie die Tüte auf den Tisch. „Da! Haben wir mitgebracht.“ Beide fingen ganz leise an zu kichern. Ein allgemeines Schweigen folgte. Außer zwei, drei Reiterinnen wussten inzwischen alle, um wen es sich hier handelte und alle waren unsicher, wie man jetzt mit der Situation umgehen sollte.

Marlene stand jetzt auf: „Ihr habt euch nicht angemeldet. Also könnt ihr hier auch nicht mitmachen. Auf Wiedersehen.“ Sie setzte eine bitterböse Miene auf und zeigte zur Tür.

„Ach, ist doch egal“, mischte sich nun eine ältere Stallkollegin namens Petra ein, die nur sehr sporadisch bei ihrem Pferd erschien, und das auch meist zu Zeiten, in denen sonst kaum jemand im Stall war. „Die Würstchen reichen doch bestimmt auch für ein paar Leute mehr. Daran soll es doch jetzt nicht scheitern, nicht wahr?“ Sie hatte ganz offensichtlich nichts von all den Querelen mitbekom-

men, die sich in letzter Zeit im Stall und auch außerhalb davon abgespielt hatten und lächelte die Mädchen verständnisvoll an.
Marlene stand stocksteif da. Sie wusste nicht, wie sie reagieren sollte.

Die beiden Mädchen nutzten den Moment der Stille, um sich überschwänglich bei Petra zu bedanken.
„Petra", begann nun Britta Krohnwinkel, „du hast anscheinend nicht mitbekommen, was hier in letzter Zeit los war. Es gibt hier große Auseinandersetzungen mit diesen Mädchen. Mir wäre es auch lieber, wenn sie jetzt gehen würden."
Beide Mädchen setzten ein tiefbetrübtes Gesicht auf. Lena, Töchterchens Freundin meinte leise und mit Grabesstimme: „Na gut. Wenn ihr uns hier nicht haben wollt, dann gehen wir wieder." Dann drehten sich die beiden um und verließen das Reiterstübchen. Dort begann jetzt eine Diskussion darüber, ob man sich korrekt verhalten hatte. Schließlich seien die Mädchen ja noch halbe Kinder. Vielleicht war das ein kläglicher Versuch gewesen, sich doch noch in die Stallgemeinschaft zu integrieren. Andererseits waren es keine Kavaliersdelikte, die die drei Mädchen begangen hatten. Schließlich endete die Diskussion, als Mario mit einer großen Ladung duftender Würstchen das Reiterstübchen betrat.
Während alle schmausten, war es eine Zeitlang ruhig im Raum, und so vernahmen die Reiterinnen

und Reiter plötzlich das bekannte rumpelnde Geräusch eines Pferdeanhängers. Kam da wieder mal jemand Neues? Birgit, die am Fenster saß, stand auf und sah hinaus. Zuerst konnte sie niemanden erkennen, aber dann sah sie, dass es sich um Jasmin handelte, die Dritte im Bunde der Tyrannen-Clique. War irgendwo ein Turnier, überlegte Birgit.

„Kommt da jemand Neues?", fragte Petra mit vollem Mund.

„Nein, sieht aus, als würde Jasmin ihr Pferd verladen", antwortete Birgit.

„Jasmin?", fragte Petra. Dieser Name sagte ihr nichts.

„Jasmin gehört auch zu den Mädchen, die eben hier waren. Weiß jemand, ob irgendwo ein Turnier ist?" Alle schüttelten den Kopf.

Komisch, dachte sie, und gerade als sie sich wieder hinsetzen wollte, sah sie Sophie und Lena, die sich Jasmin näherten. Die hatte bereits ihr Pferd geholt und begann es zu verladen. Man konnte erkennen, dass es ein Wortgefecht gab und das Pferd nervös hin und her trippelte.

„Ich komme gleich wieder", sagte Birgit und stand auf. Als sie sich der Szenerie näherte, merkte sie, dass Sophie, das Töchterchen, und Lena auf Jasmin einredeten. „Lasst mich zufrieden!", rief Jasmin gerade, als Birgit dazukam.

„Kann ich irgendwie helfen?", fragte sie mit sehr bestimmter Stimme.

„Verpiss dich!", erwiderte Sophie. „Misch dich nicht ständig in unsere Angelegenheiten ein. Das hier geht dich nichts an. Stimmt's Jasmin?", fragte sie drohend. Jasmin schwieg. Jetzt kamen auch Bernd und Björn dazu. „Was ist hier los?", fragte Bernd. „Man, verpisst euch!", schrie Sophie jetzt.

„Das ist ganz allein unsere Sache hier."
„Alles klar, Jasmin?", fragte Birgit das Mädchen jetzt direkt. „Ja, alles klar", erwiderte dieses kleinlaut und wagte nicht aufzuschauen, nachdem Sophie und Lena sie mit zu Schlitzen verengten Augen anstarrten.
„Na dann", meinte Birgit, „wenn noch was ist. Wir sind drinnen." Sie sah die beiden Männer schulterzuckend an und alle drei gingen wieder rein.
„Was denkst du?", fragte Björn Birgit.
„Sah aus, als ob da jemand aus der Gruppe ausgestoßen wurde", meinte Birgit. „Ja, oder vielleicht selber rausgegangen ist", fügte Bernd hinzu.
„Was war denn nun?", fragte Petra.
„Jasmin zieht wohl mit ihrem Pferd aus",
antwortete Bernd knapp...
Einige Tage später war es Birgit und Bernd endlich gelungen, sich mit Heinz zusammen zu setzen.
„Heinz", begann Bernd, „ wir haben gehört, dass du darüber nachdenkst, den Hof zu verkaufen. Haben wir da Richtiges gehört?" Er grinste.
Heinz sah einigermaßen überrascht aus. „Woher habt ihr das denn?", fragte er.

„Stimmt es denn?", versuchte Bernd der Beantwortung durch eine Gegenfrage aus dem Weg zu gehen.

„Ja - nee", begann Heinz und Birgit konnte es sich nicht verkneifen, die Augen zu verdrehen.

„War erst mal so ein Gedanke. Mehr so ein Gedanke."

Birgit war enttäuscht. Insgeheim hatte sie schon von ihrem eigenen Hof geträumt und sich vorgestellt, wie sie alles verändern würde.

„Warum fragt ihr? Wollt ihr mir etwa ein Angebot machen?" Heinz betonte die Frage so, dass klar wurde, dass er das für ziemlich unwahrscheinlich hielt.

„Na ja", begann nun Birgit, „wir wollten mal hören, was du denn so haben willst für den Hof. Wir könnten uns tatsächlich vorstellen, ihn zu übernehmen. Käme natürlich auf den Preis an."

„Also wisst ihr, ja - nee, das ist jetzt alles etwas überraschend. Ich kann da noch gar nichts Genaueres zu sagen. Es gibt da auch verschiedene Optionen. Ja - nee, ist vielleicht alles ein bisschen früh...". Die Situation war Heinz sichtlich unangenehm.

„Dann lass doch mal die verschiedenen Optionen hören. Vielleicht ist ja etwas dabei, was für uns interessant wäre." Birgit wollte Heinz jetzt nicht aus ihren Fingern lassen. Sie kannte ihn. Würde das Gespräch jetzt und hier beendet, würden sie ihn wochenlang nicht mehr zu Gesicht bekommen.

„Ja-nee…“. Heinz wand sich und er tat Birgit fast
ein bisschen leid.

„Ich wollte eigentlich einen Makler beauftragen“,
sagte er nun. „Ich kenne mich ja mit dem ganzen
Kram nicht aus. Die ganzen Verträge und so.“

„Aber der bekommt auch ordentlich Geld von dir,
Heinz. Das weißt du, nicht? Früher hat ja meist der
Käufer bezahlt, aber heute ist das anders. Ich
meine nur. Das Geld könntest du dir doch sparen.
Ich meine, wenn wir uns einig werden würden,
dann bräuchten wir doch keinen Makler, oder?“

„Ja-nee. Vielleicht ginge es auch ohne.“ Er machte
eine Pause.

„Was hättet ihr denn vor mit dem Hof?“, fragte er
unvermittelt.

„Es soll weiter ein Reiterhof bleiben, Heinz. Wir
würden noch zusätzlich Seminare anbieten.“ Nicht
zu viel von irgendwelchen Veränderungen sprechen, ermahnte sich Bernd. Das würde einen Menschen wie Heinz nur unnötig verschrecken.

Heinz nickte. Er war alleinstehend. Der Hof war
seine ganze Lebensversicherung. Am liebsten
würde er ja auch dort bleiben, aber die Arbeit fiel
ihm immer schwerer.

„Wisst ihr“, begann Heinz, „ich kann mir kaum vorstellen, nicht mehr hier auf dem Hof zu sein. Es ist
mein Elternhaus, meine Mutter hat hier gelebt, hat
mit achtzig Jahren noch gemolken, und schließlich
ist sie hier gestorben. Ich war nie woanders…“

Mit diesen Sätzen hatte Heinz mehr von sich erzählt, als er es jemals getan hatte. Birgit und Bernd
schwiegen.
„Und", begann Birgit vorsichtig, „und wie wäre es,
wenn du hier wohnen bleiben könntest? Darüber
ließe sich reden, Heinz."
Über das Gesicht des Mannes huschte ganz kurz so
etwas wie Freude.
„Ja - nee". Es schien, dass er diese Option noch gar
nicht in Betracht gezogen hatte und deshalb etwas
verwirrt war. Er konnte aber nicht verhehlen, dass
ihm diese Idee mehr als gut gefiel. Er müsste nicht
weg von hier, nicht raus aus seinem Zuhause...
„Heinz, bitte nenne doch mal eine Hausnummer für
den Hof, damit wir wissen, worüber wir hier reden."
Es wurde noch ein sehr langes Gespräch und keiner von den Dreien bemerkte, dass da jemand hinter dem Türspalt stand und lauschte...

„Papa! Jetzt hast du aber mal Zeit, ja?" Rechtsan-
walt Konrad Hansen legte die Zeitung mit einem
Seufzer beiseite. „Na, Sophie? Was gibt es denn?"
Sophie setzte sich ihrem Vater gegenüber an den
Tisch.
„Ich habe dir so viel zu erzählen und du musst mir
unbedingt helfen. Und du hörst mir bis zu Ende zu,
versprochen?" Konrad Hansen nickte zerstreut.
Während Sophie erzählte, schweiften seine Gedanken immer wieder ab. Er schielte zur Seite, wo seine
Zeitung lag. Als Sophie ins Zimmer gekommen war,
hatte er gerade eine interessante Überschrift entdeckt. Hintergrund für einen neuen Fall, den er gerade übernommen hatte, und auf den ersten Blick
schienen diese Informationen nicht gerade hilfreich
für seine Mandanten zu sein.
„Papa!" Sophie schrie ihren Vater an. „Du hörst mir
schon wieder nicht zu!"
„Doch!", widersprach ihr Vater schnell, versuchte
sich herauszureden und die Situation zu be-
schwichtigen. Was hatte er gerade noch mitbekommen von dem, was seiner Tochter alles erzählt
hatte?

„Jemand hat Wasser auf dein Pferd geschüttet. Ist das schlimm? Kann er da krank von werden? Du weißt ja, dass ich davon nicht..."
Jetzt explodierte Sophie förmlich. „Wasser auf mein Pferd?! Auf mein Pferd?! Auf deine Tochter, verdammt!
Deine Tochter, ich, bin mit einem Eimer Wasser begossen worden. Hör doch nur einmal zu, wenn ich dir etwas erzähle! Verdammte Scheiße!" Sophie redete sich jetzt so richtig in Rage.
„Nicht in diesem Ton, Mädel! Sonst ist das Gespräch hier und sofort zu Ende. Haben wir uns verstanden?"
„Gespräch?! Was denn für ein Gespräch. Ich erzähle dir was ganz Wichtiges, etwas, was mal mir wichtig ist, und du? Du hörst mir nicht einmal zu. Du hörst mir einfach nie zu! So war das auch mit dem Pferd. Warum habt Ihr mir dieses fremde Pferd gekauft? Ich wollte doch nur ein einziges Pferd, und das war Luzi!" Sophie hielt plötzlich inne. Sie hatte sich über ihre eigenen Worte erschrocken. Das hatte sie ihren Eltern nie sagen wollen, weil sie nicht undankbar erscheinen wollte. Schließlich hatten sie ihr ein ziemlich teures Pferd geschenkt, und kurze Zeit später sogar noch eins. So konnte sie nun Dressur- und Springprüfungen reiten. Alle Freundinnen waren neidisch.
„Wer ist denn nun wieder Lucy?", fragte Konrad Hansen.

Er fühlte sich völlig überfordert mit der Situation. Wie immer. Wohl fühlte er sich eigentlich nur, wenn er in seiner Kanzlei war, oder vor Gericht. Aber hier, Zuhause, mit den ewigen Konflikten zwischen den Mädchen und seiner Frau, die ebenso überfordert damit war...

„Luzy, verdammt!", schrie Sophie jetzt wieder. „Sie hieß Luzy, mit hartem Z! Z, Z, Z! Und nicht Lucy, mit scharfem S!"

Jetzt überwältigte Sophie die Erinnerung und sie lief weinend hinaus. Im Flur hätte sie beinahe ihre Mutter umgerannt. Sophie rannte die Treppe hinauf und schloss sich in ihrem Zimmer ein. Sie warf sich aufs Bett und weinte hemmungslos. Als sie sich ein kleines bisschen beruhigt hatte, öffnete Sie die Schublade ihres Nachtschränkchens und holte ein kleines Kästchen hervor. Sie öffnete den Deckel und nahm ganz vorsichtig den Inhalt heraus: Schwarze Mähnenhaare und ein Foto von einem schwarzen Pferd. Sophie schluchzte und erneut liefen ihr die Tränen über das Gesicht. Bilder tauchten vor ihrem Gesicht auf. Sie und Luzy auf der Weide. Das Pferd lag und sie selbst saß an seinem Kopf und streichelte es. Luzy in ihrer Box, wie sie leise wieherte, als sie Sophie in der Stallgasse entdeckte. Luzy und sie auf ihrem allerersten Turnier, einem kleinen Hausturnier, und sie machten den dritten Platz. Luzy und sie im Wald, das Pferd grasend und sie selbst auf einem Baumstamm sitzend, in den Himmel schauend und dem rupfenden und mahlenden Geräusch des Pferdes lauschend...

Es gab nur noch dieses eine Foto. Alle anderen waren zusammen mit ihrem Handy in einem See versunken. Sie war mit Mike auf dem See gewesen. Sie hatte Mike ihr Handy gegeben, damit er sie aufnehmen könnte. Dann war sie aufgestanden, weil sie plötzlich die verrückte Idee gehabt hatte, ihm auf dem Boot etwas vorzutanzen. Tja, das war mal nicht so eine tolle Idee gewesen. Bei dem Versuch, das Boot vor dem Kentern zu bewahren, fiel Mike das Handy aus der Hand und es versank in den Tiefen des Sees. Sie hatte Mike Vorwürfe gemacht und ihn die ganze Rückfahrt über nur beschimpft. Danach hatten sie sich nie wieder gesehen.
Warum fiel ihr das alles nur plötzlich wieder ein? Es war doch alles so gut. Sie war doch erfolgreich. Sowohl mit Golden Sun als auch mit Sandera. Daran war nur dieses Mädchen Schuld, kam es Sophie plötzlich in den Sinn. Dieses Mädchen mit ihren blöden Zeichnungen von Black Fever und ihren blöden Geschichten, die sie schrieb. Die war Schuld daran, dass sie selbst jetzt so traurig war...
„Charlotte?" Konrad Hansen sah seine Frau, die gerade das Zimmer betreten hatte, etwas verzweifelt an. „Wer zum Teufel ist Lucy?"...

Immer wieder hatte Sophie nach dem Mädchen auf der Bank Ausschau gehalten. Sie hatte schon fast die Hoffnung aufgegeben, dass sie noch mal wiederkommen würde, aber nun sah Sophie sie endlich wieder auf der Bank sitzen und ging langsam zu ihr. Eigentlich wusste sie gar nicht so genau, was sie von ihr wollte und warum sie immer allein nach ihr Ausschau gehalten hatte, war ihr auch irgendwie schleierhaft. Lena hatte schon ein paarmal nachgefragt, was sie denn nun weiter mit Stummi vorhätte, aber Sophie hatte sich jedes Mal herausgeredet.

So schlenderte sie also unentschlossen in Richtung der Bank, auf der das Mädchen saß. Wieder einmal schrieb es in sein geheimnisvolles Heft. Hat wohl noch nicht mal ein Laptop, dachte Sophie überheblich. Sophie tat überrascht, als das Mädchen aufsah, aber langsam kam da diese Wut wieder hoch, die gleiche Wut, die sie empfunden hatte, als sie auf ihrem Bett gesessen, das Foto von Luzy angesehen, und geweint hatte.

Das Mädchen lächelte, sprang von der Bank auf, holte ein Blatt Papier aus seiner Tasche und überreichte es Sophie. Die war total überrascht und fragte sich, was das sollte. Dann warf sie einen Blick auf das Papier und ihre Augen begannen zu strahlen. Das Mädchen hatte Golden Sun gezeichnet, und er sah so wundervoll aus auf dieser Zeichnung, dass Sophie es kaum fassen konnte.

Das Bild war nur ganz sanft koloriert worden. Wie hatte das Mädchen es nur hinbekommen, dass die wunderschöne Farbe von Golden Sun so strahlte. Er machte seinem Namen alle Ehre und Sophie empfand zum ersten Mal so etwas wie Stolz auf ihr Pferd.

Das Mädchen bemerkte die Freude in Sophies Augen und lächelte über das ganze Gesicht.

„Danke", sagte Sophie verunsichert. Dann machte sie wieder die Handbewegung, von der sie dachte, dass sie Dank ausdrücken würde. Da stand sie nun mit diesem Bild in der Hand und wusste nicht, was sie tun oder sagen sollte. Ihre Wut war verflogen und vor allem war auch ihre Lust, das Mädchen ärgern zu wollen, wie weggeblasen. Unschlüssig stand sie herum und schaute immer wieder auf das Bild in ihrer Hand. Noch nie hat mir jemand so etwas Tolles geschenkt, dachte sie und schaute kurz hoch. Da stand das Mädchen vor ihr und hielt ihr das Heft hin, in das es immer schrieb.

Sophie zeigte mit dem Finger auf sich und machte ein fragendes Gesicht. Das Mädchen nickte. Sophie nahm das Heft entgegen, und beide setzten sich auf die Bank. Dann begann Sophie zu lesen. Den Anfang kannte sie ja bereits und überflog ihn schnell.

"Shakan!" „Shakaan!"
Der Ruf hallte durch den Wald, wurde wie auf Flügeln über die Steppe getragen, durchdrang eine kleine Baumgruppe, kletterte in rasendem Tempo den Hügel hinauf und fand sein Ziel in den langen Gängen und Windungen von Shakans Ohren. Ein Ruck ging durch

das Pferd und es riss augenblicklich seinen Kopf hoch und schleuderte so viel geballte Luft durch seine Nüstern, dass sein Schnauben fast wie ein Knall klang. Die Stuten im Hintergrund taten es ihm gleich und suchten nach dem Grund seiner Erregung.

Shakan tänzelte, hin und her gerissen zwischen dem Drang, dem Ruf zu folgen und der Furcht, seine Stuten allein lassen zu müssen. Zwölf der wunderschönsten Stuten, die es gab, nannte er die Seinen und er wusste von mindestens zwei jungen Hengsten, die nur darauf warteten, sie allein und ohne seinen Schutz anzutreffen, um sie zu entführen.

„Shakaan!"

Ein erneuter Ruf erreichte die Ohren des großen, schwarzen Hengstes. Das Tier beendete den Tanz und die Muskeln, die eben noch rollten und zuckten, kamen zur Ruhe und bildeten nun eine sanfte Hügellandschaft unter der Haut.

Noch einmal umkreiste er die Herde der wilden Schönen und verabschiedete sich dann mit einem Schlag seines rechten Vorderbeines, einem Aufstampfen, das jedem Widersacher zeigen sollte: Ich komme wieder. Und wenn ich meine Stuten dann nicht friedlich grasend auf diesem Hügel wiederfinde, dann komme ich und hetze dich bis über den Himmel hinweg, bis zum letzten leuchtenden Stern, den du mit deinen Augen noch erkennen kannst – und das wird das letzte Leuchten sein, das deine Augen erreicht, denn dann hole ich mir meine Schönen zurück!

Shakan bäumte sich noch einmal auf und galoppierte dann aus dem Stand heraus davon. Seine Hufe schienen den Boden nicht zu berühren, so gleichmäßig waren seine Bewegungen, dass es schien, als flöge er über Gras, Sand und Waldboden hinweg.

Sie wartete geduldig, so, als wüsste sie genau, dass er sich für sie entscheiden würde. Sie wusste von seiner Zerrissenheit, wusste von seinen Ängsten um seine Stuten und von dem Groll, den er hegte gegen jeden Eindringling, jeden, der eine Gefahr für seine Zwölf darstellen könnte. Manchmal, am Abend, sah sie hinauf zum Himmel und suchte nach dem letzten leuchtenden Stern, den sie noch erkennen konnte und dann sah sie Shakan in gestrecktem Galopp am Himmelszelt entlang ziehen. Vor sich einen hellen Braunen, sehr schnell, aber kurz in seinen Bewegungen, und sie bemerkte, wie der Abstand von Shakan zu dem hellen Braunen immer kleiner wurde, wie er ihn überholte, ihn stellte, sich aufbäumte, ihn schlug, ihn biss, wieder und wieder, bis der Hellbraune sich nicht mehr wehrte und am Himmel ein neues Sternbild entstand – das Sternbild des siegreichen Pferdes.

Ceyda hob die Hand. Shakan sah die Geste und stoppte abrupt. Obwohl das große Tier in rasendem Galopp auf sie zugekommen war, war sie nicht einen Zentimeter zurückgewichen. Sie wusste einfach, dass er vor ihr zum Stehen kommen würde. Sie zweifelte keine Sekunde daran, dass er zuverlässig war, zweifelte nicht an seinem Gehorsam, nicht an seiner Aufrichtigkeit.

Von dem heftigen Galopp noch in Aufregung, war es Shakan unmöglich, ruhig vor dem Mädchen zu stehen. Die Unruhe trieb ihn bald vor, bald zurück, ließ ihn auf der Stelle traben und mehrmals musste er heftig durch die Nüstern blasen, so heftig, wie er es getan hatte, als ihr Ruf ihn bei seinen Stuten erreicht hatte.

Ceyda spürte die große innere Erregung des Hengstes und ging langsam auf ihn zu. Dann legte sie ihre Hand an seine Schulter und genoss die Wärme, die von dem kräftigen Muskel ausging. Sie sprach kein Wort, stand einfach nur da, die linke Hand auf seiner rechten Schulter und langsam beruhigte sich das Tier.

Sophie war völlig gefangen von dem, was sie da gelesen hatte. Irgendwie war das alles komisch geschrieben und trotzdem war sie aufgeregt und wünschte, der Text wäre hier nicht schon zu Ende. Wer wohl diese Ceyda war. Sie war irgendwie geheimnisvoll und mutig zugleich. Und wie das Mädchen diesen Hengst beschrieben hatte! Sie hatte richtig ein bisschen Gänsehaut bekommen. Unglaublich fand Sophie, dass eine Geschichte, auch noch von Hand geschrieben, so etwas in ihr auslösen konnte. Sie war total verwirrt. Plötzlich spürte sie, dass das Mädchen sie anstupste. Sophie schaute zur Seite und sah in ein Gesicht, das Unsicherheit und Zweifel ausdrückte. Dann machte das Mädchen ein fragendes Gesicht. Oh, dachte Sophie, vielleicht möchte sie wissen, wie ich es finde. Und so nickte sie beifällig und applaudierte mir ihren Händen. „Ich finde es toll", sagte sie und bemerkte die Erleichterung im Gesicht des Mädchens. „Wie heißt du?", fragte sie nun und zeigte dann auf sich und nannte ihren Namen. Dann zeigte sie auf das Mädchen. Dieses nahm das Heft, schlug die erste Seite auf und auf der Innenseite des Umschlags konnte Sophie einen Namen lesen: Amelie Schulz.
Sophie zeigte auf den Namen im Heft und zeigte auf das Mädchen. Das nickte, gab das Heft und einen Schreiber an Sophie weiter und machte eine schreibende Bewegung mit der rechten Hand. Dann zeigte es auf Sophie und die verstand, dass sie nun ihren Namen aufschreiben sollte.

Sophie Hansen stand nun auf der Innenseite des Heftes, direkt unter Amelies Namenszug.

„Ach hier bist du!" Plötzlich stand Lena hinter ihnen. „Ich hab dich schon überall gesucht. Wir waren doch zum Ausreiten verabredet. Hast du das vergessen?" Sophie hörte den Vorwurf in Lenas Stimme und war sofort genervt davon.

„Du siehst doch, dass ich hier etwas Wichtiges zu tun habe."

„Wichtig? Mit Stummi auf der Bank zu sitzen ist wichtiger als unsere Verabredung?"

Amelie beobachtete die beiden Mädchen und erkannte, dass sie stritten. Sie nahm vorsichtig das Heft von Sophies Schoß und den Schreiber, packte alles in ihre Tasche und stand auf. Dann lächelte sie Sophie an, nickte Lena zu und ging fort.

„Was?!" herrschte Sophie Lena an. „Ich will ihr Vertrauen gewinnen! Hab ich doch schon mal gesagt!" Mit diesen Worten stand sie auf und ging in Richtung Stall.

Lena ging hinter ihr her. „Hast du wenigstens mal etwas herausbekommen? Zum Beispiel, wie Stummi heißt oder so?"

„Ja, Meier, Müller, Schulze oder so. Ist doch auch völlig unwichtig."

„Unwichtig?" Lena wurde misstrauisch. „Was hast du da eigentlich in der Hand? Was ist denn das für ein Zettel?" Lena ging jetzt neben Sophie und streckte die Hand nach der Zeichnung aus. Sophie zog die Hand weg und sagte nur missmutig: „Nichts. Pfoten weg.“

„Sag mal, was läuft denn da zwischen euch? Hast du jetzt ne neue Freundin oder was? Stummi als Ersatz für Jasmin oder wie?“

„Oder was, oder wie!“, wiederholte Sophie genervt. „Ich hab‘s dir schon erklärt, aber scheinbar geht es nicht in deinen Schädel rein. Erst mal baue ich Vertrauen auf, ok?!“

„Ach ja? Und dann? Was hast du dann vor? Erzähl‘s mir bitte. Was hast du dann vor?“

„Du wirst es erfahren, wenn es soweit ist, und wenn du heute noch mit mir ausreiten willst, dann hörst du jetzt mal auf zu nerven, ok?“

Schweigend gingen die Mädchen nebeneinander her und beide waren froh, als sie endlich den Stall erreicht hatten.

Birgit war in Eile. Sie hatte noch Unterricht, musste aber auch noch schnell etwas einkaufen. Und so huschte sie in das Einkaufszentrum, in das sie eigentlich nicht so gerne ging. Auf der Rolltreppe versuchte sie die stehenden Menschen zu überholen, was sich als ziemlich schwierig erwies, weil immer wieder jemand unbedingt auch auf der linken Seite stehen bleiben musste. Jetzt stand ein Mädchen vor ihr und Birgit sprach es von hinten an: „Entschuldigung? Darf ich mal vorbei?“

Das Mädchen drehte sich um und Birgit erkannte es sofort.

„Hallo Jasmin. Das ist ja ein Zufall. Alles ok? Hat sich dein Pferd schon eingewöhnt?“

„Geht so“, antwortete Jasmin einsilbig und trat ein Stück zur Seite, um Birgit vorbeizulassen. Die aber wollte zu gern herausfinden, was zwischen den Mädchen vorgefallen war und blieb nun ihrerseits auf der Rolltreppe stehen.

„Hast du einen Moment Zeit?“, fragte Birgit. „Ich würde gerne mal mit dir sprechen.“ Man konnte Jasmin deutlich ansehen, wie unangenehm ihr das Zusammentreffen mit Birgit war und sie antwortete ausweichend: „Also eigentlich nicht.“

„Nur auf einen Kaffee, oder Latte Macchiato, oder was du so magst. Ich lade dich auch ein.“

„Ach“, erwiderte Jasmin schwach, „vielleicht lieber ein andermal.“

„Bitte, Jasmin. Ich halte dich auch wirklich nicht lange auf.“

„Man, sie will nicht ok? Merkst du nicht?“ Eine Gruppe Jugendlicher, die hinter ihnen stand, hatte das Gespräch mitgehört und einer von ihnen mischte sich nun ein.

„Schon ok. Wir kennen uns.“ Birgit hatte sich zu den Jugendlichen umgedreht.

„Brauchst du Hilfe mit der Alten? Sag Bescheid.“ Nun sprach der Jugendliche Jasmin direkt an und grinste. Sie würde die Jungs nicht mehr loswerden, das ahnte Jasmin und deshalb erwiderte sie nur kurz:

„Schon gut. Danke. Ich kenne die Frau und gehe jetzt mit ihr einen Kaffee trinken."

„Sicher? Ich mein nur." Der Jugendliche gab nicht auf. „Klang ganz anders eben. Von wegen keine Zeit und so."

Jasmin schwieg und hoffte, dass die Jungs bald das Interesse an ihr verlieren würden. Die aber waren hartnäckig und liefen in kurzem Abstand hinter Birgit und Jasmin her.

Als sich die beiden in ein Bistro setzten, stellten sich die Jugendlichen in die Nähe und versuchten durch Lautstärke und Bemerkungen über Jasmins geiles Aussehen Aufmerksamkeit zu erlangen. Die verdrehte die Augen und sagte zu Birgit: „Hoffentlich hauen die bald ab, sonst verfolgen die mich noch durch die ganze Einkaufspassage." Birgit warf schulterzuckend einen Blick auf die jungen Männer. So ein pubertäres Verhalten würde wahrscheinlich nie aussterben, dachte sie.

Dann stellte sie direkt die Frage, die ihr auf der Seele brannte: „Jasmin, was ist passiert zwischen dir und deinen Freundinnen?"

„Nichts. Wieso?" Jasmin wiegelte ab.

„Ach komm, Jasmin. Das kannst du mir nicht erzählen." Das wiederholte Gejohle der Jungs nervte sie nun doch sehr.

Und wieder schoss sie direkt ihre Frage ab: „Hat euer Streit irgendetwas mit dem Reitunfall im Wald zu tun?"

Erschrocken sah Jasmin auf. „Was? Wie kommst du denn darauf? Was für ein Reitunfall überhaupt?" Birgit meinte Angst in Jasmins Augen zu sehen.

„Ich habe euch hinter dem Pferd her galoppieren sehen. Ich weiß, dass ihr etwas mit dem Unfall zu tun habt, Jasmin. Die Frau liegt im künstlichen Koma. Sie hat ein Schädel-Hirn-Trauma. Keiner weiß, was da zurückbleiben wird. Bitte sag die Wahrheit. Ihr bringt euch nur in große Schwierigkeiten, wenn ihr lügt und schweigt!"

Jasmin saß mit großen, erschrockenen Augen da. Sie waren also gesehen und erkannt worden, dachte sie. Was sollte sie jetzt nur tun?

„Wir haben damit nichts zu tun. Das musst du mir glauben!", rief sie verzweifelt. „Nicht so laut!", ermahnte Birgit sie. „Muss ja nicht jeder mitbekommen. Also, ihr seid hinter dem Pferd der gestürzten Frau her gerast und wollt nichts mit dem Sturz zu tun haben? Wer soll euch das denn glauben?"

„Wirklich", wiederholte Jasmin. „Wir haben nichts getan."

„Und worüber habt ihr dann gestritten? Und wieso seid ihr hinter diesem Pferd her gewesen?"

„Ey!", die Jugendlichen standen plötzlich an ihrem Tisch. „Belästigt die Alte dich?"

„Verdammt noch mal. Verschwindet jetzt. Wir möchten uns unterhalten. Ohne euch!" Birgit war aufgestanden. Der eine aus der Gruppe machte daraufhin einen Schritt auf sie zu und kam ihrem Gesicht so nahe, dass sie seinen Atem spüren konnte. Sie bemerkte, dass sie zitterte und ihr Herz schlug rasend. Die Situation fühlte sich bedrohlich an.

„Ach ja?", blies er ihr jetzt regelrecht ins Gesicht. „Klang aber gar nicht so, weissu?" Er sagte „weissu", statt „weißt du".

„Ist aber so", erwiderte Birgit so ruhig wie möglich, um die Lage nicht noch mehr eskalieren zu lassen. Sie sah dem Jungen direkt in die Augen. Nicht wegschauen, dachte sie. Das ist wie bei Pferden. Direkt in die Augen sehen und nicht wegschauen. So zeigt man Stärke. Birgit schluckte. Der Junge sagte nichts. Auch er sah ihr direkt in die Augen.

„Haut jetzt ab hier." Jasmin war nun auch aufgestanden. „Verpisst euch!", zischelte sie und zog ihre Augen zu Schlitzen zusammen, so wie es Sophie und Lena getan hatten, als Jasmin beim Verladen ihres Pferdes war. „Der Junge, der sich besonders hervorgetan hatte, drehte sich um.

„Wenn du meinst, Schlampe. Los kommt", meinte er dann zu seinen Kumpanen, „auf Schlampen steh' ich nicht." Geringschätzig ließ er noch einmal seinen Blick an Jasmin und dann auch an Birgit hoch und runtergleiten. Er musste sein Gesicht wahren, sonst würden ihn seine Kumpel auslachen...

„Oh man", meinte Birgit, als sie sich wieder gesetzt hatten, „erlebst du sowas öfter?"

„Ja, manchmal. Ist irgendwie Alltag hier. Deswegen bin ich auch am liebsten bei meinem Pferd." Sie versank schnell in ihrer großen Tasse mit Milchkaffee, als fürchtete sie, schon mit diesem einen Satz zu viel von sich preisgegeben zu haben.

„Jasmin, bitte. Erzähl mir jetzt, was passiert ist."

„Oh man, was geht es dich denn an? Lass doch gut sein."

„Was es mich angeht? Ist das das dein Ernst? Ich habe gefühlte Stunden in einem dunklen Wald zugebracht, an der einen Hand mein Pferd, auf dem Boden eine bewusstlose Frau. Es war kalt, ich wusste nicht, ob man uns überhaupt suchen würde und außer ein bisschen Erste-Hilfe konnte ich nichts für diese Frau tun. Und du fragst mich, was mich das angeht? Wirklich Jasmin?"

Jasmin schwieg betroffen. Sie selbst war es ja gewesen, die Sophie und Lena davon zu überzeugen versucht hatte, dass sie wenigstens einen Krankenwagen an die Stelle rufen sollten, an der diese Frau gestürzt war, aber Sophie wollte davon nichts hören und Lena war sowieso immer alles egal. Sie selbst konnte seitdem nicht mehr ruhig schlafen, träumte schlecht, wachte mitten in der Nacht auf und konnte nicht mehr einschlafen. Sie wusste tief in ihrem Herzen, dass sie Mist gebaut hatten, und diesmal richtig großen Mist.

„Wir haben mit dem Sturz wirklich nichts zu tun", begann sie endlich mit der Beichte. „Da war diese Maschine, mit der die Bäume gefällt werden und die gleich die Rinde abmacht und so."

„Ein Harvester?", fragte Birgit dazwischen.

„Kann sein. Keine Ahnung, wie die heißen. So ein Riesengeschütz…

Auf jeden Fall, dem Mann hatte es wohl Spaß gemacht, das Pferd und ihre Reiterin zu erschrecken. Er ist immer ganz dicht hinter ihr her gefahren. Wir haben das beobachtet und…“ Jasmin stockte. Sie mochte nicht erzählen, wie sie und ihre Freundinnen, damalige Freundinnen, korrigierte sie sich in Gedanken, hinter ein paar Bäumen verborgen, die Situation beobachtet und sich halb tot gelacht hatten.
„Und?“, fragte Birgit nach.
„Und – dann ist das Pferd von der Frau irgendwann durchgegangen. Der Mann mit seiner Maschine ist in einen Seitenweg abgebogen und wir sind hinter der Frau her.“
„Hinter der Frau her?“, fragte Birgit mit gerunzelter Stirn.
„Ja. Sophie rief „hinterher“, und dann sind wir halt hinterher.“ Jasmin stockte abermals. Jetzt wurde es für sie immer schwerer, über das Geschehen zu berichten, denn mit jedem Wort wurde ihr klarer, wie unverantwortlich sie gehandelt hatten.
Dann fuhr sie fort: „Als wir um eine Wegbiegung galoppiert kamen, sah ich die Frau am Boden und weiter weg ihr Pferd, ebenfalls im Galopp.
Ich war vorne und konnte mein Pferd gerade noch an ihr vorbei lenken. Ich weiß noch, dass sie zusammengekrümmt auf dem Weg saß.“

„Sie saß auf dem Weg?" Birgit war überrascht. „Bist du ganz sicher, dass sie saß, nicht lag?"

„Ja, da bin ich ganz sicher. Dann rief Sophie ,Los, den holen wir uns', und überholte mich ein Meter weiter. Tja, und dann sind wir halt hinter dem Pferd her..."

„Und weiter?"

„Das Pferd ist irgendwann abgebogen, vermutlich zu seinem eigenen Stall und wir sind nach Hause geritten."

Birgits Handy klingelte. „Moment bitte", bat sie Jasmin und nahm das Gespräch entgegen.

„Björn. Oh, entschuldige bitte. Ich kann nicht zum Unterricht kommen. Es tut mir sehr leid. Bitte sei nicht böse. Nein, ich kann dir das jetzt nicht erklären. Ja, es geht mir gut. Wirklich. Du, wenn Bernd da ist, vielleicht mag der meine Stunde übernehmen. Steht neben dir? Na, dann gib ihm mal einen .... Ach nein, vergiss es." Sie musste grinsen bei der Vorstellung, dass Björn Bernd einen Kuss von ihr gab. „Bis später. Ich muss jetzt Schluss machen."

„Entschuldige, Jasmin", wandte sie sich dann wieder dem Mädchen an ihrem Tisch zu.

„OK. Jetzt wart ihr am Stall. Und nun?"

„Nichts."

„Wie nichts? Willst du mir allen Ernstes erzählen, dass keiner von euch diesen Unfall gemeldet hat? Keinen Rettungsdienst alarmiert? Nichts?" Birgit war empört. Ungläubig sah sie Jasmin an.

„Ich fand das ja auch nicht richtig.“

„Aber?“

„Sophie hat’s verboten“, erklärte Jasmin jetzt kleinlaut.

„Verboten? Wie kann sie denn jemandem so etwas verbieten, bitteschön? Ihr seid doch keine kleinen Kinder.“ Birgit konnte einfach nicht glauben, was sie da hörte.

„Lena war’s egal. Ich war die Einzige, die meinte, man müsste wenigstens einen Rettungswagen alarmieren. Aber da hat mir Sophie gedroht, wenn ich das mache, dann tut sie Beluga etwas an. Ich hatte Angst um mein Pferd.“

„Was?“ Birgit glaubte, nicht richtig zu hören. Das war ja kriminell.

„Deshalb bin ich ja dann auch ausgezogen, weil ich Angst um Beluga hatte. Deshalb auch diese Auseinandersetzung am Anhänger, wo du dazugekommen bist. Sophie wollte nicht, dass ich ausziehe.“

„Und warum das nun wieder nicht?“ Birgit kam nicht mehr mit.

„Ich weiß nicht. Vielleicht, weil sie mich jetzt nicht mehr kontrollieren kann. Vielleicht hat sie es auch als Niederlage empfunden, dass ich ihr nicht weiter folge. Ich weiß es wirklich nicht. Ich weiß nur, dass die nicht ganz richtig tickt. Manchmal kann man Angst kriegen vor der.“

Birgit atmete ein paarmal tief ein und wieder aus. Das war ja eine unglaubliche Geschichte. Aber, dachte sie dann, stimmte sie auch?

„Hast du schon mal dieses Mädchen an der Weide gesehen?", begann Jasmin unvermittelt.

„Welches Mädchen?", fragte Birgit.

„Da sitzt immer so ein Mädchen auf der Bank an der Weide. Auf der anderen Seite, am Waldrand."

„Ja und?" Birgit hatte keine Lust, sich vom eigentlichen Thema ablenken zu lassen.

„Vielleicht kannst du da mal ein Auge drauf haben. Ich glaube, Sophie hat etwas mit ihr vor."

„Mit ihr vor?" Birgit hatte plötzlich das Gefühl, in einen Sumpf von Gemeinheit und Widerwärtigkeit hineingezogen zu werden.

„Werd mal präziser." Birgit verlor langsam die Geduld.

„Ich weiß es doch auch nicht. Ich weiß nur, dass sie es irgendwie auf sie abgesehen hat."

„Ja, gut", erwiderte Birgit unwillig. „Hast du deinen Eltern schon von dem Vorfall erzählt?", nahm Birgit den Gesprächsfaden wieder auf.

„Nein. Ich hab mich nicht getraut."

„Das musst du aber, das weißt du?"

„Glaub schon." Jasmin senkte den Kopf. Sie schämte sich und sie hatte Angst. Angst vor der Reaktion ihrer Eltern und Angst, was da sonst noch alles auf sie zukommen würde.

„Ist das schlimm, was die Frau hat? Sie wird doch nicht irgendwas zurückbehalten, oder?"

„Ich sagte ja bereits, dass das kein Mensch weiß, Jasmin.

Das weiß man alles erst, wenn man sie aus dem künstlichen Koma holt."

Betroffen saß Jasmin da. Sie wusste nicht mehr, was sie sagen sollte.

Mehr und mehr wurde ihr bewusst, was sie getan hatten, und mehr und mehr wurde ihr auch bewusst, in was für ein Abhängigkeitsverhältnis zu Sophie sie geraten war. Wie hatte das nur passieren können? Sie war doch sonst eher taff, sagte ihre Meinung und war auch kein unglückliches Mädchen. Und dennoch hatte Sophie sie in ihren Bann gezogen, sie ganz und gar vereinnahmt, bis sie nur noch funktionierte. So funktionierte, wie Sophie es sich vorstellte. Vielleicht war es einfach das gewesen, wie krass Sophie handelte. Sie machte sich keinerlei Gedanken über die Folgen ihres Tuns. Sie machte, was sie gerade wollte, was ihr gerade einfiel, ohne Rücksicht auf andere. Wo Sophie war, da war immer etwas los, war es nie langweilig. Jasmin kannte so ein Leben nicht. Von Zuhause aus war sie zur Vernunft erzogen worden. Über die Stränge schlagen, das wurde in ihrer Familie nicht geduldet. Da war ihr das Chaos, das Sophie verbreitete, geradezu exotisch vorgekommen.

„Jasmin?" Birgit hatte das Mädchen schon zweimal angesprochen, aber keine Reaktion erhalten. Jetzt schien Jasmin sie endlich wieder wahrzunehmen.

„Also. Rede mit deinen Eltern und dann müsst ihr unbedingt mit den Eltern der verunglückten Frau

reden. OK? Machst du das so?" Birgit sah Jasmin
in die Augen.

Diese nickte langsam und ihr Kopf schien ihr
schwer wie ein Stein zu sein.

Mit traurigen Augen antwortete sie: „Ja, das muss
ich wohl. Aber jetzt möchte ich weg von hier."

„Alles klar. Ich bezahle. Wir sehen uns bestimmt in
nächster Zeit mal wieder. Und wenn du Hilfe
brauchst, dann darfst du dich gern an mich wenden, in Ordnung?"

„Ja, in Ordnung", stimmte Jasmin leise zu, stand
auf und ging mit schweren Schritten davon.

„Also. Was hast du herausbekommen?"

„Ich konnte ein Gespräch belauschen, das dich
sehr interessieren wird. Es bleibt bei Fünfzig?"

„Ja doch! Nun erzähl schon."

„Birgit und Bernd wollen den Herrmannshof
kaufen."

„Nein."

„Doch. Ich habe es mit eigenen Ohren gehört. Krass
oder?"

„Und du bist dir da ganz sicher?"

„Ich kann dir nur erzählen, was ich gehört habe.
Und ich habe eine Menge gehört."

„Erzähl. Was noch?"

„Er soll eine Hausnummer nennen und sie wollen
ihm wohl anbieten, da wohnen zu bleiben. Krass
oder? Lehrgänge wollen sie anbieten.

Und ich sage dir: Wenn die den Hof erst einmal
haben, dann werden die den komplett umkrem-
peln. Ich glaube nicht, dass mir das gefallen wird.“
„Na, dann haben wir ja beide ein Interesse daran,
das zu verhindern, nicht wahr?“
„Allerdings.“
„Hier ist dein Geld. Und wenn du neue Informatio-
nen hast, gibt es wieder einen Fünfziger. Ich kann
mich auf dich verlassen?“
„Das kannst du.“
„Also dann: Viel Spaß beim weiteren Schnüffeln!“
„Danke. Werd ich haben.“

Birgit saß auf der kleinen Tribüne der Reithalle und
sah beim Unterricht von Mario van Deeren und seinem Pferd Umberto zu.
Umberto, ein Andalusier, hatte die harte Schule in
Spanien „genossen“ und hatte jegliches Vertrauen
in die Reiterhand verloren. Er war auf blanker Kandare angeritten worden und sehr schnell in eine
Scheinversammlung gezwungen worden. Eine hohe
Knieaktion hatten die Spanier sehen wollen, alles
andere war ihnen mehr oder weniger egal gewesen.
Seit Mario und Björn zusammen arbeiteten, hatten
sie sich ein klares, erstes Ziel gesetzt. Der Schimmel sollte vertrauensvoll in die Vorwärts-Abwärts-
Dehnung geritten werden können. Davon allerdings
war er noch meilenweit entfernt. Egal wie kurz oder
lang Mario das Zügelmaß wählte, ob er in Anlehnung ritt oder ohne, sein Pferd ging stets mit auf-
gerichteter Kopfhaltung, gern verkroch er sich auch

hinter dem Zügel und machte im Trab nur kurze, tippelige Tritte. Ein durch und durch verspanntes Pferd, ohne Vertrauen in den Menschen.

Heute schien er zum ersten Mal kleine Fortschritte zu machen. Hin und wieder traute er sich, den Kopf ein wenig nach vorn-unten zu strecken und sich dabei ein paar Zentimeter Zügel aus der Hand von Mario zu nehmen. Björn sah sehr zufrieden aus und machte Mario wieder und wieder auf diese kleine Veränderung aufmerksam. Mario lächelte. Noch nie, solange er nun mit Umberto arbeitete, hatte der sich so etwas getraut. Vielleicht war dies wirklich der erste Schritt zu einer vertrauensvollen Partnerschaft. Björn machte scheinbar gute Arbeit. Birgit war richtig ein bisschen aufgeregt, als sie das beobachtete und sie erinnerte sich an die erste Zeit, als sie mit Bernd ausgeritten war und an Black Fever, der noch nicht einmal am langen Zügel im Schritt gehen konnte. Auch er ein verspanntes Pferd ohne Vertrauen in die Reiterhand, ja in den Reiter insgesamt. Klaus Breitenau, der andere Reitlehrer, der hier im Stall ein paar Reitschüler hatte und Christina von Elm, die vorherige Besitzerin von Black Fever, hatten ganze Arbeit geleistet. Schlaufzügel, Kandare, Rollkur, auch Bernds Pferd hatte viel durchmachen müssen. Jetzt aber war er nicht mehr wiederzuerkennen. Er ging in allen Gangarten am langen Zügel, war aus jeder Versammlung heraus in die Vorwärts-Abwärts-Dehnung zu bringen, und in diesem Jahr wollte Bernd sogar schon mal ein Turnier wagen.

Birgit konzentrierte sich wieder auf das Geschehen in der Reithalle. Als sei ein Knoten geplatzt, nahm sich der hübsche Schimmel mehr und mehr Halsfreiheit.

Es schien, als würde er merken, dass irgendetwas anders war als vorher. Er begann mit dem Gebiss zu spielen, kaute übertrieben darauf herum, legte es mal auf, dann wieder unter seine Zunge, nahm sogar mal kurz den Kopf hoch, aber dann, als würde er sich über sich selbst erschrecken, nahm er wieder die alte, starre Haltung an und verkroch sich schnell wieder hinter dem Zügel. Als er aber nach kurzer Zeit einen neuen Versuch wagte, beendete Björn die Reitstunde im besten Moment. Dieser Moment der Entspannung, des ersten Anflugs von Vertrauen sollte sich nun in Umbertos Gehirn festsetzen, sollte dort abgespeichert werden. Mario konnte sein Glück kaum fassen. Endlich, endlich schien es einen Weg zu dem traumatisierten Pferd zu geben und er bedankte sich überschwänglich bei Björn. Auch dieser freute sich sehr über die ersten erfolgreichen Schritte seines Schützlings.

Birgit verließ die Tribüne und ging den Männern entgegen.

„Das war ja toll!", empfing sie die beiden. „Für einen Moment konnte man ahnen, wie Umberto wohl einmal gehen wird. Das sah einfach toll aus." Birgit war begeistert.

Marion van Deeren strahlte. „Ja, nicht wahr? Und wenn du wüsstest, wie toll sich das erst mal angefühlt hat. Für Sekunden vertraute er sich mir an, das war unbezahlbar. Sonst ist es immer so, als spule er irgendein erlerntes Programm ab, und als sei es dann eigentlich egal, wer da auf ihm draufsitzt."

„Ja", übernahm Björn das Gespräch, „genauso ist es auch. In seiner Verzweiflung hat er eine Haltung gesucht, in der er die Art und Weise, wie man ihn in Spanien geritten hat, am besten aushalten konnte. Die hat er dann irgendwann abgespeichert. Er wird es erst wieder wagen, ein neues Verhalten zu zeigen, wenn er merkt, dass er eine andere Antwort auf sein Verhalten bekommt. Eine positive Verstärkung. Heute hat er das zum ersten Mal realisiert und damit begonnen, ein neues Verhalten auszuprobieren. Das Eis ist gebrochen, aber er wird bei der kleinsten Kleinigkeit, bei jeder Verunsicherung, wieder zurück in sein altes Muster fallen. Das wird noch ein langer Weg, Mario." Er sah seinen Reitschüler an.

„Ich weiß", erwiderte der. „Aber dass er so schnell reagiert hat, ja, überhaupt reagiert hat, dass finde ich einfach grandios. Ich hatte das nicht erwartet. Vielen Dank, Björn."

„Ist mein Job", antwortete der Reitlehrer bescheiden, aber man sah ihm an, dass ihn das Lob durchaus freute.

„Du machst mehr als einen guten Job, Björn", sagte nun auch Birgit, lächelte ihn an und fügte hinzu: „Ich glaube, wir sind alle sehr froh, dass wir dich haben." Verlegen grinste Björn sie an. „Danke, Birgit. Vielen Dank für das Kompliment."

„Hast du noch Zeit für einen schnellen Kaffee?", fragte Mario, aber Björn schüttelte bedauernd den Kopf.

„Heute leider nicht. Muss weiter. Habe noch Unterricht. Aber nächste Woche gern, da sind die nach euch im Urlaub. Dann hab ich ein Stündchen."

„Abgemacht!", freute sich Mario und gab seinem Reitlehrer die Hand.

„Tschüss dann, ihr."

„Tschüss, Björn."

Als Björn Hausner den Stall verlassen hatte, begleitete Birgit Mario noch bis zu Umbertos Box.

„Diese Woche scheint meine Glückswoche zu werden", begann Mario, während er absattelte.

„Ach ja? Ist noch was Tolles passiert? Hast du vielleicht im Lotto gewonnen?" Birgit lachte.

„Nein, besser", antwortete Mario. „Ich habe eine total nette Frau kennengelernt, und hübsch ist sie dazu." Er schaute verträumt in die Ferne.

„Wirklich? Gratuliere! Wie heißt sie denn? Und reitet sie auch? Na los! Erzähl!"

Sie heißt Solveig, Solwäi gesprochen, nicht Solveig, und sie reitet nicht. Man könnte sagen, im Gegenteil, aber irgendwie auch wieder nicht. Sie hat mir erzählt, dass vor Jahren ihr Pferd bei einem Reitunfall gestorben ist. Es hatte sich ein Bein gebrochen, nachdem es bei einem Sprung gestürzt war und musste daraufhin eingeschläfert werden. Nun möchte sie keinen Stall mehr betreten und kein Pferd mehr sehen."

„Ach, das ist ja eine traurige Geschichte. Aber ich hoffe, dass wir sie trotzdem mal kennenlernen werden."

„Bestimmt. Ich glaube, man darf sie da nur nicht drängen."

„Da hast du wahrscheinlich recht. Wenn ich mir vorstelle, dass Burschi so etwas passieren würde. Ich weiß auch nicht, wie ich da reagieren würde. So, jetzt muss ich aber. Ich will heute noch zu der Mutter von der verunglückten Reiterin." Und sie fügte hinzu, als sie Marios fragendes Gesicht sah: „Die im Wald gestürzt ist und wo ich da erste Hilfe geleistet habe."

„Oh, ja." Mario wusste nun, von wem sie sprach.

„Bis dann also."

„Ja, Tschau."

Vom vielen Galoppieren erhitzt, begann das Fell des Pferdes zu dampfen und sie atmete den Duft tief ein und schloss die Augen. Langsam ließ sie ihre rechte Hand in die Hosentasche gleiten und holte ein Stück hartes Brot hervor, einen Würfel dunkel gebackenen Vollkornbrotes, so hart, dass höchstens ein Hammer es hätte zertrümmern können. Shakans Ohren richteten sich interessiert nach vorn. Er machte einen Schritt zurück, um die Hand, die Genuss versprach, richtig sehen zu können. Ceyda verzog ihr Gesicht zu einem Lächeln und streckte ihm ihre Hand entgegen. Bald schon spürte sie die warmen Lippen, spürte den weichen Flaum, spürte die Feuchtigkeit seiner tropfenden Nüstern und schon erfreute das Geräusch, das sie so sehr liebte, ihr Ohr, das Krachen, als der Hengst das Brot zerbiss und kaute. Noch einmal berührte sie kurz die Schulter des Pferdes, drehte sich dann um und verließ es, ohne sich noch einmal umzudrehen.

Shakan warf Ceyda noch einen Blick nach, dankbar dafür, dass sie ihn erfreut hatte und dankbar dafür, dass sie ihn nicht zu lange von seiner Herde fernhielt. Diesmal gab es kein Aufbäumen. Shakan trabte an, wieherte laut und fiel dann in einen ruhigen Galopp, der ihn zu seinen Stuten zurück trug. Erst beim Wiehern des Pferdes hatte sich Ceyda noch einmal umgedreht und mit zufriedenem Blick beobachtet, wie Shakan in der Ferne immer kleiner wurde und schließlich ganz verschwand.

Amelie war wieder einmal bei der Pferdeweide. Sie konnte ihr Glück gar nicht fassen, denn der Rappe, den sie so wundervoll fand, war gerade an den Zaun gekommen. Amelie legte Heft und Stifte ins Gras und streckte Black Fever die Hand entgegen, die dieser zunächst mal auf eventuelle Leckerlies untersuchte. Dann kam er näher und pustete ihr durch seine Nüstern ins Gesicht. Amelie lachte breit und wich ein kleines Stück zurück. Wieder streckte sie dann dem Rappen ihre Hand entgegen und versuchte so, wie sie es ihrer Protagonistin Ceyda zugeschrieben hatte, ihm die Hand auf die Schulter zu legen. Zuerst war Black Fever etwas verunsichert und überprüfte ein weiteres Mal, ob da nicht etwas Leckeres in der Hand sein könnte, aber dann blieb er ganz still stehen, als er die Hand auf seinem Fell spürte.

Amelie war es, als würde ihre Geschichte plötzlich lebendig. Es fühlte sich so wunderschön an. Das Pferd strahlte eine große Wärme aus und man konnte jede Zuckung, jedes Muskelspiel, jede Bewegung ganz deutlich spüren. Eine Weile, die Amelie wie eine wundervolle Ewigkeit erschien, standen Pferd und Mädchen so da und genossen den Moment der Ruhe und einer unbeschreiblichen Gemeinsamkeit.

„Na, mein Pferd gefällt dir wohl." Bernd hatte vom Stall aus gesehen, dass da jemand am Zaun bei den Pferden war und war hingegangen, um nach dem Rechten zu schauen. Er stand hinter dem Mädchen, das aber keinerlei Reaktion zeigte. Nur Black Fever hatte ihn bemerkt und leicht den Kopf gehoben.

„Hallo!", sprach Bernd das Mädchen nun etwas lauter an, das ihn aber weiterhin ignorierte.

So jedenfalls erschien es ihm, der nicht wusste, dass das Mädchen ihn nicht hören konnte.

Bernd trat nun neben das Mädchen und sagte: „Sprichst du nicht mit jedem?"

Amelie erschrak und zog schnell die Hand zurück. Sie sah in Bernds fragendes Gesicht und machte ihm Zeichen, dass sie nicht hören und nicht sprechen konnte. Bernd war betroffen und entschuldigte sich, woraufhin Amelie ein bedauerndes Gesicht machte, um ihm nochmals zu zeigen, dass sie ihn nicht verstehen konnte.

Bernd überlegte, wie er mit ihr in ein Gespräch kommen könnte und zeigte auf Black Fever und dann auf sich.

Das ist mein Pferd sollte das heißen und er bemerkte, dass auf Amelies Gesicht Freude aufkam.

„Black Fever", sagte er dann und sprach betont langsam, in der Hoffnung, dass sie von seinen Lippen lesen könnte, aber sie zuckte bedauernd mit den Schultern und schüttelte den Kopf. Sie konnte nicht von den Lippen lesen und wusste, dass viele Menschen dachten, dass alle Gehörlosen das mehr oder weniger gut könnten. Dem war aber nicht so. Bisher hatte sie sich nicht dazu entschließen können, sich ernsthaft damit zu beschäftigen. Vielleicht auch, weil ihre Mutter sie immer damit nervte.

Amelie hob ihr Heft und einen Stift auf, öffnete das Heft dann und zeigte auf die beiden Namen auf der inneren Umschlagseite. Ihr eigener Name war da zu sehen und der von Sophie.

Sie zeigte auf ihren Namenszug und dann auf sich selbst. Dann zeigte sie auf Black Fever und machte Zeichen, dass Bernd den Namen aufschreiben sollte.

Bernd verstand sofort, nahm den Stift entgegen und schrieb Black Fever unter den Namenszug von Sophie Hansen. Jetzt erst las er diesen bewusst und war doch etwas verwundert. Was hatte dieses Chaos-Mädchen mit diesem hier zu tun?

Amelie zeigte ein bewunderndes Gesicht. Ihr gefiel der Name des Pferdes ausgesprochen gut. Black Fever stupste sie über den Zaun hin an. Dann stellte er sich so hin, dass sie seine Schulter berühren konnte und sie legte ihre Hand ein weiteres Mal auf das schwarze Fell. Bernd beobachtete fasziniert, wie Black Fever sich mehr und mehr entspannte, den Kopf fallen ließ, die Augen halb geschlossen, und wie das Mädchen seine Augen schloss und diesen Moment genauso zu genießen schien. Eine ganz besondere Verbindung schien da zwischen ihr und seinem Pferd zu bestehen.

Als Black Fever den Kopf hob, zog Amelie ganz langsam ihre Hand zurück. Sie wusste, dass das Pferd jetzt genug hatte und dass es wieder zurück zu seinen Artgenossen wollte. Es schien genauso zu passieren, wie in ihrer Geschichte von Ceyda und dem Rappen.

Bernd lächelte Amelie an. Er wusste gar nicht, was er sagen sollte.

Es war etwas Besonderes, was er da gerade beobachtet hatte und er wollte den Moment nicht stören. Amelie öffnete ihr Heft und zeigte ihm ein paar Zeichnungen. Das war Black Fever! Wie hatte sie ihn nur gut getroffen! Das Mädchen hatte wirklich Talent! Und sie hatte ihn nicht nur einfach gezeichnet, sondern auch in einen neuen Kontext gestellt. Einfach toll. Bernd war beeindruckt.
Er machte Zeichen, von denen er hoffte, dass sie seine Bewunderung genügend zum Ausdruck brachten.
Keiner von Beiden bemerkte, dass sie beobachtet und fotografiert wurden…

„Guten Tag, Frau Wilke." Birgit streckte der Frau an der Tür ihre Hand entgegen. „Ich wollte mich nach Ihrer Tochter erkundigen. Ist sie aus dem Koma erwacht?"
„Sie ist gestern von den Ärzten aus dem Koma geholt worden. Sie war ja in ein künstliches Koma versetzt worden, wg. des Schädel-Hirn-Traumas. Nun meinten die Ärzte, dass sie es wagen könnten, sie zu wecken." Der Mutter der verunglückten Reiterin liefen Tränen die Wangen herunter.
„Sie hat mich erkannt." Jetzt weinte sie. „Sie können sich nicht vorstellen, was ich für eine Angst ausgestanden habe, sie könne mich vielleicht nicht mehr erkennen." Birgit schwieg, um der Frau Zeit und Raum zu geben, weiter zu erzählen. Mitfühlend sah sie sie an.

Aber sie hat Mühe mit dem Sprechen und sie hat Gedächtnislücken.

Von dem Unfall weiß sie gar nichts mehr. Sie hat keinerlei Erinnerung daran. Na ja", meinte sie nach einer Pause, „vielleicht ist es ja auch besser so."

„Ja", pflichtete Birgit ihr bei. „Manchmal schützt uns unser Gehirn vor Erinnerungen, die zu schlimm für uns sind, und wenn wir stark genug sind, dann können wir uns wieder daran erinnern und das Geschehen verarbeiten."

„Ja, nicht wahr? Das glauben Sie auch. Dass die Erinnerungen zurückkommen werden?" Erneut begann die Frau in der Tür zu weinen.

Vorsichtig streichelte Birgit ihren Arm.

„Es wird dauern, aber ich bin sicher, dass alles wieder gut wird. Sie dürfen nicht die Hoffnung verlieren. Ihre Tochter braucht Sie jetzt. Sie und Ihre Zuversicht und Kraft."

„Nein, die Hoffnung habe ich natürlich noch nicht aufgegeben. Die Ärzte sagen, dass man nicht weiß, welche Erinnerungen zurückkommen. Jetzt werden erst einmal die körperlichen Funktionen getestet. Morgen gehe ich wieder zu ihr und dann wissen sie hoffentlich schon wieder mehr."

„Meinen Sie", fragte Birgit vorsichtig, „dass ich sie auch mal besuchen kann?"

„Also solange sie auf der Intensivstation liegt, geht das wohl nicht."

„Ah, verstehe. Darf ich dann ab und zu vorbeikommen und mal nachfragen? Ich hoffe, Sie verstehen mein Interesse. Es waren schlimme Stunden da draußen im Wald...“

„Aber natürlich verstehe ich das. Kommen Sie gern vorbei, so oft sie wollen. Und beim nächsten Mal bin ich auch höflicher und bitte Sie auf einen Kaffee ins Haus.“ Birgit lächelte. „Das mache ich. Auf Wiedersehen, Frau Wilke.“ Birgit drehte sich um, ging die wenigen Stufen zum Gartenweg hinunter und winkte noch einmal kurz, als sie die Gartenpforte schloss.

Tja, dachte sie auf dem Weg zu ihrem Auto. So schnell kann das gehen.

Gestern noch erfolgreiche Turnierreiterin und wenig später ohne Erinnerung auf der Intensivstation...

„Kommt rein.“ Heinz Herrmann machte eine einladende Geste, und Birgit und Bernd folgten ihm ins Haus.

Wieder fiel Birgit der muffige Geruch nach altem Haus auf, und die alten Möbel verstärkten noch den bedrückenden Eindruck, der vom Inneren dieses Hauses ausging.

„Und Heinz? Hast du Zeit zum Nachdenken gehabt?“ Bernd nahm sofort den Faden auf, um zu verhindern, dass Heinz ins Schwafeln geriet.

„Ja - nee, das ist keine einfache Geschichte, wisst Ihr?“

Birgit verdrehte kurz die Augen. „Was genau ist denn nicht so einfach, Heinz?“

Sie würden noch in zwei Jahren hier sitzen und mit ihm über den Verkauf reden. So zumindest war ihre Befürchtung. Heinz hatte sich bis jetzt vor jeder Entscheidung gedrückt, lief immer davon, wo er eigentlich mal ein Machtwort hätte sprechen müssen. Wie zum Teufel sollte er jemals diese existentielle Entscheidung treffen?
„Hast du mal über unsere Idee nachgedacht, hier wohnen zu bleiben, ein Wohnrecht zu erhalten, wenn du an uns verkaufst?“ Da war es wieder, dieses kurze freudige Aufflackern in seinen Augen.
„Ja - nee. Also, wie habt ihr euch das denn gedacht? Ihr wollt doch bestimmt auch hier wohnen. Also für eine Wohngemeinschaft bin ich nicht zu haben.“ Birgit spürte, wie sich ihr bei diesem Gedanken die Nackenhaare hochstellten.
„Nein“, erwiderte nun Bernd. „Da müsste man dann zwei Wohnungen draus machen, was ja aber auch kein Problem sein dürfte. Groß genug ist das Haus ja.“
„Ja.“ Heinz machte eine lange Pause. Bernd und Birgit sahen sich fragend an. „Aber das bleibt hier schon ein Reitstall, habt ihr gesagt?“
„Aber ja, auf jeden Fall, Heinz!“
Nach einer weiteren langen Pause nahm Bernd das Gespräch wieder auf.

„Was willst du denn haben für den Hof, Heinz?“ Bernd war sehr gespannt. Er war überzeugt, dass Heinz erheblich zu hoch in die Verhandlungen einsteigen würde, um am Ende ein gutes Resultat zu erzielen. Er hatte auch darüber nachgedacht, ob es nicht schlauer wäre, selbst mit einem Angebot zu kommen, hatte sich aber nach Beratung mit Birgit dagegen entschieden. Beide glaubten, dass sie Heinz das Gefühl geben müssten, dass er die Kontrolle über das Geschehen hätte. Dieser Hofverkauf war ein ganz schwerer Schritt für ihn und er sollte nicht das Gefühl haben, gedrängt oder über den Tisch gezogen zu werden.

„Ich habe mit einem Kollegen gesprochen“, begann Heinz jetzt, und Birgit sah ihn gespannt an. Würde er jetzt wirklich eine Summe nennen?

Und tatsächlich nannte Heinz jetzt einen Betrag. Birgit und Bernd sahen sich an. Sie hatten im Vorfeld hin und her gerechnet, überlegt, geraten, gewettet. Jetzt waren sie überrascht, weil der Betrag zwar ein bisschen hoch, aber auch wieder nicht exorbitant hoch war. Dennoch war jetzt natürlich Handeln und Feilschen angesagt und so setzten beide ein ernstes Gesicht auf, Birgit wiegte etwas sorgenvoll den Kopf, während Bernd meinte, dass dies auf jeden Fall eine Grundlage sei, auf der es sich verhandeln ließe.

„Du hast ja selbst vor einiger Zeit gesagt, dass du eine Menge Sachen erneuern musst auf dem Hof. Die Zäune müssen gemacht werden, einige Stalldächer sind nicht mehr ganz dicht und na ja, das

Haus hier müsste ja saniert und umgebaut werden." Waren das zu viele Veränderungen gewesen? Bernd schien es, als würde sich das Gesicht von Heinz verschließen.

„Ja - nee", begann der, das haben wir ja auch schon berücksichtigt."

„Also, ehrlich gesagt, hatten wir mit weniger gerechnet, eben, weil da ja noch erhebliche Kosten auf uns zukommen werden. Du darfst ja nicht vergessen, dass wir dieses Haus hier noch komplett umbauen müssen. Oder wolltest du das übernehmen?"

„Nee, nee." Das kam sehr spontan. Mit dem Umbau wollte er also nichts zu tun haben.

„Pass auf", meinte Birgit jetzt, „ was hältst du davon: Wir einigen uns auf einen Preis für den Hof und das Haus, dann holen wir uns einen Kostenvoranschlag für den Hausumbau, und die Kosten dafür teilen wir dann nochmal auf. Wir wissen doch sowieso noch nicht genau, was der Umbau kosten wird." Bernd sah sie irritiert an. Das war nicht abgesprochen gewesen und es gefiel ihm nicht. Schnell ergänzte er:

„Noch besser, wir holen den Kostenvoranschlag vorher und rechnen die Kosten dann mit in den Kaufpreis rein. Was meinst du dazu, Heinz."

„Ja, nee."

Bernd nannte jetzt ein Gegenangebot.

„Minus der Umbaukosten. Anteilig natürlich."

Eine ganze Weile wurden Argumente und Summen ausgetauscht, bis Heinz ein in der Höhe interessantes Angebot unterbreitete.

Bernd und Birgit sahen sich an. Das war im Bereich dessen, was sie sich im Vorfeld überlegt hatten. Sie nickten sich zu.

„Ja, Heinz. OK. Damit könnten wir leben." Es entstand ein langer Moment der Stille. Heinz wurde klar, dass er kurz vor dem Verkauf seines Hofes stand und Birgit und Bernd, dass sie kurz vor einer lebensverändernden Entscheidung standen.

Birgit konnte es nicht fassen.

Das war es jetzt also bald mit dem Herrmannshof, dachte Heinz ein wenig traurig.

Oh ha, jetzt beginnt ein ganz neuer Lebensabschnitt, dachte Bernd.

„Und", nahm Bernd das Gespräch nach einer Weile wieder auf, „hast du einen Notar, Heinz? Oder sollen wir einen suchen?"

„Ja - nee, sucht ihr ruhig einen aus."

„Komm Heinz, Handschlag unter Pferdeleuten?" Bernd war aufgestanden und streckte Heinz seine Hand entgegen. Auch Birgit und Heinz erhoben sich jetzt. Irgendwie war es ein feierlicher Moment in diesem alten, muffigen Haus mit seinen alten, dunklen Möbeln. Heinz schlug ein und gab dann auch Birgit die Hand.

„Wir werden uns schon vertragen, was Heinz?", meinte Birgit verschmitzt und Heinz antwortete mit seinem allseits bekannten ja - nee...

„Also? Was gibt's Neues? Kaufen die beiden den Hof wirklich? Erzähl schon!"

„Darüber konnte ich leider nichts mehr in Erfahrung bringen. Die drei machen ein ziemliches Geheimnis aus der Sache. Ich weiß nicht mal, ob sie sich noch mal getroffen haben."

„Und was willst du dann hier? Ich bin nur an Informationen interessiert, nicht an Besuchen von dir. Ich hoffe, das war deutlich."

„Ist ja gut. Ich habe etwas anderes für dich, was dich vielleicht interessieren könnte."

„Ach ja? Und was?"

„Fotos. Besondere Fotos."

„Wer zum Teufel ist das? Das ist doch noch ein Kind!"

„Ja eben."

„Sag nicht, er hat was mit einem Kind."

„Na, nicht direkt. Aber es sieht doch schon ein bisschen seltsam aus, oder nicht?"

„Ach so. Ich verstehe. OK. Beobachte die Geschichte weiter. Du musst herausfinden, wie das Mädchen heißt, wo es wohnt – und – mach noch ein paar schöne Fotos, ok? Ach ja, und wenn du noch etwas über den Stallkauf herausfindest, bekommst du einen Extrabonus. Falls nicht, erwarte ich, dass du den Kauf durch die beiden im Stall bekannt machst. Verstanden? Und mach's dann dramatisch. Dass alle Angst bekommen, dass sie aus dem Stall fliegen und so."

„Na klar. Alles, wie du willst. Solange du nicht vergisst, zu bezahlen."
„Keine Angst. Das vergesse ich schon nicht."
Ich nehme aber an, dass ich demnächst Informationen aus direkter Quelle erhalten werde. Also streng dich an. Nicht, dass ich deine Dienste plötzlich nicht mehr benötige."

Amelie rannte. Es fing an zu regnen und da vorn stand der rote Bus, der sie nach Haus zurück bringen sollte. Zurück in die triste Hochhaussiedlung. Noch war es hell. Schon allein deshalb war es wichtig, diesen Bus zu bekommen. In der Hochhaussiedlung wartete unter Umständen diese Gang auf sie, die sie drangsalierte, sie verhöhnte, ja, die sie auch manchmal schlug. Amelie hatte große Angst vor diesen Jugendlichen und betete, dass sie bitte nicht da sein mochten. Sie konnte schon die Umrisse der Hochhäuser erahnen und es fröstelte sie. Am liebsten wäre Amelie sitzen geblieben, aber automatisch drückte sie den roten Knopf, der dem Busfahrer signalisierte, dass er an der nächsten Haltestelle stoppen sollte.

Heute hatte sie scheinbar Glück, denn die Bushaltestelle war bis auf eine ältere Frau, leer. Amelie ging auf das graugelbe Hochhaus zu, in dem sie mit ihrer Mutter wohnte.

Sie zog den Schlüssel aus ihrer Tasche, der an einem roten Band hing, neben einem schwarzen Plüschpferd als Anhänger.

„Alles in Ordnung, Amelie?" Ihre Mutter gestikulierte und nahm ihre Tochter in den Arm. Dann drückte sie Amelie etwas von sich weg, damit diese ihre Hände und ihren Körper sehen konnte, aber Amelie signalisierte ihr, dass alles in Ordnung sei.

Dann ging sie in ihr Zimmer und zog ihr Heft heraus, das sie immer sicher unter ihrem T-Shirt und in den Hosenbund gesteckt, aufbewahrte.

„Darf ich dich mal was fragen?", Mario van Deeren saß der Frau gegenüber, in die er sich so Hals über Kopf verliebt hatte.

„Natürlich. Um was geht es denn?"

„Du hast mir ja erzählt, was Schreckliches mit deinem Pferd passiert ist und dass du deshalb keine Pferde und keinen Stall mehr sehen möchtest und – ich kann das total verstehen, und ich respektiere das. Ich möchte nur wissen, ob es auch schlimm für dich ist, wenn ich von unserem Stall erzähle, was da so passiert - und von Umberto? Ist das auch schlimm für dich?"

Ihm entging das kurzzeitige, freudige Aufflackern in ihren Augen. Sie schaute auf, sah ihrem Freund lächelnd ins Gesicht und erklärte ihm, dass ihr das überhaupt nichts ausmachen würde. Sie würde nur einfach keine Pferde und keinen Stall mehr sehen wollen. Das könne sie irgendwie nicht aushalten. Sie hätte es probiert, aber es würde die Wunde nur wieder aufreißen.

„Aber vielen Dank, dass du so rücksichtsvoll bist und dir so viele Gedanken um mich machst.", fügte sie hinzu.

„Ist doch selbstverständlich. Ich möchte dir doch nicht wehtun.

Aber, ich habe da ein tolles Erlebnis mit Umberto gehabt und wusste nicht, ob ich dir davon erzählen kann."

„Aber natürlich. Wer weiß besser, welche Bedeutung ein Pferd im Leben eines Menschen hat als ich? Erzähl, ich bin gespannt."
Und so begann Mario in allen Einzelheiten zu erzählen. Wie Umberto sich getraut hatte, ein wenig Zügel aus der Hand zu nehmen, wie er sich zeitweise sogar getraut hatte, den Hals lang zu machen, wie er mit dem Gebiss gespielt hatte, dann aber wieder erschrocken in sein altes Verhaltensmuster verfallen war. Marion van Deeren fühlte alles noch einmal nach, war in Gedanken wieder in der Reithalle, und so entging ihm das aufgesetzte Lächeln in dem gelangweilten Gesicht der Frau, die ihm gegenübersaß.

„Bist du sicher, dass wir das Richtige tun?“ Birgit
schaute Bernd zweifelnd an.

„Ist es für Zweifel jetzt nicht etwas zu spät?“

„Vielleicht. Aber jetzt könnten wir noch einen Rück-
zieher machen. Ich meine, das alles ist so rasant
schnell gegangen. In der nächsten Woche soll es
schon zum Notar gehen, wir beide, wir kennen uns
auch noch nicht so lange und … Ach, ich weiß auch
nicht. Mir macht das alles plötzlich Angst.“

„Oh.“ Bernd sah Birgit überrascht und besorgt zugleich an. „Ich bin verwirrt. Du schienst die ganze
Zeit so sicher zu sein, so ohne den geringsten Zweifel und ich dachte, dass wir uns jetzt einen Traum
erfüllen und jetzt? Willst du das Ganze jetzt abbla-
sen?“

„Ja. Nein! Vielleicht brauche ich jetzt nur jemanden, der mir die Zweifel nimmt, mir gut zuredet.
Keine Ahnung. Was ist denn mit dir? Es kommt mir
vor, als hätten wir die Rollen getauscht. Erst war
ich so hundertprozentig sicher und du hast ge-
bremst, und nun bin ich es plötzlich, die Angst hat
und du scheinst dir so sicher zu sein. Ich verstehe
das nicht.“

„OK. Also was genau macht dir Angst. Erzähl. Vielleicht können wir die Zweifel ja wirklich vertreiben.“

„Am meisten habe ich vor dem großen Kredit Angst
und dann davor, dass wir uns vielleicht streiten
und dann sind wir an diesen Hof gefesselt oder

müssen ihn aufgeben, denn den anderen auszahlen, das wird keiner von uns können."

„Wow. Das sind allerdings sehr grundsätzliche Befürchtungen. Darüber hätten wir im Vorfeld wohl ausführlicher reden sollen."

„Hast du denn solche Befürchtungen gar nicht?"

„Aber klar. Die hatte ich von Anfang an. Aber ich halte das für normal. Dieses Projekt birgt auf jeden Fall ein Risiko in sich, aber wir haben ja einen Gegenwert. Selbst wenn es schiefgehen sollte, werden wir nicht bis an unser Lebensende Schulden haben. Alles andere kommt, wie es kommen soll. Entweder man macht so etwas und steckt seine Kraft hinein oder man lässt es besser. Das waren meine Gedanken. Und ich muss ehrlich sagen, dass du mich richtiggehend mitgerissen hast, mit deiner Energie und deinem Optimismus. Ich glaube inzwischen, dass wir einen Super-Stall aufmachen werden. Einen modernen Offenstall mit Halle und Reitplatz, das gibt es hier weit und breit nicht. Ich arbeite weiter in meinem Job, was uns eine gewisse finanzielle Sicherheit gewährleistet und du bist hier die Chefin. Es scheint alles so klar. Es müsste eigentlich mit dem Teufel zugehen, wenn das nicht funktionieren würde." Er sah seine Freundin fragend an.

„Du hast recht." Birgit atmete tief ein und aus und nickte mehrmals ganz leicht mit dem Kopf.

„Ich glaube, das ist bei mir so eine Panik, wie sie Menschen kurz vor einer Hochzeit befällt." Sie grinste.

„Oh nein!", rief Bernd aus. „ Nochmal halte ich das nicht aus." Dann lachte er, nahm Birgit in den Arm und wiegte sie wie ein Kind hin und her. Dann küssten sie sich lange und ein Gefühl wunderbarer Wärme durchflutete Birgit und vertrieb auch die letzten zweifelnden Gedanken.

„Wollen wir...", begann Birgit gerade mit einem verführerischen Blick, als das Telefon in Bernds Wohnung zu klingeln begann.

Bedauernd machte sich Bernd auf den Weg in den Flur und nahm das Telefon aus der Ladestation.

„Förster", meldete er sich, um danach eigentlich nur noch schweigend zuzuhören. Hin und wieder konnte er ein „aber, das kann doch gar nicht sein" oder „nein" in das scheinbar von der anderen Person einseitig geführte Gespräch quetschen. Dann drückte er die Beendigungstaste und stand regungslos da.

„Bernd!", Birgit ging schnell zu ihm. „Was ist denn passiert? Was ist mit dir?"

Bernd stand immer noch stumm da, das Telefon in seiner Hand und seine Augen schienen durch sie hindurch in ein Nichts zu schauen. Birgit fasste ihn an den Schultern, sah ihm in die Augen und schüttelte ihn sanft. Eine schreckliche Angst überkam sie.

„Bernd! Bitte! Sprich doch mit mir. Was ist denn passiert?!" Wie in Zeitlupe legte Bernd das Telefon zurück in die Ladestation, machte sich von Birgit frei und ging zurück ins Wohnzimmer. Dort begann er wie ein Tiger im Käfig auf und ab zu laufen.

„Ist etwas mit Fever? Bernd. Ist etwas mit Fever? Etwas mit deinen Eltern? Ist jemand gestorben? Bitte Bernd! Rede doch mit mir!" Hilflos ging sie hinter Bernd her. Auf und ab im Wohnzimmer. Auf und ab, auf und ab.

„Das war Heinz", begann Bernd endlich ganz leise und setzte sich auf die Couch. „Er hätte Fotos gesehen. Von mir und einem Mädchen. Und dass ich wohl nur ein Pferd hätte, um die kleinen Mädchen damit anzulocken. Aber Gott sei Dank wäre das ja noch rechtzeitig rausgekommen. Was für eine verdammte Schweinerei ist da in Gange? Was für Fotos? Es kann gar keine Fotos geben." Jetzt sah er Birgit zum ersten Male wieder an.

„Du glaubst mir doch, nicht wahr? Ich, ich steh doch nicht auf kleine Mädchen, mein Gott. Birgit. Bitte sag, dass du mir glaubst. Bitte." Bernds Verzweiflung war so unendlich groß, lag so schwer auf ihm, dass Birgit mit Schrecken die Verwandlung der Mimik seines Gesichtes und die seiner Körperhaltung beobachtete.

„Ich verstehe nur Bahnhof", sagte Birgit. „Bitte erzähl mir jetzt noch mal ganz langsam, was da eben passiert ist. Also Heinz war das eben am Telefon. Habe ich das richtig verstanden?"

„Ja", antwortet Bernd nur.

„Und weiter? Er will nicht mehr an uns verkaufen? Warum nicht? Spinnt der denn?"

„An mich."

„Was an dich?"

„Er will nicht mehr an mich verkaufen. Was mit dir ist, weiß ich nicht."

Bernds Stimme klang schwer und leise. Er schüttelte immer wieder den Kopf, weil er nicht fassen konnte, was man ihm da vorwarf.

„Aber warum denn nicht? Was soll denn das heißen, dass du es auf kleine Mädchen abgesehen hast?"

„Mein Gott! Was das eben heißt! Er hat irgendwelche Fotos von mir und einem Mädchen bekommen, mit dem Hinweis, er solle mal genau hinsehen, an wen er da verkaufen will." Bernd wurde plötzlich sehr wütend.

Birgit schoss erschrocken von der Couch hoch. „Was?!" Sie glaubte einfach nicht, was sie da gerade gehört hatte. „Aber was bitte ist denn das für ein unglaublicher Unsinn?"

„Jemand hat ihm Fotos zugespielt und ihm gleich eine wunderbare Lügengeschichte dazu geliefert. Frei Haus sozusagen." Bernd hatte sich jetzt etwas beruhigt und unterstrich seine sarkastischen Worte mit der entsprechenden Mimik.

„Zu solch einer Sauerei ist nur ein Mensch fähig", fuhr er dann fort. „Christina."

Birgit stand eine Weile stumm da. Dann ging ein Ruck durch ihren Körper und sie wirkte plötzlich wieder sehr entschlossen.

„Ich fahre jetzt zu Heinz. Und anschließend zu Christina. Die können sich auf etwas gefasst machen.“

„Nein!“ Bernd stand schnell auf und hielt Birgit an den Armen fest. „Nicht. Mach jetzt nichts Unüberlegtes!“

„Was soll denn daran unüberlegt sein, wenn ich die beiden zusammenfalte wie einen alten, schlappen Schuhkarton. Ich, ich...“

„Nein Birgit. Nein. Bitte. Setz dich erst mal wieder. So ein Vorwurf ist zu ernst, als dass man da einfach losstürmen darf. Bitte. Bitte tu das nicht.“

Plötzlich wurde Birgit die ganze Tragweite dieses Geschehens bewusst und ihr kamen die Tränen. Christina von Elm. Versuchte sie tatsächlich schon wieder, ihr Leben zu zerstören? Und das von Bernd gleich mit? Oder andersherum? Rächte sie sich an Bernd und zerstörte ihr Leben, Birgits Leben, gleich mit? Der Traum vom Stall ausgeträumt? Ihre große Liebe im Gefängnis? Wie lange würde sie ihm glauben? Würde sie immer zu ihm halten? Was um Gottes Willen passierte da gerade mit ihnen? Birgits Phantasie spielte einen Thriller in ihr Kopfkino ein, den sie kaum noch kontrollieren konnte.

„Ich wäre dir sehr dankbar, wenn du zu Heinz fahren würdest. Nur lass uns vorher überlegen, wie du es am schlauesten anfängst. Aber fahr nicht zu Christina. Gönn ihr das nicht. Bitte. Birgit. Du glaubst mir doch, oder?" Er sieht regelrecht verängstigt aus, dachte Birgit und umarmte ihn. Immer noch liefen ihr Tränen über das Gesicht.

„Natürlich glaube ich dir", antwortete sie mit tränenerstickter Stimme.

„Bernd. Woher können die Fotos stammen?" Birgit hatte sich ein Stück zurückgesetzt und sah Bernd ins Gesicht.

„Fotoshop? Keine Ahnung. Ich habe nicht den leisesten Schimmer... Das heißt – Moment mal – das Mädchen an der Weide. Vielleicht hat Christina das gezielt eingesetzt? Aber da gab es nichts zu fotografieren. Wir haben uns nur unterhalten, naja, unterhalten ist eigentlich nicht das richtige Wort, denn sie kann nicht hören und nicht sprechen, und so haben wir uns mit Händen und Füßen unterhalten. Und sie hat mir ihre Zeichnungen gezeigt. Nein, daraus kann man mir doch keinen Strick drehen."

„Mit Fotoshop geht tatsächlich vieles. Von KI mal ganz zu schweigen. Standet ihr mal nah beieinander oder so? Hast du dich vielleicht mal zu ihr heruntergebeugt? Da kann man bestimmt Veränderungen vornehmen, die so etwas zweideutig aussehen lassen. Das wäre voll die Handschrift von Christina."

Bernd schüttelte ungläubig den Kopf. Er konnte das alles einfach nicht fassen.

„Und sie kann nicht hören und nicht sprechen, sagst du? Also taubstumm. Wie hast du sie denn kennengelernt?"

„Ich habe vom Stall aus beobachtet, dass jemand bei den Pferden an der Weide ist und habe nachgeschaut, wer sich da rumtreibt. Man weiß ja nie. Und da steht sie am Zaun, eine Hand an Fevers Schulter, und ich sprech sie an, ob er ihr wohl gefällt, aber sie antwortet nicht. Und ich spreche sie etwas lauter an und denke schon, dass sie wohl nicht antworten will, aber als sie mich sieht, schaut sie mich ganz erschrocken an und zeigt mir, dass sie nicht hören und nicht sprechen kann. Und wir gestikulieren und sie zeigt mir Bilder, die sie von Fever gezeichnet hat. Die sind einfach toll! Und sie hat eine ganz besondere Verbindung zu ihm, oder vielleicht auch ganz allgemein zu Pferden. Aber sie hat mir halt nur Zeichnungen von Fever gezeigt. Auf jeden Fall legt sie ihre Hand auf seine Schulter und Fever entspannt sich total, lässt den Kopf hängen, schließt halb die Augen. Es war unglaublich. So habe ich ihn noch nie erlebt.“

„Könnte es sein, das Christina sie als Falle geschickt hat? Damit sie diese Fotos machen kann?“

„Das glaube ich nicht.“ Bernd schüttelte den Kopf. „Du hättest sie erleben sollen. Ich glaube, sie hat wirklich eine besondere Gabe, mit Pferden umzugehen. So jemand wird sich nicht vor Christinas Karren spannen lassen.“

„Oh, da wäre ich nicht so sicher. Dieser Frau traue ich wirklich alles zu.“ Birgit spürte die alte Wut wieder in sich aufsteigen.

„Ja", erwiderte Bernd, „aber dem Mädchen nicht. Glaube mir."

„Moment." Bernd wurde plötzlich ernst. „Sie hatte den Namen von unserem Terror-Girl in ihrem Heft stehen. Da habe ich mich noch gewundert. Was hat sie mit der zu tun?"

Auch Birgit wurde nachdenklich. „Ich habe doch in der Stadt diese Jasmin getroffen. Habe ich dir doch erzählt. Wegen des Reitunfalls. Und jetzt erinnere ich mich, dass sie mich bat, auf ein Mädchen aufzupassen, dass sich öfter bei der Weide aufhält. Sie befürchtete, Sophie hätte etwas mit ihr vor. Ich habe mich nicht weiter damit beschäftigt, aber jetzt befürchte ich fast, dass da etwas dran sein könnte."

„Aber irgendein Zusammenhang zwischen dieser Sophie und Christina? Also ich bekomme da nichts zusammen. Tut mir leid."

Ich auch noch nicht, aber seit ich erlebt habe, wie Christina arbeitet, wenn es darum geht, jemanden fertig machen zu wollen, kann ich mir alles vorstellen. Komm, wir überlegen uns jetzt etwas. Dieser Plan wird nicht aufgehen, meine liebe Christina von Elm." Die alte Entschlossenheit war zurückgekehrt und in Birgits Stimme nicht zu überhören.

Die nächste unangenehme Überraschung erwartete Birgit, als sie den Stall betrat. Ein paar Miteinstellerinnen saßen im Reiterstübchen und regten sich über irgendetwas lautstark auf.

„Doppelte Stallmiete. Die haben sie ja wohl nicht alle. Und dann noch für einen Offenstall. Offenställe sind doch immer günstiger als Boxenställe!"

„Ich glaub's ja nicht!"

„Und wenn du ein unverträgliches Pferd hast, kannst du dir gleich einen neuen Stall suchen."

„Wieso macht Heinz nur sowas?"

„Ja, genau. Wenn er schon verkauft, warum dann nicht an jemanden, bei dem alles so bleibt wie es ist?"

Birgit hatte von draußen eine Zeitlang zugehört und betrat nun den Raum.

„Was meinst du denn, Petra?", begann sie, „Meinst du die undichten Dächer, die so bleiben sollen, oder die kaputten Zäune, über die ihr euch regelmäßig aufregt?" Birgit sah jede Einzelne an. „Ihr seid ständig am Meckern, was hier alles nicht geht, und jetzt wollt ihr plötzlich, dass alles so bleibt wie es ist? Und woher bitte schön, habt ihr diesen Quatsch mit der doppelten Stallmiete, hm? Woher habt ihr das alles überhaupt?" Wieder sah sie sich in der Runde um.

„Am Info-Brett hat jemand einen Zettel aufgehängt." Britta Krohnwinkel fühlte sich plötzlich nicht mehr wohl in ihrer Haut.

„Hat derjenige, oder sollte ich sagen diejenige, auch einen Namen drunter geschrieben oder zog sie es vor, anonym zu bleiben?"

Ein allgemeines Schweigen war Antwort genug.

„Ich bin echt enttäuscht von euch." Birgit wandte sich zum Gehen, drehte sich aber dann doch noch einmal um. „Wir wollen einen tollen Stall hieraus machen. Mag sein, dass Offenstall nicht für jede von euch das Richtige ist, aber wir werden alles versuchen, um individuelle Lösungen zu finden, und wenn es dennoch nicht gehe sollte, Boxenställe gibt es wahrlich genug in der Umgebung." Mit diesen Worten verließ sie das Reiterstübchen und ließ eine teilweise beschämte Einstellergruppe zurück. Sie hatte keine Zeit, sich mit der Indiskretion von irgendwem zu beschäftigen. Deshalb stattete sie Burschi einen kurzen Besuch ab und machte sich dann auf den Weg zu Heinz. Sie spürte die Aufregung als unangenehmes Unruhegefühl in ihrem Magen und auch der schnelle Herzschlag ließ sich nicht beruhigen. Es war ein schwerer Gang mit ungewissem Ausgang.

Als sie dann mit Heinz wieder durch das muffig riechende Haus mit den dunklen, alten Möbeln ging, überkamen sie erneut Zweifel, ob das alles richtig war, was sie da vorhatte. Aber schnell schob sie diese beiseite, denn erst einmal ging es um ganz etwas anderes. Hier musste Ehre wiederhergestellt werden, und Heinz musste erkennen, dass er einem bösen Fake aufgesessen war.

„Heinz, wärest du so nett und würdest mir dieses besagte Foto einmal zeigen?"

Heinz stand auf. „Aber das ändert nichts. Das sage ich dir gleich. Ich kann mir nichts Schlimmeres vorstellen, als so etwas."

„Ja Heinz, ich auch nicht." Es fiel ihr schwer, so ruhig und sachlich zu bleiben, aber es war wichtig, dass sie einen Blick auf dieses Foto werfen konnte. „Da." Heinz warf das Foto mit vernichtendem Blick auf den Tisch. Was Birgit da sah, war eigentlich gar kein richtiges Foto. Es war ein auf ganz normalem Papier ausgedrucktes Bild. Vermutlich war es am PC bearbeitet worden. Es zeigte Bernd, wie er sich zu einem Mädchen hinabneigte und mit dem Zeigefinger seiner rechten Hand eine Brust des Mädchens berührte. Dabei schien er auf ihren Busen zu starren. Geschickt gemacht, dachte Birgit wütend.

„Heinz", begann sie nun wieder, sich um äußerste Beherrschung bemühend, „wie gut kennst du dich mit digitalen Fotos und deren Bearbeitung aus?"

„Gar nicht. Wieso?"

„Weil dieses Foto vermutlich eine Fälschung ist. Bevor du jetzt etwas sagst, lass mich dir bitte etwas erklären, ja? Bitte."

Heinz brummte nur mit bösem Blick.

„Heutzutage kann man Fotos mit Leichtigkeit am PC bearbeiten. So bearbeiten, dass du das ursprüngliche Foto überhaupt nicht mehr erkennst oder auch so, dass es total verändert ist. Du kannst ein Foto vom Inneren deines Stalles machen und dann statt der Pferde Elefanten in die Boxen stellen. Verstehst du?

Man weiß heute nicht mehr genau, ob man ein wahres Bild in den Händen hält. Man kann tatsächlich nicht mehr einfach glauben, was man sieht. Und ich glaube, dass auch dieses Foto auf diese Weise bearbeitet wurde, um Bernd zu schaden, und – ich habe auch schon einen Verdacht, wer es war." Birgit machte eine Pause, um Heinz die Chance zu geben, diese Informationen erst mal zu verdauen.

„Du erinnerst dich ja bestimmt, was Christina hier im Stall für unglaubliche Intrigen angezettelt hat. Und sie hat Bernd Rache geschworen. Dass er Black Fever hat und nicht sie, das wird ihr keine Ruhe lassen. Das sitzt wie ein Stachel in ihrem nie ruhenden Rachefleisch." Heinz sah sie an und Birgit merkte im selben Moment, dass sie da eine merkwürdige Formulierung gewählt hatte.

„Du weißt, was ich meine. Mensch Heinz! Du kennst Bernd länger als ich. Er ist schon so lange hier im Stall. Traust du ihm denn so etwas wirklich zu?"

„Du musst ja sowas sagen. Ihr seid ein Paar."

„Nein Heinz, so etwas muss ich nicht sagen. Wenn es stimmen würde, würde keine Liebe, und sei sie noch so stark, es möglich machen, dass ich mit so einem Mann zusammen bleibe. Aber ich bin mir hundertfünfzigprozentig sicher, dass hinter dieser Geschichte wieder Christina steckt. Bernd ist unschuldig, Heinz."

Birgit sah, dass sie ihren Stallbetreiber ins Wanken gebracht hatte.

„Hast du schon jemandem das Foto gezeigt?“
„Nein.“
„Bitte tu es auch nicht. Wir werden beweisen, dass
Bernd unschuldig ist. Bitte gib uns Zeit. Tust du
das, Heinz? Bitte. Wenn so etwas in die Öffentlich-
keit kommt, dann ist so ein Mann verloren, egal ob
hinterher herauskommt, dass er unschuldig ist.“
„Ich gebe euch eine Woche. Aber Bernd soll sich in
dieser Woche hier nicht sehen lassen.“
„Okay. Danke Heinz.“
„Hm.“
Birgit erhob sich langsam und verließ dann das
Zimmer.
„Tschüss, Heinz.“
„Hm.“ Er schaute nicht hoch und Birgit verließ end-
gültig das Haus.

Tagelang hatte Birgit Ausschau nach dem Mädchen
gehalten, dass angeblich so oft bei den Pferden auf-
tauchten sollte, aber vier Tage vergingen, bis sie sie
endlich in der Ferne am Zaun stehen sah. Sie hatte
die Hoffnung schon fast aufgegeben, aber als sie an
diesem Tag vom Stall nach Hause fahren wollte,
warf sie noch einmal einen Blick über die Weiden
und da sah sie sie. Birgit war sehr aufgeregt. Hoffentlich verschreckte sie das Mädchen nicht. Als sie
dann endlich die Weide umrundet hatte und aus
dem kleinen Waldstück heraustrat, da sah sie, dass
das Mädchen nicht allein war. Ausgerechnet Sophie

stad neben ihr und die beiden schienen sich angeregt mit Händen und Füßen zu unterhalten. So hatte sie Sophie noch nie gesehen. Sie schien gelöst und fröhlich zu sein. Ihre Körpersprache war locker und auch ihre Mimik ließ den sonst so verspannten Ausdruck vermissen. Jetzt lachten die beiden Mädchen. Birgit trat langsam aus dem Wald und sagte Hallo.

Sofort veränderte sich das Mienenspiel und Sophies Augen wurden wieder schmal wie Schlitze. Sie machte dem Mädchen Zeichen, dass sie gehen müsste und bevor Birgit irgendetwas sagen konnte, war sie auch schon weg.

Birgit machte Zeichen mit den Händen, die eine Begrüßung darstellen sollten und hoffte, dass das Mädchen sie auch so verstehen würde. Zurückhaltend grüßte das Mädchen zurück, ging zur Bank und begann ein Heft und Stifte in ihre Schultasche zu packen. Birgit ging zu ihr und zeigte auf die Weide. Amelie sah sie fragend an. Birgit machte ihr Zeichen, dass sie mit zum Weidezaun kommen solle und das Mädchen folgte ihr. Birgit zeigte auf Burschi und auf sich. Das ist mein Pferd, sollte das heißen und Amelie lächelte. Jetzt lernte sie schon den dritten Pferdebesitzer kennen. Burschi gefiel ihr. Er machte irgendwie einen lustigen Eindruck auf sie. Birgit zeigte auf Black Fever und das Mädchen bekam einen sehnsuchtsvollen Blick. Dann ging sie noch einmal zur Bank und holte ihr Heft.

So vielen hatten ihre Zeichnungen jetzt schon gefallen, dass sie mutiger geworden war und sie nicht mehr so sehr versteckte. Sie klappte das Heft auf und zeigte Birgit ein paar Zeichnungen von dem schwarzen Pferd und Birgit war genauso begeistert wie Bernd, als er sie gesehen hatte. Er hat wirklich nicht übertrieben, dachte Birgit. Das Mädel hat mehr als Talent. Sie versuchte zu zeigen, wie beeindruckt sie von dem war, was sie sah und Amelie grinste stolz. Dann machte sie Zeichen, die Birgit nicht sofort verstand, aber nachdem Amelie es auf verschiedene Weisen versuchte, glaubte Birgit zu verstehen, dass sie nach dem Besitzer von Black Fever fragte. Sie blätterte zurück und zeigte die verschiedenen Namen, die sie in ihrem Heft schon gesammelt hatte. Dann zeigte sie auf den Namen von Bernd und sah Birgit fragend an. Birgit lächelte sie an, nahm das Heft, ging zur Bank, nahm sich einen Stift und schrieb ihren Namen neben den von Bernd. Dann malte sie ein Herz um beide Namen und zeigte es Amelie. Die stand mit offenem Mund da, zeigte auf Birgit und dann auf Bernds Namenszug und umarmte sich. Dabei sah sie Birgit fragend an. Diese nickte und grinste verschmitzt. Amelie zeigte auf ihren eigenen Namenszug und dann auf sich selbst und Birgit zeigte, dass sie verstanden hatte. Dieses Mädchen war mit Sicherheit von Bernd nicht unsittlich berührt worden. Amelie Schulz hieß sie. Ausgerechnet Schulz.

Davon gab es bestimmt Hunderte in der Stadt. Also versuchte Birgit herauszufinden, wo Amelie wohnte, was sich als ziemlich schwierig erwies, weil Birgit sich zuerst nicht verständlich machen konnte. Sie zeigte mit den Händen ein Haus und legte die Hände seitlich unter ihren schräg geneigten Kopf, um damit das Schlafen zu beschreiben, aber irgendwie verstand Amelie sie nicht.

Zuletzt nahm sie das Heft und schrieb einfach ihre Adresse und Telefonnummer hinein. Dann zeigte sie auf Amelie und hoffte, dass diese auch ihre Adresse niederschreiben würde. Und tatsächlich lachte Amelie, als sie endlich verstand, was Birgit von ihr hatte wissen wollen und schrieb dann ihre Adresse in das Heft.

Der erste Schritt war getan. Birgit atmete auf. Sie fragte Amelie, ob sie sie besuchen dürften, aber plötzlich sah Amelie ganz traurig aus und schüttelte entschieden mit dem Kopf. Schnell packte sie ihre Sachen zusammen, winkte zum Abschied und verschwand in dem kleinen Wäldchen.

Mist, dacht Birgit. Da bin ich wohl etwas zu forsch rangegangen. Aber uns läuft die Zeit davon, verdammt! Sie würde nachher mit Bernd beratschlagen, was sie weiter unternehmen könnten. Drei Tage hatten sie immerhin noch. Drei Tage konnten so lang sein, wenn man auf etwas wartete, und so kurz, wenn man eine Aufgabe wie diese zu bewältigen hatte.

Für heute hatte Björn Hausner ein Trailtraining angeboten und nahezu alle seine Reitschüler hatten sich angemeldet.

Das Training begann wie in jeder Stunde mit der Frage, ob etwas Besonderes gewesen sei in letzter Zeit, ob etwas gut gelungen war oder irgendein Problem aufgetaucht sei. Birgit erzählte, dass ihr neulich mit Burschi ein ziemlich stark versammelnder Trab gelungen sei und sie versucht habe, ihrem Pferd daraus ein paar Piaffetritte zu entlocken, und sie sei total erstaunt gewesen, dass er tatsächlich zwei, drei Tritte fast auf der Stelle geschafft habe. Sie habe dann sofort die Zügel lang gegeben und ihn ausgiebig gelobt. Es sei ein Wahnsinnsmoment gewesen, erzählte sie begeistert. Keinerlei Druck auf dem Zügel, es schien so leicht zu sein, als würde er unter ihr tanzen! Birgit strahlte, als sei dieses Erlebnis gerade eben geschehen und Björn lobte sie und freute sich mit ihr.

Mario erzählte, dass es immer öfter passieren würde, dass sich Umberto traute, sich den Zügel zu nehmen und auch, dass er für immer längere Momente eine leichte Anlehnung an die Hand duldete. Björn nickte zufrieden und anerkennend und meinte, dass Umberto wohl langsam Vertrauen schöpfte. Mario stimmte ihm freudig zu.

Als alle von sich und ihrem Pferd berichtet hatten, begann Björn mit dem Training auf dem Trail-Platz.

Zunächst ließ er die Teilnehmer locker am langen Zügel um die Stationen herum traben und galoppieren. Dann ließ er Pferd und Reiter im Schritt über kleine Baumstämme gehen, danach im Trab und zum Schluss baute er das Ganze zu einer Kombination zusammen, die im Galopp über einen etwas dickeren Baumstamm endete. Nun waren alle gelöst, locker und zufrieden und Björn Hausner wechselte zu einer Konzentrationsübung. Er hatte das sogenannte Schlüsselloch aufgebaut.

Die Aufgabe dabei war, zunächst im Schritt durch eine Stangengasse in ein durch weitere Stangen gebildetes, trapezförmiges Feld einzureiten. Dieses Feld begrenzte das Pferd so, dass keine einfache Wendung darin geritten werden konnte, sondern das Pferd über eine Mittelhandwendung, immer alle begrenzenden Stangen im Augen behaltend, gedreht werden musste, um dann wieder durch die Stangengasse hinausreiten zu können.

Nach mehrfachem „Wie soll das denn gehen?", was Björn Hausner lächelnd überhörte, denn er kannte diese Reaktion aus zahlreichen anderen Kursen bereits, gelang es den Teilnehmern nach und nach, die Aufgabe konzentriert und ruhig zu absolvieren. Etwas schwieriger wurde es, als der Reitlehrer den Schwierigkeitsgrad erhöhte, indem er die Teilnehmer im Trab durch die Gasse reiten ließ, dann im Schritt in das Feld und im Trab wieder durch die Gasse hinaus. Für Black Fever war diese Aufgabe besonders schwer, denn der Trab regte ihn an und es fiel ihm schwer, danach schnell wieder ruhig und konzentriert an die Aufgabe heranzugehen.

Als nächstes hieß es, im Trab in die Gasse einzureiten, vor der Querstange des trapezförmigen Feldes anzuhalten, dann im Schritt in das Feld einzureiten, um dann darin die Wendung vorzunehmen.

Birgit war hoch zufrieden mit Burschi und hatte keine Probleme mit den Aufgaben. Als sie aus der Gasse hinaustrabte, entdeckte sie auf dem danebenliegenden Reitplatz Sophie mit Golden Sun. Sie beobachtete die Beiden eine Weile und war verwundert, wie ruhig und konzentriert Sophie heute arbeitete. So hatte sie sie noch nie reiten sehen. Da noch einige Teilnehmer mit der Aufgabe beschäftigt waren, sagte sie Björn Hausner Bescheid, dass sie mal kurz auf den Reitplatz gehen würde und der nickte.

Als Sophie im Schritt an der langen Seite ritt, gesellte sich Birgit dazu und ritt einfach neben ihr.

„Hallo Sophie. Ich wollte dich was fragen", begann sie. Da sie keine Antwort erhielt, sprach sie einfach weiter. „Du kennst das Mädchen, das öfter mal bei der Weide ist?" War Sophie nicht gerade kurz zusammengezuckt?

„Keine Ahnung", brummte die nur kurz, trabte an und hielt sich auf dem Reitplatz deutlich sichtbar von Birgit fern.

Birgit ritt im Schritt auf dem zweiten Hufschlag weiter.

Das Mädchen konnte ja nicht endlos traben, dachte sie. Sophie galoppierte an und Birgit sah, dass sie wieder zu ihrem rohen Reitstil zurückfand. Sie lässt ihren Ärger stets an ihren Pferden aus, dachte Birgit, und als Sophie endlich mal wieder im Schritt unterwegs und dann in ihrer Nähe war, sprach Birgit laut und deutlich: „Wir haben deinen Namen im Heft des Mädchens gesehen."

Sophie hielt ihr Pferd an, wendete, und als sie bei Birgit ankam, zischte sie: „Und? Ist das verboten? Was willst du von mir?"

„Birgit!" Björn rief über den Platz. „Es geht jetzt weiter hier! Komm bitte!"

Mist. Hat jetzt wohl keinen Zweck, dachte Birgit, und ritt zurück auf den Trailplatz, wo eine neue Aufgabe auf die Teilnehmer wartete.

„Gerade auch für Turnierreiter ist ein Kursus wie dieser äußerst wichtig." Björn Hausner hatte seine Teilnehmer um sich versammelt. „Auf Turnieren begegnen dem Pferd viele unbekannte Gegenstände, Geräusche und Menschen, die nicht unbedingt Rücksicht auf das Fluchttier Pferd nehmen. Da wird gerannt, geschrien und Regenschirme werden geöffnet. Alles Vorkommnisse, die ein Pferd in Angst und Schrecken versetzen, zumindest aber schnell mal eine Prüfung schmeißen lassen können. Wir können unsere Pferde aber so gut wie möglich auf solche Situationen vorbereiten. Wenn ihr zulasst, ja fördert, dass eure Pferde sich so oft wie möglich mit Gegenständen, Treckern, Menschen mit Regenschirmen, Flatterbändern und so weiter, und so weiter beschäftigen darf, dann werden ihr die tolle Erfahrung machen, dass sie solche Situationen von Mal zu Mal souveräner meistern und immer weniger in Unruhe oder gar Panik geraten. Deshalb habe ich euch diesen Flatterbandvorhang aufgebaut. Wir werden zunächst allein mit diesem Vorhang trainieren und anschließend bauen wir ihn in das Schlüsselloch mit ein. Eine Unruhe entstand unter den Reitern. Einige konnten sich schon mal grundsätzlich nicht vorstellen, dass ihr Pferd durch diesen Vorhang zu bekommen war, geschweige denn, sich in seiner Nähe auf irgendetwas anderes zu konzentrieren. Bernd sah Birgit an. Bei allem Respekt, dachte er, aber das war mit Fever ganz sicher nicht zu machen. Birgit nickte ihm aufmunternd zu.

„Ganz ruhig", beschwichtigte Björn Hausner, „wir machen ganz langsam. Ihr werdet staunen, was euer Pferd alles zustande bringt."

„Bitte geht auf einen großen Kreis um den Flattervorhang herum. Wählt den Kreis so groß, dass euer Pferd nicht mehr ausweichen möchte. Das heißt, ihr wählt einen Abstand, in dem sich euer Pferd noch sicher fühlt. Es darf gerne schauen, aber bitte bleibt im Schritt. Lasst die Pferde nicht anhalten, oder sich umdrehen, um sich den Vorhang anzuschauen. Ganz locker im Schritt um den Vorhang herum. Jeder in seinem individuellen Abstand.

„Darf ich auch bis ins Wäldchen reiten?"

Das war Bernd und alle lachten. Björn grinste. Er konnte Bernd gut verstehen. Black Fever war vor noch gar nicht allzu langer Zeit ein nervenschwaches, unruhiges und schnell panisch werdendes Pferd gewesen. Auch wenn Fever durch den Einfluss von Bernd, nicht zuletzt auch durch den von Birgit, erheblich gelassener geworden war, so konnte diese Feinnervigkeit mit dem „richtigen" Auslöser schnell wieder an die Oberfläche geholt werden.

Alle Reiter begannen, um den Flattervorhang herum zu reiten. Dabei war es interessant zu beobachten, dass einige zunächst einen zu dichten Abstand wählten und ihre Pferde mit Aufregung und Ausweichen darauf reagierten, während andere viel zu weit davon wegritten und sich dann erst langsam auf einen kleineren Kreis wagten. Nach einigen Minuten hatten alle den individuellen Abstand ihres Pferdes gefunden. Interessiert schauten die Tiere, was sich da Komisches links von ihnen bewegte, aber schnell wurden die Bänder langweilig. Nur wenn der leichte Wind sie hochwehte, versuchte das eine oder andere Pferd, sich dem Vorhang zuzuwenden und stehen zu bleiben. Black Fever ließ die furchteinflößenden Bänder, die sich aus seiner Sicht unkontrolliert bewegten, nicht aus den Augen. Bernd verspannte sich, als er die Aufregung seines Pferdes spürte.

„Lass mal die Zügel länger, Bernd", riet Björn.

„Dann wird er mir wegspringen", entgegnete Bernd.

„Dann lass ihn wegspringen. Er muss seinen eigenen Abstand finden. Er fühlt sich noch nicht sicher. Je mehr du ihn zu halten versuchst, umso mehr Spannung baut er auf. Wir wollen versuchen, ihn seine ganz eigene Erfahrung machen zu lassen. Bereite dich darauf vor, dass er erst einmal flüchtet, aber hindere ihn nicht daran. Ich weiß, das ist schwer, aber bitte versuche es.“
Bernd ließ Black Fever die Zügel länger und dieser machte einen kleinen Satz zur Seite, drehte den Hals, um den Flattervorhang noch genauer ansehen zu können und wollte dann stehen bleiben.
„Im Schritt weiter, Bernd. Lass ihn nicht anhalten. Wir wollen dem Ding nicht mehr Aufmerksamkeit schenken als nötig.“
Bernd trieb sein Pferd also weiter und dieses trabte daraufhin an.
„Wieder ganz sachte durchparieren zum Schritt.“ Im Gegensatz zu seinem Besitzer gefiel Björn gut, was er sah. Das Pferd begann sich mit dem furchteinflößenden Ding auf dem Reitplatz zu beschäftigen und niemand hinderte ihn daran, es in seinem individuellen Tempo und auf seine individuelle Art zu tun. „Bernd“, riet ihm der Reitlehrer jetzt, „versuche ruhig zu atmen, bewusst zu atmen. Das wird sich auf Fever übertragen und er wird ruhiger werden.“ Und tatsächlich vergingen nur wenige Minuten und das Pferd hörte auf zu schnauben. Es entspannte sich mehr und mehr und ging endlich ganz

ruhig am langen Zügel auf einem großen Kreisbogen um den Flattervorhang herum. Bernd erinnerte sich plötzlich, dass er etwas Ähnliches erlebt hatte, als er zum ersten Mal mit Birgit ausgeritten war. Black Fever ging bis dahin nur in zackeligem Schritt und wenn man ihm die Zügel nachgab, trabte er an. Birgit hatte ihm dann sehr gute Ratschläge gegeben und ähnlich wie heute, ging Fever bald am langen Zügel in ruhigem Schritt durch den Wald. Zufrieden lächelte Bernd vor sich hin.

„Als nächstes versucht ihr nun vorsichtig, den Kreis zu verkleinern. Dabei nutzt bitte nur Schenkel und Gewicht. Zieht die Pferde auf keinen Fall am Zügel nach innen. Schön langsam. Spürt nach, ob euer Pferd bereit ist, eure Hilfen anzunehmen. Ihr könnt sie etwas verstärken, aber mehr auch nicht."

Immer mehr der teilnehmenden Pferde verringerten den Abstand und einige der Reiter waren schon über diesen Erfolg verwundert. Für Birgit und Burschi war die Aufgabe leicht zu bewältigen. Solche und ähnliche Dinge hatte Birgit schon früh mit ihrem Haflinger geübt. Für die anderen Pferde war die Ruhe, die Burschi ausstrahlte, ein großer Gewinn. Immer näher trauten sie sich an den Vorhang heran. Auch Black Fever befand sich bereits auf einem erstaunlich kleinen Kreis.

„Als nächstes", erklärte Björn nun, „kommt ihr einer nach dem anderen zu mir und ich gebe den Pferden ein Leckerli. Bitte nicht einfach zu mir kommen. Ich rufe euch nacheinander auf. Die anderen reiten weiter um den Vorhang herum."

Einer nach dem anderen ritten die Teilnehmer nach Aufruf zu ihrem Reitlehrer, der sich an den linken Pfosten des Flattervorhangs gestellt hatte und dieser gab den Pferden die kleine Leckerei. Gerade als Bernd mit Black Fever auf dem Weg zu ihm war, wehte der Wind ein paar der Bänder hoch und Fever machte erschrocken kehrt. „Macht gar nichts, Bernd. Komm in aller Ruhe wieder auf den Kreisbogen und wenn Fever wieder ruhig ist, dann kommst du zu mir." Die Ruhe und die Geduld, mit der der Reitlehrer arbeitete, übertrug sich mehr und mehr auf alle Teilnehmer und von diesen auf die Pferde. Schon der nächste Versuch von Bernd, sein Pferd zu Björn zu reiten, und damit für Black Fever gefährlich nah an die sich bewegenden Bänder, war erfolgreich. Skeptisch den Vorhang im Auge behaltend, stand er da und kaute seine Belohnung. „Jetzt reite bewusst von hier weg. Lass nicht ihn die Führung übernehmen." Es waren diese Kleinigkeiten, die für den Erfolg dieser Arbeit so entscheidend waren.

Viele kleine Schritte folgten, bis es endlich so weit war, dass die letzte Hürde genommen werden sollte. Das Durchreiten des Flattervorhangs. Hätten am Anfang die meisten dies für ein unmögliches Unterfangen gehalten, gingen sie nun, durch die vielen kleinen erfolgreichen Schritte motiviert, voller Zuversicht an die Aufgabe.

Plötzlich sah Birgit in der Ferne Amelie am Weidezaun stehen. Ohne lange zu überlegen, rief sie Björn zu: „Ich muss dringend mal weg. Sorry!" Dann verließ sie den Trailplatz und ritt zu dem Mädchen hin. Als sie bei Amelie ankam, saß sie ab und begrüßte sie. Dann versuchte sie sie mit Händen und Füßen einzuladen, ein bisschen beim Training zuzuschauen. Amelie sah sie hocherfreut an und folgte ihr zum Platz.

Gerade war Bernd mit Black Fever an der Reihe, den Flattervorhang zu durchreiten, aber bei der leisesten Bewegung eines der Bänder, ging Fever laut schnaubend ein paar Schritte zurück. Das Pferd begann vor Aufregung zu schwitzen. Amelie sah sich mehrere Versuche der beiden an. Dann hielt es sie nicht mehr am Rand des Platzes. Sie wusste selber nicht, wo sie den Mut hernahm, aber sie betrat, wie von einem unsichtbaren Faden gezogen, den Reitplatz und ging langsam in Richtung des Flattervorhangs. Birgit stand erst einmal vor Überraschung still da, folgte dem Mädchen dann aber schnell, ohne zu wissen, wie sie reagieren sollte. Was hatte Amelie denn nur vor, dachte sie.

„Hallo? Wer bist du? Du darfst bitte nicht einfach den Platz betreten, wenn du keine Teilnehmerin bist." Da der Reitlehrer keine Antwort erhielt, sah er Birgit fragend an. Was war nur heute los mit ihr, fragte er sich. Verlässt dauernd den Trainingsplatz, jetzt bringt sie ein fremdes Mädchen mit...

Birgit ging schnell zu Björn und nannte ihm den Namen des Mädchens, erklärte, dass sie großes Interesse an Pferden hätte, und dass sie aber auch nicht wüsste, was sie jetzt hier auf dem Platz vorhatte. Dann erwähnte sie schnell noch, dass Amelie weder hören, noch sprechen konnte. Björn schüttelte den Kopf. Das ging doch nicht, dachte er. Inzwischen war Amelie beim Flattervorhang angekommen und hatte sich genau in die Bänder hineingestellt. Sie machte Bernd Zeichen, dass er jetzt zu ihr reiten solle. Noch während Björn Hausner auf dem Weg war, rief er Bernd zu: „So geht das nicht! Bernd, ich kann das leider nicht zulassen!"
Bernd machte Amelie ein Zeichen, dass sie warten solle und ritt dem Reitlehrer entgegen. Nebenbei warf er Birgit einen Blick zu, der ihr sagen sollte, dass das jetzt eine große Chance für einen engeren Kontakt zu Amelie sein könnte, der ihn von dem ungeheuerlichen Vorwurf freisprechen konnte.
„Bitte Björn", sagte er dann, als er den Reitlehrer erreichte. „Ich nehme das auf meine Kappe."
„Das kannst du gar nicht auf deine Kappe nehmen, Bernd. Ich hafte, wenn hier etwas passiert."
„Bitte Björn, ich habe dieses Mädchen mit Fever erlebt. Sie hat ein ganz besonderes Verhältnis zu ihm, eine besondere Gabe, mit Pferden umzugehen." Er drehte sich kurz zu ihr um. „Bitte, lass uns etwas versuchen. Du kannst dich ja danebenstellen. Falls du meinst, die Situation wird zu gefährlich, beendest du sie. Ja? Bitte."

Björn Hausner runzelte die Stirn. Man sah ihm an, wie unangenehm ihm die Sache war. Schließlich stimmte er aber zu und stellte sich neben den Flattervorhang, um jederzeit eingreifen zu können.

Langsam ritt Bernd mit Fever auf den Vorhang und auf Amelie zu. Kurz vor dem Vorhang hob Amelie langsam die Hand in die Höhe. Bernd ließ Fever anhalten, hatte aber im gleichen Moment das Gefühl, dass dieser sowieso angehalten hätte. Amelie machte einen Schritt in Richtung des Pferdes, legte ihre rechte Hand auf seine linke Schulter und schloss die Augen. Auf dem Platz war es jetzt totenstill. Björn Hausner, einerseits jederzeit zum Sprung bereit, beobachtete fasziniert, was zwischen dem Mädchen und Black Fever geschah. Das Pferd begann sich zu beruhigen, atmete in langsameren Zügen und senkte schließlich sogar den Kopf. Ein Windhauch wehte ein paar Flatterbänder gemächlich hin und her. Wider Erwarten sprang Fever nicht zurück, sondern hob nur skeptisch den Kopf. Amelie stand immer noch da, die Augen geschlossen, die Hand an der Schulter des Pferdes. Wieder senkte Black Fever den Kopf ab. Jetzt löste das Mädchen seine Hand, zog sie von der Schulter des Pferdes zurück, machte langsam einige Schritte zurück und stand jetzt aus Sicht des Pferdes hinter dem Vorhang aus Flatterbändern. Amelie machte Bernd ein Zeichen, dass er jetzt wieder ein Stück zu ihr reiten sollte, und Bernd brauchte nur geringste treibende Hilfen zu geben. Sein Pferd setzte sich sofort in Bewegung. Wieder hob Amelie ihre Hand hoch und ließ das Paar damit anhalten. Der Kopf des Pferdes befand sich jetzt direkt vor dem Vorhang.

Amelie machte wieder einen Schritt vorwärts und stand jetzt ganz genau mitten in den bunten Bändern. Immer noch skeptisch hob das Pferd den Kopf. Amelie legte wieder ihre Hand auf die Schulter des Pferdes, und wieder begann der magische Prozess, der Black Fever so sehr beruhigte, dass er sogar seinen Kopf absenkte. Amelie trat nach einer Weile wieder zurück durch den Vorhang und machte Bernd Zeichen, dass er den Vorhang nun durchreiten solle. Dann ging sie weiter rückwärts und Pferd und Reiter folgten ihr durch das bunte Gewirr der bunten Bänder. Als das Pferd komplett durch den Vorhang geschritten war, machte Amelie wiederum das Zeichen zum Anhalten, legte dem Pferd die Hand auf die Schulter und schloss die Augen. Alle Augen ruhten auf ihr. Schließlich öffnete sie die Augen, griff mit der Hand in ihre Hosentasche, zog ein Stück hartes Vollkornbrot heraus, sah Bernd mit einem fragenden Blick an, und als dieser lächelnd nickte, gab sie Black Fever das Stück, und das Pferd zerbiss es krachend, so wie der schwarze Hengst es in ihrer Geschichte tat. Sie trat zur Seite, machte eine höfliche Geste, dass die beiden jetzt vorbeireiten dürften und stand dann einfach so da. Eine ganze Weile war es noch still. Björn Hausner überlegte, wie er auf diese Sache reagieren sollte, aber bevor er die Möglichkeit hatte, mit dem Mädchen zu reden, schritt diese wieder vom Platz.

Birgit ritt hinter ihr her, saß ab und begann mit Händen und Füßen zu zeigen, wie beeindruckt sie war von dem, was sie da gerade gesehen hatte.

Amelie lächelte stolz und nach einiger Zeit zog sie das Heft hervor, in das sie immer schrieb und zeichnete. Sie deutete mit dem Finger auf eine bestimmte Stelle in dem Heft und hielt es Birgit zum Lesen hin.

Diese gab ihr die Zügel in die Hand und begann zu lesen:

Ceyda hob die Hand. Shakan sah die Geste und stoppte abrupt. Obwohl das große Tier in rasendem Galopp auf sie zugekommen war, war sie nicht einen Zentimeter zurückgewichen. Sie wusste einfach, dass er vor ihr zum Stehen kommen würde. Sie zweifelte keine Sekunde daran, dass er zuverlässig war, zweifelte nicht an seinem Gehorsam, nicht an seiner Aufrichtigkeit.

Von dem heftigen Galopp noch in Aufregung, war es Shakan unmöglich, ruhig vor dem Mädchen zu stehen. Die Unruhe trieb ihn bald vor, bald zurück, ließ ihn auf der Stelle traben und mehrmals musste er heftig durch die Nüstern blasen, so heftig, wie er es getan hatte, als ihr Ruf ihn bei seinen Stuten erreicht hatte.

Ceyda spürte die große innere Erregung des Hengstes und ging langsam auf ihn zu. Dann legte sie ihre Hand an seine Schulter und genoss die Wärme, die von dem kräftigen Muskel ausging. Sie sprach kein Wort, stand einfach nur da, die linke Hand auf seiner rechten Schulter und langsam beruhigte sich das Tier. Vom vielen Galoppieren erhitzt, begann das Fell des Pferdes zu dampfen und sie atmete den Duft tief ein und schloss die Augen. Langsam ließ sie ihre rechte Hand in die Hosentasche gleiten und holte ein Stück hartes Brot hervor, einen Würfel dunkel gebackenen Vollkornbrotes, so hart, dass höchstens ein Hammer es hätte zertrümmern können. Shakans Ohren richteten sich interessiert nach vorn. Er machte einen Schritt zurück, um die Hand, die Genuss versprach, richtig sehen zu können. Ceyda verzog ihr Gesicht zu einem Lächeln und streckte ihm ihre Hand entgegen. Bald schon spürte sie die warmen Lippen, spürte den weichen Flaum, spürte die Feuchtigkeit seiner tropfenden Nüstern und schon erfreute das Geräusch, das sie so sehr liebte, ihr Ohr, das Krachen, als der Hengst das Brot zerbiss und kaute. Noch einmal berührte sie kurz die Schulter des Pferdes, drehte sich dann um und verließ es, ohne sich noch einmal umzudrehen.

Shakan warf Ceyda noch einen Blick nach, dankbar dafür, dass sie ihn erfreut hatte und dankbar dafür, dass sie ihn nicht zu lange von seiner Herde fernhielt. Diesmal gab es kein Aufbäumen. Shakan trabte an, wieherte laut und fiel dann in einen ruhigen Galopp, der ihn zu seinen Stuten zurück trug. Erst beim Wiehern des Pferdes hatte sich Ceyda noch einmal umgedreht und mit zufriedenem Blick beobachtet, wie Shakan in der Ferne immer kleiner wurde und schließlich ganz verschwand.

Birgit wusste nicht, was sie sagen sollte. Das Mädchen konnte wirklich schreiben. Hatte einen ganz eigenen Stil, der einen in ihre Geschichte regelrecht hineinsog. Nach den ersten Zeilen hatte Birgit gedacht, dass der Text vielleicht etwas altmodisch daherkäme, aber dennoch hatte sie nicht aufhören wollen, weiter zu lesen. Und dann war sie plötzlich drin in der Geschichte. Sie hätte gerne weitergelesen, aber Amelie klopfte leicht auf den Heftrand, lächelte und zog Birgit das Heft aus der Hand.

Aber was war da los? Versuchte Amelie, das Leben ihrer Protagonisten nachzuleben? Oder steckte dieses Wissen, diese Magie, mit der sie mit Pferden umging, schon in ihr und sie hatte so ihrer Phantasiefigur Ceyda Leben eingehaucht? Birgit sah Amelie an und strich lächelnd leicht über ihren Arm. Sie machte ein bedauerndes Gesicht, wandte den Kopf kurz Richtung Reitplatz, saß auf und verabschiedete sich erst einmal von dem geheimnisvollen Mädchen.

Anna rannte. Es fing an zu regnen und da vorn stand der rote Bus, der sie nach Haus zurück bringen sollte. Zurück in die triste Hochhaussiedlung. Noch war es hell. Schon allein deshalb war es wichtig, diesen Bus zu bekommen. Der nächste würde erst wieder in einer Stunde fahren und dann würde sie in der Dunkelheit nach Hause kommen. Dieser Gedanke trieb sie an, noch schneller zu laufen, sie rannte mit letzter Kraft zur Vordertür und klopfte dagegen. Ihre Augen trafen die
eines etwa 40-jährigen Mannes mit schwarzen Haaren und einem Vollbart. Sie starrte den Mann an, als könne sie ihn hypnotisieren, die Tür zu öffnen und tatsächlich drückte er einen der vielen Knöpfe und die Bustür öffnete sich mit dem typischen Geräusch von Pressluft, die nur durch eine kleine Öffnung entweichen darf. Anna nickte dem Fahrer zu

und lächelte. Sie kannte den Mann. Sie fuhr diese Strecke häufiger und schon oft hatte er sie in letzter Minute herein gelassen. „Könntest schon mal Danke sagen." murmelte er. Anna ging durch das Wageninnere bis zur Hintertür. Der Regen lief in dicken Rinnsalen die Scheiben hinunter und die Welt draußen ließ sich nur verschwommen wahrnehmen. Anna kannte die Strecke und wusste genau, wo die ländliche Gegend abrupt in Stadtlandschaft überging. Sie konnte schon die Umrisse der Hochhäuser erahnen und es fröstelte sie plötzlich. Immer deutlicher näherten sie sich den Giganten aus Beton und gleichzeitig schien es draußen auch etwas grauer und dunkler zu werden. Noch eine Station und sie würde aussteigen müssen. Am liebsten wäre sie sitzen geblieben und erst wieder ausgestiegen, wenn es draußen wieder grün und hell war, aber automatisch drückte sie den roten Knopf, der dem Busfahrer signalisierte, dass er an der nächsten Haltestelle stoppen sollte. Annas Hand ergriff die Haltestange und sie bereitete sich auf den Ruck vor, der durch den Bus ging, wenn er anhielt und versuchte ihn dann so auszugleichen, dass sie keinen Schritt machen musste, um im Gleichgewicht zu bleiben. Sie schaute noch einmal in den Rückspiegel des Fahrers und als sie seinen Blick darin sah, nickte sie ihm noch einmal zu. Jetzt öffnete sich die Hintertür. Anna blieb wie angewurzelt stehen, sah noch einmal hilfesuchend in den Rückspiegel, aber der Busfahrer verstand ganz offensichtlich nicht, sondern wartete ungeduldig, dass sie endlich ausstieg. Annas Blick führte wieder zu dem gläsernen Unterstand der Haltestelle. Jetzt forderte sie der Busfahrer über Mikrofon auf, den Wagen zu verlassen. „Was ist denn nun, Fräulein?" fragte er. Er wusste nicht, dass sie ihn nicht hören konnte. Anna sprang mit einem Satz aus dem Bus. Die Jugendlichen, die an der Haltestelle gestanden hatten, als hätten sie dort auf sie gewartet, zogen ihre Kapuzen über die Köpfe und rannten hinter ihr her. Anna ging noch ein bisschen schneller, obwohl sie genau wusste, dass es sinnlos war. Jetzt hatten sie sie erreicht. Es waren fünf Jugendliche – vielleicht ein oder zwei Jahre älter als Anna selbst – zwei Mädchen und drei Jungen, manchmal waren es auch noch ein paar mehr. Eines der Mädchen hatte dicke, rotblonde Haare, die ein rundes, blasses Gesicht umrahmten. Das Mädchen stellte sich Anna in den Weg und zog Grimassen, bis die anderen vier laut lachten. Anna versuchte, das Mädchen zu ignorieren und ging um es herum. Da lachten die Fünf noch mehr und begannen einen Kreis um Anna zu bilden. Alle Fünf schnitten jetzt Grimassen und hüpften und liefen um sie herum, so dass sie einfach nicht mehr weiter gehen konnte. Der Regen prasselte auf sie hernieder, sie hatte keine Kapuze und das Wasser lief ihr an den Haaren herunter, über das Gesicht und die Hände. Anna versuchte eine Lücke zu finden in dem Kreis der Grimassenschneider und wischte sich mit der Hand über die

Augen, um besser sehen zu können. Ein Stoß in den Rücken brachte sie aus dem Gleichgewicht.
Sie stieß dadurch gegen das Mädchen mit den rotblonden Haaren und die rief: „Eh! Was rempelst mich an?" Dann schubste sie Anna mit beiden Händen, so dass diese fast gestürzt wäre, aber irgendeiner von den Jugendlichen gab ihr wieder einen Stoß in den Rücken, so dass sie erneut nach vorn taumelte. Die drei Jungen und die zwei Mädchen lachten immer lauter und immer gröber wurde das Stoßen und Schubsen, bis plötzlich ein Rufen ertönte. Es kam aus einem der Hochhäuser. „Wollt ihr wohl die Anna zufrieden lassen?! Ich ruf die Polizei, das sag ich euch! Verschwindet und lasst Anna sofort zufrieden!" Das Stoßen hörte auf und die Fünf schauten an den Hochhauswänden hinauf. „Fick dich ins Knie!" schrie die Rotblonde und meinte dann zu ihren Freunden: „Los kommt, ist doch langweilig mit der hier." Sie versetzte Anna einen letzten, dermaßen harten Stoß gegen die Brust, dass diese endgültig das Gleichgewicht verlor und auf das Pflaster fiel. Vor Annas geistigem Auge erschienen noch die Grimassen schneidenden Gesichter, als von den Fünfen schon lange keiner mehr zu sehen war. Sie erhob sich, versuchte den Schmutz von ihrer Hose zu wischen und ging dann auf das graugelbe Hochhaus zu, in dem sie mit ihrer Mutter wohnte.

Die Tür aus dickem Glas zeigte ein Innenleben aus Stahlgeflecht. Von rechts oben nach links unten verlief diagonal eine runde Metallstange, aber niemand benutzte sie, um die Tür zu öffnen. Entweder wurde sie mit dem Fuß aufgestoßen oder die Leute lehnten sich mit dem Körper dagegen, um sie aufzudrücken, wenn der Türöffner summte. Auch Anna stieß die Tür mit dem Fuß auf, nachdem sie aufgeschlossen hatte. Der Schlüssel hing an einem roten Band neben einem schwarzen Plüschpferd als Anhänger.

Als Anna den Hausflur betrat, bemerkte sie, dass die Wochenzeitung, die kostenlos verteilt wurde, überall verstreut war. An die 100 Exemplare lagen überall auf dem Boden herum, bis in den Aufzug hinein und einige blockierten die Fahrstuhltür, so dass sie ununterbrochen auf und zu ging. Anna ging hin und entfernte die Zeitungen, indem sie sie mit dem Fuß in den Hausflur schleuderte. Dann betrat sie schnell den Aufzug, bevor er sich wieder schloss und drückte die Taste für den sechsten Stock. Im vierten Stock blieb der Fahrstuhl stehen und ließ einen weiteren Fahrgast hinein. „Hast du den blockiert, oder was?" Der Mann, der das fragte, war betrunken, ungepflegt und roch stark nach Alkohol. Er näherte sich ihrem Gesicht mit dem seinen und fragte noch mal: „He! Hast du den blockiert, oder was? Ich steh hier schon `ne halbe Stunde!" Anna wich ihm aus. Der Fahrstuhl hatte sich inzwischen wieder in Bewegung gesetzt. „Wieso geht's denn jetzt nach oben? Ich will nach unten!",

lallte der Betrunkene und hämmerte mit der Faust
auf dem Knopf mit dem E für Erdgeschoss herum.
Die Fahrstuhltür öffnete sich und Anna drückte
sich schnell an dem Betrunkenen vorbei in den
Hausflur. „Wo sind wir denn hier?!", grölte der
Mann noch hinter ihr her. Dann schloss sich die
Tür wieder und der Fahrstuhl nahm ihn mit auf
seine Reise ins Erdgeschoss. Anna drehte sich noch
einmal kurz um und atmete beim Anblick der ge-
schlossenen Aufzugtür hörbar auf.
„Alles in Ordnung, Anna?" Annas Mutter umarmte
ihre Tochter.
„Was wollten die denn schon wieder von dir? Wir
sollten endlich zur Polizei gehen, damit das ein
Ende hat."
Anna schüttelte mit vor Angst weit geöffneten Augen den Kopf, als sie die Zeichen ihrer Mutter verstand.
„Aber warum denn nicht, Kind? So kann das doch
nicht weiter gehen."
Wieder schüttelte Anna heftig den Kopf und erklärte ihrer Mutter in Gebärdensprache, dass sie
ihr das doch schon oft genug erklärt hätte. Wenn
sie zur Polizei gingen, würde alles nur noch schlimmer werden. Sie würden sich mit Sicherheit
schrecklich an ihr rächen. Dann ging Anna in ihr
Zimmer und klappte ihr Laptop auf. Ihre Zimmertür wurde geöffnet und ihre Mutter steckte den
Kopf und dann die Hände herein. „Darf ich noch

mal reinkommen?", fragte sie. Anna nickte, verdrehte aber gleichzeitig die Augen.

„Sieh mal Anna", begann ihre Mutter, „es tut mir so leid, dass wir jetzt hier wohnen müssen. Aber daran ist nur dein Vater Schuld. Hat uns einfach verlassen. Ist auch für mich nicht einfach, weißt du?" Anna schaute zur Decke, nachdem sie erkannt hatte, was ihre Mutter ihr da mit den Händen zu erzählen begann. Sie konnte nicht mehr zählen, wie oft sie sich das schon hatte ansehen müssen.

„Warst du wieder bei diesem Pferd?" Annas Mutter wechselte urplötzlich das Thema. Sie hatte sich direkt vor Anna gestellt, damit diese sah, was sie ihr zu sagen hatte, und nicht weiter wegschaute.

Anna wurde aufmerksam und schüttelte sogleich den Kopf.

„Anna, warum lügst du mich an? Das Tier ist bestimmt gefährlich!

„Ach was!" verneinten Annas Hände und ihr Kopfschütteln.

„Der Besitzer wird denken, dass du das Pferd stehlen willst. Du hast da doch gar nichts zu suchen!", fuhr Annas Mutter fort.

Dann begann sie noch einmal von vorn und bemühte sich, langsam und eindringlich in ihrer Gebärdensprache zu sein.

„Ich verbiete dir, noch einmal zu diesem Pferd zu gehen. Hast du mich verstanden?" Anna schaute demonstrativ an die Decke. „Anna! Sieh mich an, wenn ich mit dir rede!" Ihre Mutter fuchtelte jetzt verärgert über ihrem Gesicht herum. Anna setzte gekonnt ihr gelangweiltestes Gesicht auf und sah ihre Mutter an. „Hast du mich verstanden?"

„Willst du mich einsperren, oder wie hast du dir das vorgestellt?", Annas Hände bewegten sich sehr langsam, passend zu ihrem gelangweilten Gesicht.

„Wenn es sein muss, ja.", erwiderte ihre Mutter.

„Muss es sein?" fragte sie ihre Tochter dann. Anna zuckte mit den Schultern.

„Ja oder nein?", fragte ihre Mutter noch einmal sehr deutlich. Wieder zuckte Anna nur mit den Schultern.

„Gut, dann kommst du morgen nach der Schule direkt nach Hause. Kein Stadtbummel oder was immer du auch so vorhattest. Du kommst direkt nach der Schule nach Hause. Punkt." Annas Mutter stand auf und verließ das Zimmer. Bevor sie die Tür schloss, zeigte sie Anna noch: „Dein Mittag steht in der Küche. Ist bestimmt schon kalt. Musst du dir warm machen. Und trockne dir wenigstens die Haare, sonst erkältest du dich noch. Schade, dass wir uns immer streiten müssen wegen dieses Pferdes." Dann schloss sie endgültig Annas Zimmertür.

Der Schwarze stand am äußersten Ende der Weide und blickte über den Zaun. Auf der anderen Seite graste eine große Gruppe von Pferden. Zwölf Stuten und zwei Wallache. Immer, wenn es einer der Wallache wagte, zu ihm herüber zu sehen, legte der Schwarze die Ohren flach an den Hals an und signalisierte den beiden männlichen Weidennachbarn, dass sie ja wegbleiben sollten.

Eigentlich sollten sie auch von den Stuten wegbleiben, aber der Zaun zwischen ihm und den beiden Widersachern hinderte ihn daran, einzugreifen. Ab und zu, in einem unbewachten Moment, kam eine der Stuten zu ihm an den Zaun. Es war eine Schimmelstute namens Hella, mit langer Mähne und einem etwas ausgefransten Schweif. Zu viele Kinderhände hatten diesen Schweif pflegen wollen und doch nur Haar um Haar mit der Bürste ausgerissen. Wenn keiner der beiden Wallache es bemerkte, beschnupperten sich die beiden ausgiebig und wenn Hellas Hormone schossen, drehte sie dem Schwarzen ihr Hinterteil zu und ließ sich ihre Kruppe von ihm beknabbern. Dann quietschte sie vor Vergnügen, verriet aber dadurch das Liebesspiel, dem einer der beiden Wallache dann ein Ende bereitete, in dem er mit angelegten Ohren an den Zaun schoss und Hella verjagte. Der Schwarze schrie in solchen Momenten laut auf, legte ebenfalls seine Ohren an, bleckte die Zähne, biss ins Leere,

schlug mit dem Vorderbein fast in den Zaun hinein und begleitete den Widersacher am Zaun entlang. Der fühlte sich stark, denn der Zaun gab ihm Sicherheit. Er wusste genau, was geschehen würde, gebe es diese künstliche Grenze nicht, aber es gab sie und so baute er sich auf und versuchte, seinen Stuten zu imponieren. Sie jedoch ignorierten ihn, ja fast schien es, als sähen sie mit Bewunderung zu dem schwarzen Kerl auf der anderen Seite hinüber. „Schwarzer!" Er hörte seinen Namen und es gefiel ihm ganz und gar nicht. „Schwarzer!" Der Ruf wurde wiederholt. Der Schwarze legte wieder die Ohren an und zeigte den beiden Wallachen, was er am liebsten mit ihnen tun würde. Er biss in Zaun, schlug mit dem Vorderhuf gegen die untere Zaunlatte, drehte sich dann um, sprang erst vorn ein kleines bisschen hoch, um dann, wie von einem Katapult in die Höhe getrieben, mit beiden Hinterbeinen in Richtung der Wallache auszuschlagen.
Ein Mann stiefelte über die holperige Wiese. In der einen Hand hielt er einen Strick, in der anderen eine Gerte. Jetzt strauchelte er fast, als er mit seinem rechten Fuß in ein Maulwurfsloch trat. Er stützte sich mit der Hand, in der er den Strick hielt, ab und fluchte laut. „Verdammt, Schwarzer! Kannst du nicht gefälligst herkommen?! Und lass den Zaun heil!"

Jetzt würde er wieder geholt und in den engen, dunklen Stall gebracht werden – ohne eine Möglichkeit, es den Wallachen zu zeigen. Er hasste es, wenn der Mann ihn rief!

Hella beobachtete die Szene unauffällig, während sie grasend über ihre Weide zog. Fast hatte der Schwarze das Gefühl, dass sie es bedauerte, dass er jetzt wieder weggeholt wurde. Die beiden Wallache hingegen standen dicht am Zaun, rupften immer mal wieder ein wenig Gras und blickten dann gespannt auf die Nachbarweide, als erwarteten sie, dass sich der Schwarze eines Tages einfach nicht mehr wegführen lassen würde.

Der Mann hatte jetzt den Schwarzen erreicht. Er atmete schwer und seine Gummistiefel waren bis zu den Knöcheln mit Matsch verklebt. Der Schwarze wandte sich ab und legte wieder die Ohren an. Dieser Ausdruck von Aggression galt den beiden Kerlen auf der Nachbarweide, aber der Mann interpretierte es falsch und fühlte sich von dem Schwarzen bedroht. Er schrie ihn an: „Willst du mir drohen, oder was?! Reiß dich ja am Riemen, sonst kannst du mich mal kennen lernen?!" Beinahe versagte ihm die Stimme, weil er noch so außer Atem war. Das Schreien des Mannes hatte die beiden Wallache am Zaun so beeindruckt, dass sie einen Sprung zurück machten und laut schnaubten. Beinahe verächtlich sah der Schwarze sie an, ließ es zu, dass der Mann den Strick an seinem Halfter befestigte und folgte ihm dann quer über die Weide in Richtung Stall. „Na also.", brummte der nur.

Von außen wirkte der Stall hell und freundlich. Weiß getüncht lag er da, eingerahmt von einem alten Bauernhaus an der einen und einem alten Schweinestall an der anderen Seite, so dass der Hof hufeisenförmig davor lag. „Ich weiß nicht, warum ich dich immer noch hier behalte.", brummte der Mann, als er das Pferd in seine Box führte. „Frisst mir nur die Haare vom Kopf, machst dauernd Stress, keins der Kinder will dich reiten..." Er streifte dem Schwarzen das Halfter ab. „Wenn ich es Pauline nicht versprochen hätte, mein Lieber, dann wärst du schon beim Schlachter gelandet, das sag ich dir." Der Mann schloss die Boxentür, und Enge, Dunkelheit und Einsamkeit hüllten das Tier ein. Der Schwarze suchte in allen Ecken nach Heu, aber die Suche war erfolglos. Beißender Ammoniakgeruch drang von der Einstreu in seine Nase und er hob den Kopf, um an etwas frischere Luft zu gelangen. Sein Zuhause war gerade so groß, dass er sich einmal um sich selbst drehen und hinlegen konnte. Die halb hohen, alten Holzwände waren schon lange nicht mehr gekalkt worden und waren an vielen Stellen braun verschmutzt. Etwa in Rückenhöhe des Pferdes begannen Eisenstangen, die bis unter die Decke reichten, um die Pferde voreinander zu trennen. Der Schwarze stand in der letzten Box im Stallgang und konnte dort das Tageslicht nur erahnen, denn es war gleichzeitig die einzige ohne Fenster.

Verzweifelt suchte er in der schmutzigen Einstreu nach ein wenig sauberem Stroh, musste die Suche aber wegen des beißenden Gestanks immer wieder unterbrechen, um mit erhobenem Kopf etwas frischere Luft zu atmen. Heu würde es erst am Abend wieder geben und wenn die Box bis jetzt nicht sauber gemacht worden war, gab es keine Hoffnung, dass sich daran bis morgen etwas ändern würde.
Der Schwarze wieherte laut und horchte dann auf Antwort, aber es blieb still. Nicht einmal Hella schickte einen Gruß in die Dunkelheit. Stundenlang stand der Schwarze da, senkte hin und wieder den Kopf, um nach ein paar sauberen Strohhalmen zu suchen, drückte immer wieder den Kopf fest gegen das Boxengestänge, um wenigsten einen ganz kleinen Blick durch die große Stalltür erhaschen zu können, sah dann, wenn der leichte Wind die Tür ein wenig mehr öffnete, einen winzigen Streifen Grün der Weide und wieherte wieder, in der Hoffnung, dass wenigstens Hella ihm antworten möge. Und tatsächlich erwiderte sie jetzt sein Rufen und es klang wie Sehnsucht in seinen Ohren. Er antwortete ihr, bis der Mann den Stall betrat und ihn anschrie, er solle Ruhe geben und mit einer Forke gegen die Eisenstangen schlug. Der Schwarze machte einen kleinen Satz zurück, mehr erlaubte die Enge nicht, riss erschrocken den Kopf hoch und ließ das Weiße in seinen Augen blitzen. Der Mann warf die Forke in eine Ecke, dass sie von der Wand abprallte und nun mit den Zinken nach oben in der

Stallgasse lag. Die harten Schritte des Mannes verklangen und im Stall war es wieder still und dunkel. Einmal noch hörte er Hella nach ihm rufen, aber sein Blick wanderte immer wieder zu der Forke und es war ihm nicht möglich zu antworten, so, als läge die Forke nicht vor ihm auf der Stallgasse, sondern ihre blitzenden Zinken quer über seiner Kehle. Dabei hörte er die Stimme seiner heimlichen Freundin aus der Freiheit so gern und fühlte sich dann nur halb so einsam.

Nach einer Ewigkeit des Alleinseins, der Dunkelheit, der Stille und des Gestanks, der seiner Box entströmte, hörte er endlich das ersehnte Hufgetrappel der anderen. Nun wurden auch sie in den Stall geholt, die schlechte Luft darin würde noch schlechter werden, aber er war endlich nicht mehr allein! Neben ihm betrat der hellbraune Wallach von der Nachbarweide seine Box und beide Pferde gingen mit angelegten Ohren aufeinander los und traktierten mit den Zähnen die Eisenstangen. „He da!" schrie der Mann und die beiden Pferden ließen voneinander ab. Der Schrei jedoch hatte Hella, die er gerade in den Stall führte, erschreckt und sie sprang zur Seite. Der Mann versucht sie mit einem kräftigen Ruck am Halfter an dem Seitensprung zu hindern, aber es war schon zu spät. Die Zinken der Forke, die immer noch in der Stallgasse lag, bohrten sich in Hellas Hinterbein. Mit von Panik geweiteten Augen versuchte sie dem Schmerz zu entkommen, dessen Herkunft sie nicht ausmachen konnte.

Sie sprang bald nach links, bis die Stallwand sie aufhielt, sprang bald nach rechts und prallte gegen eine Boxentür, schlug wieder und wieder aus, bohrte sich dadurch zunächst die Zinken noch tiefer ins Fleisch, bis die Forke in hohem Bogen die Stallgasse entlang flog. Langsam sickerte das Blut aus den Löchern in ihrem Bein, ging in ein Sprudeln über und schoss dann wie bei einem Zimmerbrunnen in regelmäßigem Abstand heraus. „Hilfe!", schrie der Mann. „Janine, Peter! Schnell! Ihr müsst mir helfen!"

Amelie saß an ihrem Schreibtisch. Vor ihr lag ihr kostbares Heft, in dem ihre Geschichte weitere Seiten gefüllt hatte. Sie stand auf und ging zum Fenster. So wie der Schwarze in ihrer Geschichte versuchte, von seiner Box aus einen winzigen Blick von seiner Umwelt draußen zu erhaschen, so schaute auch sie aus dem Fenster, presste ihr Gesicht gegen die Scheibe und versuchte irgendwo einen Streifen Natur zu erblicken, aber sie sah nur die hohen, tristen Wände der Hochhäuser um sich herum.

Als Amelie so, mit an die Scheibe gequetschter Nase, am Fenster ihres Zimmers stand, sah sie in der Scheibe das blaue Türklingellicht in ihrem Zimmer blinken. Das hatten sie extra angeschafft, damit sie mitbekam, wenn jemand an der Tür war. Obwohl sie niemanden erwartete, war sie doch neugierig. Seit sie hierhergezogen waren, hatte sie noch nie jemand um diese Zeit besucht... Ganz leise, damit ihre Mutter es nicht mitbekam, öffnete sie ihre Zimmertür einen Spalt weit und spähte hinaus.

Sie konnte leider nur einen Teil der Wohnungstür durch den Spalt hindurch sehen, aber sie war sich ziemlich sicher, dort den Besitzer von dem schwarzen Pferd zu erkennen. Aber konnte das sein? Was könnte der wollen? Sie erinnerte sich, dass seine Freundin etwas von einem Besuch angedeutet hatte, aber das hatte Amelie nicht ernst genommen. Nun sah sie, dass ihre Mutter ihn hereinbat, und – nein – er war ja gar nicht allein da! Die Frau war auch mitgekommen! Sie sah, dass ihre Mutter in Richtung ihres Zimmers ging, schloss schnell die Tür und setzte sich mit ahnungsloser Mine an ihren Schreibtisch.

Als ihre Mutter hereinkam, deutete Amelie auf das Blinklicht und sah sie fragend an. Ihre Mutter machte ihr deutlich, dass Besuch da wäre und dass sie bitte ins Wohnzimmer kommen solle. Amelie stand auf und folgte ihr.

Erfreut, aber auch erstaunt, nickte sie Birgit und Bernd zu, als sie das Wohnzimmer betrat. Dann setzten sie und ihre Mutter sich hin.

Es verging eine ziemlich lange Zeit, in der Birgit und Bernd nur mit Amelies Mutter sprachen und Amelie beobachtete mit Unbehagen die Mimik ihrer Mutter. Was konnten die beiden denn nur über sie berichten, das ihrer Mutter so missfallen konnte. Sie war sich wirklich keiner Schuld bewusst, außer natürlich, dass sie trotz Verbot zu den Pferden gegangen war. Immer ungeduldiger saß sie in ihrem Sessel und begann schon, ihre Hände zu kneten, die langsam schweißnass wurden.

Endlich wandte sich ihre Mutter ihr zu. Sie stand auf und bat ihre Tochter, mit ihr zu kommen. Verwirrt gehorchte Amelie. Was war denn nur hier los, dachte sie.

Amelies Mutter setzte sich mit ihrer Tochter in die Küche und begann, ihr in Gebärdensprache zu erklären, was die beiden im Wohnzimmer ihr berichtet hatten.

Amelies Mund öffnete sich vor Unglauben und schloss sich auch lange nicht mehr. Mehrmals fragte sie nach, ob sie das eine oder andere richtig verstanden hätte, aber ja, sie hatte sich nicht verguckt. Immer wieder schüttelte sie empört den Kopf. Wer zum Teufel dachte sich denn nur so eine Gemeinheit aus? Amelie war entsetzt.

Ihre Mutter erklärte ihr, dass sie deshalb mit ihr hier allein säße, weil sie ganz sicher gehen wolle, dass Amelie ohne Angst die Wahrheit sagen könne. Hier in der Küche, allein mit ihrer Mutter. Aber das steigerte Amelies Empörung nur noch und sie kam aus dem Kopfschütteln gar nicht mehr heraus. Ihre Hände flogen förmlich durch die Luft, so aufgeregt war sie. Ganz genau wollte sie ihrer Mutter die Wahrheit erzählen.

Nichts, aber auch rein gar nichts war wahr an dieser schrecklichen Lügengeschichte. Immer wieder musste Amelies Mutter um eine Wiederholung bitten, wenn Amelies Hände zu schnell durch die Luft flogen. Dann aber war Amelies Mutter überzeugt. An den Stellen, an denen Amelie ihrer Mutter erzählte, wie sie Bernd geholfen hatte, dass das schwarze Pferd durch den Flattervorhang geht, riss ihre Mutter angstvoll die Augen auf und konnte sich kaum beherrschen, aber hier ging es um etwas ganz anderes, einen Vorwurf, der das Leben eines Mannes zerstören konnte. Alles andere musste warten. Im Anschluss an dieses Gespräch zogen sich alle an und fuhren gemeinsam zum Stall. Dort würden sie Heinz von der Wahrheit überzeugen. Daran hatte niemand von ihnen auch nur den geringsten Zweifel.

„Tja, und dann haben Amelie und ihre Mutter mit Heinz gesprochen und der hat sich sogar bei Bernd entschuldigt." Glücklich legte Birgit ihren Arm um Bernd und küsste ihn auf die Wange. Mario van Deeren und Björn Hausner konnten kaum glauben, was sie da gerade gehört hatten. Was für eine perfide Intrige!
Birgit und Bernd hatten die beiden anlässlich dieses unerwartet schnellen und erfolgreichen Endes dieser bizarren und so belastenden Geschichte zum Essen eingeladen.

„Das muss ich meiner Freundin erzählen“, meinte Mario. „Die wird’s nicht glauben. Hört sich ja auch an wie aus einem billigen Dreigroschenroman.“

„Allerdings“, empörte sich auch Björn und schüttelte den Kopf.

„Und wie geht es jetzt mit dem Stall weiter?“, nahm Mario den Gesprächsfaden wieder auf. Werdet ihr tatsächlich kaufen?“

Birgit und Bernd sahen sich an, dann grinsten sie breit: „Ja, das werden wir. Aber bitte sprecht noch nicht darüber. Es sind schon genügend unsinnige Gerüchte im Umlauf.“

„Das ist toll“, erwiderte Mario. Dann muss ich mir ja doch keinen neuen Stall suchen, oder selber einen aufmachen. Freut mich wirklich.“

„Mich auch“, pflichtete Björn bei und hob sein Glas. „Lasst uns darauf anstoßen.“

„Ja“, meinte Bernd und hob auch sein Glas. „Auf dich zählen wir natürlich auch, Björn. Wir hoffen, dass du fleißig Kurse anbietest bei uns.“

„Na, wenn ihr mich so nett bittet. Nein, im Ernst. Vielen Dank! Das mache ich mehr als gerne!“ Bei diesen Worten klingelten beim gegenseitigen Anstoßen leise die Gläser.

„Wisst ihr denn schon, wann es losgehen soll?“ Mario war neugierig, denn er freute sich, dass sein Pferd Umberto bald in einem Offenstall leben durfte.

„Wir warten nur noch auf den Kostenvoranschlag für den Hausumbau, damit wir dann endgültig die

Kaufsumme festlegen können. Dann geht's zum Notar, und dann, tja, dann ist es soweit." Bernd und Birgit sahen sich wieder an. „Ich kann es, ehrlich gesagt, noch gar nicht fassen." Birgit sah Björn und Mario an. „Kommt, lasst uns noch mal anstoßen. Das bringt bestimmt Glück."

Als Birgit das Krankenhaus betrat, und der typische Geruch nach Medikamenten, Krankheit und Desinfektionsmitteln sie einhüllte, stiegen Bilder vor ihrem geistigen Auge auf. Ihr Vater, wie er matt und abgemagert in dem scheinbar viel zu großen Krankenhausbett lag, ihr Vater, schlafend, mit offenem Mund, ihr Vater, wie er seinen letzten Atemzug tat. Birgit musste für einen Moment stehenbleiben und die traurigen Erinnerungen abschütteln. Dann schaute sie auf den Zettel, auf dem sie sich aufgeschrieben hatte, auf welcher Station und in welchem Zimmer die verunglückte Reiterin lag.
Ach, so viele Abteilungen, so viele Hinweisschilder, so viele Pfeile. Musste man jetzt noch durch diese Glastür und dann rechts? Oder gleich hier rechts? Und nirgends war jemand zu sehen, kein Arzt, keine Schwester...
Jetzt vernahm Birgit Fußgetrappel auf der Treppe und eine Schar junger Schwestern trat fröhlich lachend und erzählend durch eine Tür.

Offenbar sah man Birgit an, dass sie etwas suchte, denn eine der Schwestern sprach sie an, ob sie ihr helfen könne. Birgit nannte die Abteilung, die sie suchte und alle stöhnten ein wenig auf. „Oh, das ist kein Wunder. Die finden ja nicht mal unsere Ärzte." Das sagte eine kleine, asiatisch aussehende Frau und ihre Kolleginnen lachten. „Nein wirklich, hier wird gerade umgebaut", ergänzte sie, „und deshalb ist es etwas schwierig, den Weg zu finden." Dann erklärte sie Birgit genau, wie sie zu der gesuchten Station gelangen konnte. Birgit hoffte, dass sie sich die Reihenfolge von treppauf, treppab, dann links und dann rechts in der richtigen Reihenfolge gemerkt hatte und war heilfroh, als sie endlich die Tür sah, auf der „Neurologie II" stand. „Bitte klingeln" stand dort zu lesen und so betätigte Birgit den Klingelknopf. Sie war ein wenig aufgeregt.

Nach geraumer Zeit öffnete eine Krankenschwester die Tür und fragte, zu wem sie wolle. Birgit erklärte es ihr und durfte die Abteilung betreten. „Zimmer 87A, bitte", sagte die Schwester und zeigte einen Gang hinunter. „Und bitte nur ein paar Minuten. Die Patientin braucht noch viel Ruhe. Besuch strengt sie immer noch sehr an."
„Oh", begann Birgit, „ich habe noch eine Frage. Darf ich den Unfall erwähnen? Muss ich überhaupt auf irgendetwas aufpassen, was ich sage?"
Die Krankenschwester lächelte. „Sie dürfen über alles reden. Sie merken schon, wenn Frau Wilke unruhig wird. Dann dringen sie nicht weiter in sie."

Birgit nickte und begab sich auf die Suche nach Zimmer 87A.

Birgit klopfte an die Tür und fragte sich, ob Angela Wilke überhaupt „Herein!" würde rufen können, aber da bekam sie bereits Antwort aus dem Zimmer. Birgit öffnete langsam die Tür und suchte nach dem Bett. Angela Wilke lag in einem Einzelzimmer. Aus dem Fenster hatte sie einen wunderbaren Blick in einen Park. Sie saß in einem Spezialbett und lächelte fragend, als sie Birgit sah. Also stellte Birgit sich vor.

„Ach so, meine Retterin", sagte Angela Wilke leise. „Zumindest hat meine Mutter es mir so erzählt", ergänzte sie. Ein dünner Speichelfaden lief ihr aus dem Mund. Sie hatte ein Tuch und wischte sich mit der linken Hand den Mund ab. „Tut mir leid. Ich sabbere wie eine alte Oma, wenn ich spreche. Das soll aber wieder weggehen, sagen die Ärzte. Toll, nicht wahr? Ich wünschte, sie würden dasselbe über meinen rechten Arm sagen, aber da halten sie sich leider geschlossen. Komm, setz dich zu mir, bitte. Dahinten steht ein Stuhl." Sie zeigte mit der linken Hand in eine Ecke des Raumes und wedelte dabei mit dem Tuch. Dann wischte sie sich wieder den Mund ab. „Mein Sabbertuch", bemerkte sie wie nebenbei.

„Und du hast mich im Wald gefunden, hat meine Mutter mir erzählt?"

„Ja", antwortete Birgit, „ich war selbst auf einem Ausritt und auf einem Weg habe ich dich liegen sehen. Und du kannst dich an gar nichts mehr erinnern?"

„Nein, an gar nichts", antwortete Angela Wilke. Das kann aber wiederkommen, sagen die Ärzte. Aber wann und ob wirklich, das weiß kein Mensch. Deshalb bin ich froh, dass du mich besuchen kommst. Vielleicht erinnere ich mich, wenn du mir ein bisschen was erzählst. War mein Pferd schon weg, als du mich gefunden hast?" Birgit zuckte zusammen. Offensichtlich hatte Angelas Mutter ihr noch nicht alles über den Unfall erzählt und nichts über Birgits Verdacht, und dass sie gesehen hatte, dass mehrere Reiterinnen johlend hinter Angela Wilkes Pferd hergejagt waren. Auch nichts von dem Gespräch, das Birgit mit einem der Mädchen geführt hatte. So fühlte sie sich durch die Frage für einen Moment etwas überrumpelt, was Angela Wilke aber nicht bemerkte, weil sie gerade wieder mit Mundabwischen beschäftigt war.

„Nein", antwortete Birgit schnell, als sie sich wieder gefangen hatte. „Dein Pferd war nicht mehr bei dir." Das war auf jeden Fall nicht gelogen.

„Untreuer Zosse", lachte Angela und wieder lief ihr Speichel aus einem etwas schiefen Mund, wie Birgit erst jetzt bemerkte.

„Und dann? Was hast du dann gemacht? Bitte erzähle mir jede Einzelheit."

„Wirklich? Bist du sicher?" Birgit fühlte sich unwohl in ihrer Haut. War das gut für sie, wenn sie ihr jetzt detailliert schilderte, wie die Nacht verlaufen war?

„Regt dich das nicht zu sehr auf?“

„Ach was. Dieses ganze Getue, dass ich mich nicht aufregen soll. Das nervt mich total.“ Bei dem Wort „total“ spritzte Speichel über das Bett und ein paar Spritzer trafen Birgits Hose, woraufhin diese zusammenzuckte.

„Tschuldigung!“ Angela lachte wieder. „Das passiert manchmal. Hab ich einfach nicht im Griff. Also los, erzähl. Was passierte weiter, als du mich gefunden hast?“

„Tja“, begann Birgit langsam, sorgsam über jedes Wort nachdenkend. „Also ich bin abgestiegen und bin zu dir hin. Dann wollte ich Hilfe holen, aber bei meinem Handy war natürlich der Akku leer.“

„Handys sind immer leer, wenn man sie braucht“, unterbrach Angela sie und lachte wieder. „Oder kein Empfang. Stimmts? Stimmts?“

„Ja, das stimmt“, antwortete Birgit nachdenklich. Dieses Lachen wurde ihr langsam ein bisschen unheimlich.

„Und als ich da lag. Dachtest du, dass ich tot bin? Sah ich tot aus?“

„Ohne nachzudenken verneinte Birgit diese Frage sofort und schüttelte energisch den Kopf. Die junge Frau in ihrem Krankenhausbett sah fast ein bisschen enttäuscht aus.

„Sicher? Ich meine, die Story ist doch viel geiler, wenn ich tot ausgesehen hätte, oder? Oder?" Wieder spritzte Speichel über das Bett.

Alles Mögliche hatte Birgit sich über den Besuch bei der Verletzten ausgemalt, aber das hier war so skurril, mit so etwas hatte sie nicht gerechnet.

Birgit bemühte sich um eine Versachlichung der Situation und meinte:

„Ich war sehr froh, dass du nicht tot ausgesehen hast." Dieser Satz löste bei Angela Wilke einen heftigen Lachanfall aus, der dazu führte, dass ein regelrechter Bach an Speichel über ihre Bettdecke lief und immer wieder Tropfen über das Bett spritzten. Hilflos sah Birgit zu und war heilfroh, als sich die Tür öffnete und die Schwester hereinkam.

„So, Frau Wilke. Nun muss Ihr Besuch wieder gehen. Sie wissen, was Dr. Kleber gesagt hat. Nicht aufregen und viel Ruhe." Dann nickte sie Birgit zu, um ihr zu verstehen zu geben, dass sie gehen sollte. Birgit erhob sich, irgendwie erleichtert, verabschiedete sich von der enttäuschten Angela und verließ dann das Zimmer. Draußen auf dem Flur musste sie sich erst einmal hinsetzen und darüber nachdenken, was sie gerade erlebt hatte. Kurz darauf kam die Krankenschwester wieder aus dem Zimmer, sah Birgit in dem Flur sitzen, ging zu ihr und legte ihr kurz die Hand auf den Arm. Dabei sah sie Birgit verständnisvoll an.

„Nicht so einfach, wenn man so etwas zum ersten Mal sieht, nicht wahr?" Birgit konnte nur nicken, war aber dankbar für das Mitgefühl.

„Sind Sie eine Verwandte?", fragte die Schwester.
„Nein, eigentlich kenne ich sie gar nicht. Ich habe sie im Wald gefunden, nach ihrem Unfall, und habe mich dann halt gekümmert."
„Ach, Sie sind das. Frau Wilkes Mutter hat uns davon erzählt. Hut ab! Das war ganz schön taff, was Sie da geleistet haben."
„Hm", meinte Birgit leise, „Ich finde es eigentlich selbstverständlich, zu helfen. Aber die Umstände waren schon sehr speziell, das muss ich zugeben."
„Keine falsche Bescheidenheit. Sie haben das gut gemacht. Gut und richtig. Jetzt muss ich aber." Am Ende des Ganges sah man ein Licht über einer Zimmertür blinken und die Krankenschwester machte sich auf den Weg dorthin.
Auch Birgit stand auf, sah noch einmal zur Tür von Angela Wilke, und machte sich dann auf den Nachhauseweg.

„Ja, also Jasmin hat uns erzählt, was da im Wald passiert ist. Sie können sich wahrscheinlich vorstellen, dass wir ziemlich erschrocken waren und, ja, auch ein Stückweit entsetzt."
Jasmins Eltern hatten Birgit vor wenigen Tagen angerufen und um ein Gespräch gebeten, nachdem ihre Tochter ihnen die Geschichte mit dem Reitunfall gebeichtet hatte.
„Wir verstehen auch einfach nicht, wie Jasmin, ausgerechnet Jasmin, an solch eine Clique geraten konnte."

Birgit schwieg. Wenn das jetzt zu einer Reinwaschung der Tochter ausarten sollte, würde sie das Gespräch ganz schnell beenden. Immerhin gab es hier ein Opfer, an das zu allererst gedacht werden sollte.

Als hätte Jasmins Mutter ihre Gedanken gelesen, fragte sie: „Jasmin hat uns erzählt, dass Sie Kontakt zu der verletzten Frau haben. Dürfen wir fragen, wie es ihr geht?“

Birgit dachte nach. Ja, wie ging es ihr? Den Umständen entsprechend gut? Den Umständen entsprechend schlecht? Ganz gut? Gut? Schlecht? Was sollte sie sagen?

„Also, ich habe diese Angela einmal besucht und kann mir natürlich kein medizinisches Urteil erlauben, aber ihr Zustand hat mich schon ganz schön erschreckt. Mehr möchte ich dazu nicht sagen. Ich weiß nicht, ob sie das möchte, auch nicht, ob ihre Mutter damit einverstanden wäre. Ich hoffe, Sie verstehen?“

Jasmins Eltern nickten. Die Mutter bestürzt, der Vater besorgt. Worum ging es den beiden, fragte sich Birgit. Wollten sie ihre Tochter so gut wie möglich aus der Sache herausbekommen? Und was wollten sie von ihr?

„Jasmin hat uns erzählt, dass Sie sie und ihre beiden“, hier stockte der Vater kurz, „Freundinnen im Wald gesehen haben. Stimmt das?“

„Ja, das stimmt“, bestätigte Birgit. Sie war auf der Hut.

„Und da sind Sie auch ganz sicher? Ich meine, wenn ein paar Reiterinnen, und dann auch noch mit Reithelm, an einem vorbeigaloppieren...“
Birgit schwieg.
„Christopher, lass doch.“ Der Vorstoß ihres Mannes war Eleonore Kurz ganz offensichtlich unangenehm.
„Wissen Sie, verstehen Sie mich bitte nicht falsch“, fuhr er fort, „unser Anwalt hat uns geraten, das Gespräch mit Ihnen zu suchen, und...“
„Papa...“ Jasmin rutschte auf ihrem Stuhl hin und her. Auch ihr war der Gesprächsverlauf höchst unangenehm.
„Wissen Sie, Herr Kurz“, begann Birgit und stand auf, „ich glaube, wir beenden das Gespräch an dieser Stelle besser.“
„Ja, aber...“ Christopher Kurz sah Birgit erstaunt an.
„Bitte gehen Sie jetzt“, forderte Birgit ihre Besucher jetzt höflich, aber sehr bestimmt auf.
Als Mutter und Tochter sich erhoben und in Richtung Tür gingen, konnte auch Jasmins Vater nicht anders, stand auf und verabschiedete sich.
Dann verließen alle drei Birgits Wohnung.

„Wir müssen reden." Sophies Vater, ihre Mutter
und Sophie selbst saßen am Tisch. „Sophie, die Eltern deiner Freundin Jasmin..."
„Iss' nich' meine Freundin."
„Du hältst jetzt mal den Mund, Fräulein." Sophies
Vater setzte eine sehr ernste Miene auf und sah Sophie direkt in die Augen, bis diese den Kopf senkte.
„Ich will auch wissen, was los ist!" Der Ruf kam von
der kleinen Schwester von Sophie, die sich auf die
Treppe gesetzt hatte.
„Was ist an „Geh in dein Zimmer!", nicht zu verstehen, Johanna? Ab! Ich möchte nichts mehr von dir
hören und sehen, bis ich dich rufe! Hast du mich
verstanden?" Murrend ging Johanna die Treppe
hinauf und in ihr Zimmer. Auch sie wusste sehr genau, wann ihr Vater es ernst meinte und dann
sollte man besser gehorchen. Unten hörte man das
Klappen ihrer Kinderzimmertür.
„Also, Jasmins Eltern waren bei mir und haben mir
eine ziemlich ungeheuerliche Geschichte erzählt."
Sophie hielt den Kopf gesenkt. Sie hatte Angst. Ihr
Herz schlug ihr bis in den Hals und ihre Hände
wurden eiskalt. Sie wusste sehr genau, worauf das
hier hinauslaufen würde.
„Weihst du mich vielleicht auch ein?", fragte Sophies Mutter.
„Unsere Tochter war mit ihren Freundinnen ausreiten. Dabei haben sie wohl einen Reitunfall beob-
achtet, und sind dann einfach nach Hause geritten, ohne sich um die verletzte Frau zu kümmern."

„Sophie? Ist das wahr?“ Sophies Mutter war das Entsetzen anzusehen.

„Was noch schlimmer wiegt“, fuhr Sophies Vater fort, „ist die Tatsache, dass Jasmin sagt, dass unser Fräulein Tochter ihren Freundinnen verboten hätte, vom Stall aus wenigstens Hilfe zu alarmieren.“

Sophie spürte, dass ihre Eltern sie ansahen. Sie saß immer noch mit gesenktem Kopf da und am liebsten wäre sie in einem Mauseloch verschwunden.

„Sophie, guck uns gefälligst an. Sophie!“

Vorsichtig, mit gesenktem Blick hob Sophie etwas den Kopf.

„Stimmt das, was Jasmin sagt?“

„Jasmin lügt total!“, begehrte Sophie plötzlich auf. „Es war genau andersrum! Sie hat uns verboten, Hilfe zu holen. Und im Wald durften wir auch der Frau nicht helfen. Deshalb wollten wir, also Lena und ich, auch nichts mehr mit ihr zu tun haben. Und deshalb ist sie dann ja auch mit ihrem Pferd in einen anderen Stall umgezogen. So war das. So eine Lügnerin!“ Sophie hatte schon so viel gelogen in ihrem relativ kurzen Leben, dass es ihr fast schon normal erschien, ja, fast fühlte sie sich sicherer, als wenn sie die Wahrheit sagte. Jetzt traute sie sich auch wieder, den Kopf zu heben und ihren Eltern ins Gesicht zu sehen.

„Arme Sophie. Ich hoffe, du hast nichts mehr mit diesem Mädchen zu tun." Sophies Mutter rieb sich die Schläfen. Da waren sie wieder, diese hämmernden Kopfschmerzen. „Du wirst das doch sicher in Ordnung bringen, Konrad?"

„Ich habe den Eltern erst einmal geraten, Kontakt mit der Zeugin aufzunehmen, die die drei im Wald gesehen und erkannt haben will. Sie sollen mal nachfühlen, wie sicher die ist. Natürlich übernehme ich den Fall nicht. Das würde gar nicht gut aussehen, wenn meine Tochter in die Sache verwickelt ist. Ein Kollege der Kanzlei wird Sophie vertreten, wenn es nötig wird und Jasmins Eltern werde ich schon eine gute Empfehlung geben." Das Wort „gute" erhielt eine ganz besondere Betonung, die alle sofort verstanden.

„Sophie, du wirst nicht mehr mit Jasmin reden, auch nicht WhatsApp oder was auch immer. Haben wir uns da verstanden?"

„Ja, Papa."

„Seid mir nicht böse, aber ich habe wahnsinnige Kopfschmerzen. Ich muss mich hinlegen." Sophies Mutter stand auf, rückte ihren Stuhl ordentlich an den Tisch, und schlich mit schweren Schritten hinaus.

„Gut. Geh jetzt in dein Zimmer Sophie. Und wie gesagt, kein Kontakt zu Jasmin, welcher Art auch immer."

„Ja, Papa." Sophie stand auf, rückte ebenfalls ordentlich ihren Stuhl an den Tisch und ging dann hinaus. Jetzt hatte sie das Gefühl, doch noch ganz gut aus der Sache herauszukommen.

Kaum war sie in ihrem Zimmer, schickte sie ihrer Freundin Lena eine Nachricht: >Jasmin hat uns verboten, Hilfe zu holen. Verstanden? Sie ist die Böse. Mehr morgen in der Schule.<

Mario van Deeren hatte Spaghetti und Tomatensoße gekocht, während seine neue Freundin einen Salat herrichtete.

Als sie endlich am Tisch saßen, um zu essen, begann Mario sofort vom Stall zu erzählen.

„Du glaubst ja nicht, was bei uns passiert ist. Dieser Stall ist eine Fundgrube für jeden Phantasie-Autor, das sag ich dir."

Seine Freundin lächelte interessiert und sah irgendwie zufrieden aus.

„Also da sind zwei bei uns im Stall, mit denen ich auch befreundet bin, und die wollten den Stall vom jetzigen Besitzer übernehmen und einen Offenstall daraus machen." Beim Wort >wollten< schien das Lächeln der Frau noch zufriedener zu werden. Sie war sehr gespannt, was ihr Freund ihr zu berichten hatte.

„Plötzlich taucht beim Besitzer ein verfängliches Foto von dem Mann, also die zwei sind ein Paar." Ein Zucken ging kurz durch das Gesicht seiner Freundin. So unmerklich, dass er es nicht bemerkte.

Es war ein ziemlich verfängliches Foto, na ja, und auf Grund dieses Fotos wollte der jetzige Stallbesitzer nicht mehr an die beiden verkaufen. Das Entsetzen kannst du dir vielleicht vorstellen."

„Oh ja, das kann ich. Erzähl weiter. Ist ja echt ein Ding. Und was war denn das für ein Foto?" So etwas wie Freude schien sich auf ihrem Gesicht abzuzeichnen.

„Ach, irgendetwas Verfängliches mit einem jungen Mädchen. Widerlich, sag ich dir."

„Äh, nein. Das ist aber wirklich widerwärtig."

„Warte ab! Den beiden wurde nämlich ganz schnell klar, dass das Bild eine Fälschung war. Und sie hatten sogar einen Verdacht, wer dahinter stecken könnte." Marios Freundin zog die Augenbrauen hoch.

„Das nützte ihnen aber nichts, weil sie keine Beweise gegen die Person hatten." Die Augen entspannten sich wieder und auch das leichte Lächeln erschien wieder um ihren Mund herum.

„So dachten sie, dass nur ein Mensch die Sache aufklären könnte, nämlich das Mädchen selbst, das auf dem Foto zu sehen war." Jetzt kniff sie die Augen zusammen.

„Aber sie wussten nicht, wie sie sie noch rechtzeitig finden sollten. Sie kam zwar immer mal zu den Pferden an die Weide, aber der Stallbesitzer hatte ihnen nur eine Woche Zeit gelassen, um die Unschuld des Mannes zu beweisen, und davon waren schon ein paar Tage verstrichen." Sie hing an seinen Lippen.

„Durch Zufall sieht die Freundin des Mannes“, Augenzucken, „das Mädchen und, was soll ich dir sagen, sie kann nicht hören und nicht sprechen. Wie bitte, sollten sie ihr jetzt diese komplizierte Lage erklären?“ Finger spielten ungeduldig an den Lippen. „Die Frau schafft es, die Adresse des Mädchens herauszubekommen und dann sind sie sie besuchen gegangen.“ Der Blick verfinsterte sich.

„Sie erklären der Mutter des Mädchens die Situation und bitten sie um Hilfe. Die Mutter vergewissert sich sehr genau bei ihrer Tochter, ob das alles der Wahrheit entspricht, und die bestätigt, dass die ganze Geschichte erstunken und erlogen ist.“ Starkes Lippenkräuseln.

„Tja, und dann sind sie zu unserem jetzigen Stallbesitzer gefahren und haben ihn von der Wahrheit überzeugt.“ Zwischen den Augen entstanden tiefe Unmutsfalten.

„Es ist alles gut ausgegangen. Der Stallübernahme steht nichts mehr im Wege. Ist das nicht eine unglaubliche Geschichte?“ Mario sah seine
Freundin an, aber die schien irgendwie nicht so begeistert, wie er sich das vorgestellt hatte.

„Ich weiß schon, warum ich keinen Stall mehr betrete. Nur Lügen und Intrigen. Erinnert mich verdammt an meinen Stall, als mein Pferd…“ Tränen rollten der jungen Frau über die Wangen.

„Entschuldige mich einen Moment.“

Mit diesen Worten stand sie auf und ging ins Badezimmer. Mario van Deeren blieb traurig zurück. Hätte er das nicht wissen müssen, dass ihr eine solche Geschichte vielleicht zu nahe gehen könnte? Er stand auf, ging zum Badezimmer und klopfte vorsichtig an.

„Solveig. Es tut mir sehr leid, wenn ich dich traurig gemacht haben sollte. Ich, ich habe wohl nicht richtig nachgedacht. Komm doch bitte wieder raus, Solveig."

Nach einiger Zeit hörte Mario, dass sich der Schlüssel im Schloss der Badezimmertür herumdrehte und anschließend öffnete sich die Tür.

Solveig stürmte fast an Mario vorbei.

„Tut mir leid. Alles wieder ok. Aber jetzt wäre ich gern allein. Ich hoffe, du verstehst." Sie ging zur Wohnungstür, öffnete sie und starrte gegen die Decke.

Mario wusste nicht, was er von diesem Gefühlswechsel halten sollte. Solveig schien ihm plötzlich so sachlich, so kühl, und sie schaute ihn überhaupt nicht an... Sollte das wirklich alles eine Reaktion auf seine Erzählung sein?

Aber die Aufforderung zu gehen war auf jeden Fall unmissverständlich. So ging er zur Garderobe, nahm seine Jacke vom Haken und ging zur Tür. Als er bei Solveig angelangt war, blieb er stehen und sah sie an. Sie beendete den starren Blick zur Decke und sah Mario direkt in die Augen. Bei diesem Blick lief es Mario eiskalt den Rücken herunter und er bekam eine Gänsehaut. War das die gleiche Frau, in die er sich so heiß verliebt hatte? Diese hier war kalt, fast grausam, mit starrem Blick ohne irgendeine Gefühlsregung. Mario war fassungslos.

„Solveig, bitte sprich doch mit mir. Ich verstehe das alles nicht. Was bedeutet das jetzt?"

„Ach, verschwinde einfach. Ich habe keine Lust mehr." Mit diesen Worten schob sie den schockierten Mann hinaus in den Hausflur und knallte die Tür hinter ihm zu. Der laute Rums ließ Mario van Deeren zusammenzucken. Dann ging er wie betäubt die Treppe hinunter auf die Straße.

„Hallo Mario! Was machst du denn hier?" Eine bekannte Stimme holte ihn in die Realität zurück.

„Hallo Bernd, hallo Birgit. Und ihr? Was macht ihr hier?"

„Alles in Ordnung, Mario?" Birgit sah ihren Stallgenossen besorgt an. „Du siehst ganz blass aus. Ist etwas passiert?"

„Ja, könnte man sagen, aber ich möchte gerade nicht darüber reden. Und ihr?"

„Hier wohnt unsere ganz spezielle Freundin Christina von Elm. Wir haben beschlossen, ihr einen Besuch abzustatten und ihr klar zu machen, dass sie sich in Zukunft aus unserem Leben heraushalten soll. Wir denken, dass sie es diesmal verstehen wird."

„Und die wohnt hier in diesem Haus?" Mario war sehr erstaunt. „Na, das ist jetzt aber ein Zufall.

Hier wohnt nämlich auch…" Er sprach nicht weiter.

„Deine Freundin?"

„Wie es aussieht, Exfreundin."

„Nein. Oh nein. Wie traurig ist das denn? Ach, ihr habt gestritten. Aber das muss ja nicht bedeuten, dass gleich Schluss ist." Birgit wirkte engagiert, als gehe es um ihre eigene Beziehung.

„Ich kann da jetzt echt noch nicht drüber reden, Birgit. Sei mir nicht böse."

„Aber nein. Das verstehe ich doch. Willst du eben hier warten und wenn wir mit dem Drachen fertig sind, gehen wir zusammen irgendwo ein Glas trinken?"

Mario überlegte kurz. Das war vielleicht eine gute Idee. Besser, als jetzt ganz allein zu Hause zu sitzen. „Ja, gern", stimmte er also zu.

„Na dann, bis gleich." Mit diesen Worten wandten sich Bernd und Birgit dem Klingelbrett des Hauses zu.

„Nanu?" Birgit tippte jeden einzelnen Namen noch einmal mit dem Finger an. „Keine Christina von Elm. Was ist denn jetzt los? Dann muss sie ja umgezogen sein."

„Wahrscheinlich wohnt da jetzt meine Freundin drin", meinte Mario mit Galgenhumor.

„Die hier? Solveig Malchow? Da ist nur der Name auf einem Zettel rüber geklebt."

„Ja, genau", bestätigte Mario.

Vorsichtig löste Birgit einen Teil des Namenszettels
und tatsächlich entdeckte sie darunter die verräterischen drei Buchstaben >Elm<.
„Mario, wirklich. Sie wohnt tatsächlich in der Wohnung von Christina.
Also das gibt es doch einfach nicht. Bernd, was
sagst du dazu?"
Aber Bernd schüttelte nur ungläubig den Kopf und
Mario ebenso.
„Mario, wäre es ok, wenn wir mal eben bei deiner
Freundin klingeln? Vielleicht weiß sie ja zufällig, wo
unsere Christina hin verschwunden ist. Oder ist
das jetzt zu unsensibel?"
„Nee, nee. Macht ruhig. Ich warte hier."
So klingelte Birgit also bei Solveig Malchow und
bald darauf hörte sie den Summer des Türöffners.
Bernd lehnte sich gegen die Tür und öffnete sie.
Beide betraten den Hausflur und gingen die ersten
Stufen hinauf. Plötzlich segelte ihnen ein T-Shirt direkt vor die Füße. Dazu hörten sie von oben eine
Stimme kreischen: „Lass mich zufrieden – und
nimm dein stinkendes Shirt mit!"
Birgit blieb wie erstarrt auf der Stufe stehen. „Das
glaube ich einfach nicht." Sie sah Bernd an, aber
der schaute ungläubig nach oben.
„Wenn das nicht gerade Christinas Stimme war,
dann fress' ich 'nen Besen", meinte er. „Ganz deiner
Meinung", pflichtete Birgit ihm bei.

„Und nun? Gehen wir rauf? Oder erst zu Mario? Wie
sollen wir ihm das nur beibringen? Oh, dieses Miststück!“

„Wir gehen rauf.“ Bernd stampfte die Treppe hinauf, als würde er als Gladiator in eine Arena ein-
marschieren. Birgit folgte ihm.

Im ersten Stock angekommen, stellten sie sich links
und rechts von der Tür auf, damit Christina sie
nicht durch den Spion sehen konnte. Dann klingelte Bernd Sturm.

Schon von draußen konnte man Christina von Elm
schreien hören. Eine nicht enden wollende
Schimpftirade wallte durch die Tür, wurde immer
lauter, bis die Tür aufgerissen wurde und Christina
im Türrahmen stand. Als sie Bernd und Birgit erblickte, stand sie sprachlos da.

„Hallo Christina, oder sollte ich lieber sagen: Hallo
Solveig, oder vielleicht: Frau Malchow? Was wäre
dir lieber, hm? Bernds Wut sprühte aus jedem
Wort. Ein buntes Feuerwerk von Hass ergoss sich
in den Türrahmen. Christina hatte sich wieder gefasst, zog sich zurück und wollte schnell die Tür
zuschlagen, aber Bernd war schneller.

„Nein, Christina, so nicht. Wir machen die Sache
ganz kurz. Wenn du dich noch ein einziges Mal in
unser Leben einmischst, nur ein einziges, kleines
Mal“, Bernd spuckte die Worte verächtlich heraus,
„dann sorgen wir dafür, dass du in den Knast
kommst. Hast du verstanden? Ich weiß, dass du vor
nichts so viel Angst hast, wie vor dem Gefängnis.
Und deshalb werden wir genau dafür sorgen. Das

ist unsere allerletzte, ultimative Warnung. Halte dich von uns fern, sehr fern, sehr, sehr fern, ganz besonders fern!" Bernd machte einen Schritt auf Christina zu und schnappte sich mit festem, hartem Griff ihr Kinn.

Er sagte kein Wort mehr, sah ihr nur hasserfüllt in die Augen, ließ sie ruckartig los und drehte sich um. Auch Birgit sah ihre frühere Freundin verächtlich an, und dann konnte sie sich nicht mehr beherrschen und spuckte ihr genau vor die Füße. Danach drehte sie sich ebenso wortlos um, und ging hinter Bernd die Treppe hinunter. Sollte Christina von Elm ihre Wohnungstür geschlossen haben, so musste sie es sehr leise getan haben, denn gehört hatten es weder Birgit, noch Bernd.

Und dann standen sie draußen auf der Straße, wo Mario schon auf sie wartete. „Ja, sagt mal, wie seht ihr denn aus?", schoss es aus ihm heraus. „Habt ihr ein Gespenst gesehen?"

„So ungefähr", antwortete Bernd. „Kommt, ich kenne hier in der Nähe eine nette Kneipe. Da lasst uns was trinken. Und dann, Mario, erzählen wir dir, was passiert ist. Bereite dich innerlich schon mal auf eine ziemliche Überraschung vor."

Tage später trafen sie sich mit Heinz.

„Tja Heinz, nun beginnt für uns drei ein ganz neuer Lebensabschnitt. Wünschen wir uns Glück, Erfolg und Zufriedenheit. Aber vor allem Gesundheit."

Birgit hob ihr Glas und Bernd, Heinz und sie selbst stießen an.

Was mochte die nächste Zeit wohl bringen? Für kurze Zeit war jeder von ihnen in seine eigenen Gedanken vertieft.